"十三五"国家重点出版物出版规划项目

交通安全科学与技术学术著作丛书

水上应急救援装备技术体系概论

赵杰超　张英香　王吉武
郑云亮　金　浩　孙成功　著

科学出版社

北　京

内 容 简 介

本书围绕水上应急救援装备技术体系的内涵与特点、构建要素、构建方法、结构布局及其在辅助决策、发展趋势分析方面的延伸和应用等问题，着眼装备技术体系构建的救助场景构建、需求分析、技术供应、体系生成和方案确定等各环节，从理论、方法、应用三个方面系统研究装备技术体系构建方法和技术，为我国应急救援装备技术体系构建向科学精细化转变提供理论支撑。

本书可供救助与打捞工程、安全科学与工程、船舶与海洋工程等相关专业的研究人员、工程技术人员、管理人员学习。

图书在版编目（CIP）数据

水上应急救援装备技术体系概论/赵杰超等著. —北京：科学出版社，2024.1

（交通安全科学与技术学术著作丛书）

"十三五"国家重点出版物出版规划项目

ISBN 978-7-03-077465-1

Ⅰ. ①水… Ⅱ. ①赵… Ⅲ. ①水上交通–突发事件–救援–装备–研究 Ⅳ. ①U698.6

中国国家版本馆 CIP 数据核字（2023）第 249413 号

责任编辑：姚庆爽 赵微微 / 责任校对：王 瑞
责任印制：师艳茹 / 封面设计：无极书装

科 学 出 版 社 出版

北京东黄城根北街 16 号
邮政编码：100717
http://www.sciencep.com

北京九州迅驰传媒文化有限公司 印刷

科学出版社发行 各地新华书店经销

＊

2024 年 1 月第 一 版 开本：720×1000 1/16
2024 年 1 月第一次印刷 印张：15
字数：300 000

定价：130.00 元

（如有印装质量问题，我社负责调换）

"交通安全科学与技术学术著作丛书"序

交通安全作为交通的永恒主题，已成为世界各国政府和人民普遍关注的重大问题，直接影响经济发展和社会和谐。提升我国交通安全水平，符合新时代人民日益增长的美好生活需要。

"交通安全科学与技术学术著作丛书"的出版体现了我国交通运输领域的科研工作者响应"交通强国"战略，把国家号召落实到交通安全科学研究实践和宣传教育中。丛书由科学出版社发起，我国交通运输领域知名专家学者联合撰写，入选首批"十三五"国家重点出版物出版规划项目。丛书汇聚了水路、道路、铁路及航空等交通安全领域的众多科研成果，从交通安全规划、安全管理、辅助驾驶、搜救装备、交通行为、安全评价等方面，系统论述我国交通安全领域的重大技术发展，将有效促进交通运输工程、船舶与海洋工程、汽车工程、计算机科学技术和安全科学工程等相关学科的融合与发展。

丛书的策划、组织、编写和出版得到了作者和编委会的积极响应，以及各界专家的关怀和支持。特别是，丛书得到了吴有生院士、范维澄院士、翟婉明院士、丁荣军院士、李骏院士和郑健龙院士的指导和鼓励，在此表示由衷的感谢！科学出版社魏英杰编审为此丛书的选题、策划、申报和出版做了许多烦琐而富有成效的工作，特表谢意。

交通安全科学与技术是一个应用性很强的方向，得益于国家对交通安全技术的持续资金投入和政策支持。丛书结合 973 计划、863 计划和国家自然科学基金、国家支撑计划、重点研发任务专项等国家和省部级科研成果，是作者在长期科学研究和实践中通过不断探索撰写而成的，汇聚了我国交通安全领域最新的研究成果和发展动态。

我深信这套丛书的出版，必将推动我国交通安全科学与技术研究工作的深入开展，在技术创新、人才培养、安全教育和工程应用等方面发挥积极的作用。

中国工程院院士
武汉理工大学交通运输工程学科首席教授
国家水运安全工程技术研究中心主任

前　言

交通运输是兴国之器、强国之基。随着全球经济一体化进程的加快，国际贸易和国际航运业随之飞速发展，海洋经济空前繁荣，对我国社会经济发展和国防建设带来了深远影响，涉水活动日趋频繁，水上突发险情的风险不断加剧。据统计，2014～2020年我国平均每年突发水上险情1923次，造成1649艘中外船舶、14276名中外人员、数百亿财产遇险，水上安全形势非常严峻。

水上应急救援装备技术作为处理突发事件、实施水上应急救援的物质与技术基础，是国家应急救援保障体系的重要组成部分和国防交通战备的重要力量。然而，近年来发生的"桑吉"轮碰撞燃爆事故、"东方之星"沉船事故、"马航MH370"水下搜寻等一些典型事故救援行动在取得巨大成效的同时也反映出我国在水上应急救援装备技术发展方面存在的一些不容忽视的关键问题，即我国传统的，由某一个或一类典型事故驱动在特定方向恶补某一类救助装备技术的"倒逼式"发展理念虽然能够在短期内取得一定成效，但由于系统性不足，难以破解被"牵着鼻子走"的被动发展局面，无法满足现代化水上应急救援任务的迫切需要。

鉴于此，本书作者及团队在国家重点研发计划课题"水上应急救援关键技术、装备和标准体系研究"(课题编号：2018YFC0810401)的资助下，聚焦当前我国水上应急救援需要，在水上应急救援装备技术体系构建、水上应急救援装备技术保障能力评估、水上应急救援装备技术发展趋势研判和水上应急救援智能决策系统开发等方面进行了长期系统的研究，并取得了系列创新成果。本书旨在向读者介绍水上应急救援装备技术体系的内涵与特点、构建要素、构建方法、结构布局及其在保障能力评估、发展趋势分析和辅助决策方面的延伸和应用，力求为我国水上应急救援装备技术体系构建提供必要的理论与方法，为相关部门制定行业发展规划、优化水上应急救援装备技术产品的研发布局、提升水上应急装备技术保障能力、深入推动我国水上应急救援智能化发展提供参考和指导。

在本书的撰写过程中，作者得到了许多专家学者的无私帮助。其中，特别感谢交通运输部救助打捞局郑云亮同志，中国船舶集团有限公司第七一四研究所胡熔辉、李亚政、陈健、宋凯、黄肖静、郭建华、潘长城、王永杰和孔祥鹏同志，交通运输部烟台打捞局胡伟东、张洁和于文亮同志参与本书研究内容与研究思路的研讨、资料收集、图表编制等工作；感谢交通运输部救助打捞局、交通运输部烟台打捞局、交通运输部科学研究院、交通运输部上海打捞局、交通运输部广州打捞局、交通运输部南海救助局、交通运输部东海救助局、交通运输部北海救助局、武汉长江航道救助打捞局等单位领导和专家给予的支持、帮助和指导！本书在撰写过程中参考了中国救捞系统多年积累的大量相关文献资料，书中所附主要参考文献仅为其中一部分，在此向所有列入和未列入参考文献的作者们表示衷心感谢。限于作者的水平，书中难免有不妥之处，敬请广大读者批评指正。

作　者

2023 年 6 月

目　　录

第1章 绪 论

1.1 研究背景概述

我国是一个海洋大国，大陆海岸线长度约 1.8 万 km，拥有渤海、黄海、东海和南海四大海域，5800 多条天然河流和 900 多个湖泊，以及近 10 万座水库，是名副其实的"水域大国"[1,2]。近年来，水上活动日趋频繁，险情事故频发。据中国海上搜救中心发布的数据，2014～2020 年，我国平均每年突发水上险情 1923 起，遇险船舶达 1649 艘，遇险人数达 14276 人，水上安全形势非常严峻，应急救援任务繁重艰巨[3]。从救援对象看，随着海洋经济的高速发展和海洋、内河等水域开发程度的不断加深，海上运输、海上捕捞、海上养殖、海上科考、水上娱乐、海上能源开发和海上工程应急抢险等各类涉水作业活动也在不断增加，加之各类不确定因素，如飞行物掉落、环境污染等，救援对象的范围和种类也在扩大，水上应急救援装备数量和类型呈爆发式增长。从救援难度看，水上救援一般具有很强的突发性和复杂性。首先，水上救援是一项复杂的系统工程，涉及预测、监测、监控、应急处置、伤员救治、通信及航海保障、航空保障等诸多环节，若无精细的组织筹划、高水平的训练保障和先进的救援装备，则难以满足救援能力的需求；其次，救援过程往往环境恶劣，这给被施救人员、施救人员、救援装备带来很大的风险；再次，在当前信息社会和网络时代的大环境中，整个水上救援行动往往会暴露在媒体的聚光灯之下，任何环节的纰漏都会被看得一清二楚，甚至被无限放大，这对水上应急救援装备技术支撑能力提出了更高的要求。从救援力量看，水上应急救援涉及中华人民共和国交通运输部(以下简称交通运输部)、中华人民共和国应急管理部(以下简称应急管理部)、海警、军队、大型企业及社会力量等多元救助力量。在开展联合水上救援时，由于不同部门的背景各异、职责不同、装备接口差异、工作程序不一、平时沟通演练程度参差不齐等，相互配合困难的问题比较严重，救援力量分散、相互牵制和资源浪费等现象时常发生，因此，水上应急救援装备技术的规范化、体系化至关重要。

应急救援装备技术作为应对突发险情的重要载体，是国家应急救援保障体系的重要支撑和核心组成部分[4]。美国、日本等发达国家非常重视应急救援装备技术研究工作[5]。作为海洋大国，我国高度重视应急救援装备技术发展研究，先后制定发布了一系列文件布局水上应急救援装备技术建设。近年来，中国救捞能力建设取得长足发展，拥有各型救助打捞船舶 209 艘、救助直升机 20 架，可在 9 级海况下执行搜救任务，可在 60m 水深整体打捞 50000t 沉船，80000t 半潜式抢险打捞船正在建造之中，500m 饱和潜水已取得突破性进展，救捞整体发展水平和综合能力位居世界前列[6, 7]。

然而，近年来发生的一些典型事故救援行动暴露出的我国在水上应急救援装备技术建设方面存在的一些关键问题不容忽视。"桑吉"轮碰撞燃爆事故救援过程折射出我国在应急救助效率和危化品打捞处置能力方面存在的短板问题亟待补齐[8]。"东方之星"沉船救捞过程中，受长江沿线跨江桥梁限制，先进的水上救捞装备无法抵达现场，表明装备技术的科学发展布局至关重要[9]。"马航 MH370"搜寻过程中，斥巨资引进的先进装备技术由于操作技能、定位精度等并未真正发挥作用[10, 11]。"重庆公交车坠江"事故救援表明，由于事故水域水深约 71m，超过常规潜水潜深极限，而具有深潜水装备技术的专业队伍位于沿海地区，无法及时赶到开展救援[12]。可以看出，某一项救援装备或技术的"短板"可能直接影响整体救捞能力的发挥，只有各种救捞装备技术优势互补，才能充分发挥救捞体系的整体能力。鉴于此，体系建设是我国应急救援装备技术建设亟待加强的核心问题，系统化、体系化地开展水上应急救援装备技术发展研究具有重要的科学意义和实践价值，是有效应对重特大灾害事故，提高应急救援能力，补齐短板弱项，全面推进应急救援能力现代化建设，形成对国家水上应急救援队伍有力支撑、有效协同的重要途径。

1.2 基 本 概 念

1.2.1 装备和技术的概念

"装备"一词比较笼统，《现代汉语词典》给出的定义为：配备的武器、军装、器材、技术力量等。在实践中，"装备"一词广泛应用于各行各业，尤其是在军事领域，定义为：用以实施和保障作战行动的武器、武器系统和军事技术器材的统称，是作战所依托的物质基础和技术支撑。本书关注的"装备"可定义为：用以实施和保障水上应急救援任务的系统、设备、器材。

关于"技术"，世界知识产权组织 1977 年版的《供发展中国家使用的许可证贸易手册》指出，技术是制造一种产品的系统知识，所采用的一种工艺或提供的一项服务，不论这种知识是否反映在一项发明、一项外形设计、一项实用新型或者一种植物新品种，或者反映在技术情报或技能中，或者反映在专家为设计、安装、开办或维修一个工厂或为管理一个工商业企业或其活动而提供的服务或协助等方面。这是目前较为全面和完整的定义。在实践中，技术与装备密不可分，也通常使用"装备技术"的提法。沈雪石等[13]将"装备技术"定义为：支撑装备研制、生产、使用、维修过程中所涉及的基础理论、基础技术、应用技术、工程技术、系统工程技术等。本书关注的"技术"可定义为：支撑水上应急救援装备满足应急救援任务涉及的各种关键技术。

1.2.2 装备体系和技术体系的概念

"体系"是随着工程实践和理论研究逐渐深入的。20 世纪末，随着信息网络技术的快速发展，传统系统工程方法已无法满足日益复杂的信息系统的集成与规划需求，体系的概念和思想日益受到重视。美军在 2009 年联合能力集成与开发系统文件中对体系的定义是：当独立和有用的系统被集成为一个更大的、更具特别能力的系统时，这些系统的集合或排列就是体系。鉴于此，水上应急救援装备体系是为了应对水上突发事件，由功能上相互联系、相互作用的各种装备组成的更高层次的大系统。同时，由于装备的使用需要依托相关技术，而技术的实现需要相关装备的支撑，二者密不可分。因此，水上应急救援技术体系可看成为完成特定救援任务所需的救援装备实施救援行动时能够支撑的各项关键技术组成的统一整体。

1.3 国内外研究现状

1.3.1 国内外体系构建研究现状

近年来，体系构建在国外得到广泛应用，已成为复杂系统顶层设计的重要方法，形成了比较科学完善的理论与方法体系。在民用领域[14-17]，20 世纪 90 年代，全球经济加快发展，敏捷制造、虚拟企业、大规模客户定制等新生产模式的提出对企业提高效率、增强适应性提出了一系列的挑战：在战略层面，在经济全球化的浪潮中增强竞争能力，适应快速频繁变化和重构的业务，这是需求牵引的根源；在业务层面，根据需要，要求业务过程、组织结构、基础设施等有效互联，增强灵活性，提高工作效率，以应对频繁变化的业务；在平台层面，要求企业内部的信息系统，以及企业之间的信息系统能够有效集成、灵活配置；在资源层面，平台的模型、数据、标准、接口要求可扩展、可重用，通过平台进行柔性调度，满足不同需求，高效利用资源。在军事领域[18, 19]，20 世纪 90 年代，美军面临着各类武器装备技术分散发展的困境，无法形成整体作战能力，难以有效应对多元复杂的战略环境和高度不确定的潜在威胁。随着 20 世纪中叶以来以信息技术为核心的高技术发展及其在武器装备发展中的应用，军队建设和作战方式也发生了一系列与之密切相关的深刻变革。现代战争交战双方不再是单一兵器、单一战斗单位之间的对抗，而是逐渐表现为由各种武器装备系统组合而成的武器装备技术体系之间的对抗。体系对抗成为现代战争的基本特征。

20世纪海湾战争的爆发让世界认识到高技术局部"非对称对抗"过程中体系建设的重要性。军队建设作为国之大事，是一个国家最根本、最长远利益的守护者，关乎国计民生。近年来，我国在军事武器装备技术体系的设计理论与方法等方面开展了大量研究并取得了一定的成果。沈雪石[20]立足于武器装备科学技术体系设计理论和方法，针对我军装备技术体系设计与运行的实际，结合国内外最新的研究成果，对装备体系结构、体系设计方法、体系分析与评估、技术预见理论与方法等基本问题进行了全面系统的探讨与论述。赵峰[21]专门就海军武器装备体系论证方法与实践进行了深入的研究。郭齐胜等[22-24]在装备需求论证理论与方法、武器装备体系架构设计的流程与模型构建方法及其工程化方面进行了大量的研究。此外，相关学者对航空、矿山、化工等领域装备体系建设也进行了探索。徐吉辉等[25]对航空应急救援装备保障能力体系进行了研究。王小东等[26]对化学事故应急救援装备体系进行了探讨。莫善军等[27]开展了矿山事故应急救援装备体系和配置方法的研究。鉴于体系构建理论与方法的贯通性和相似性，可创造性引入武器装备领域等装备技术体系研究的先进理念，为应急救援装备技术体系的研究提供理论指导和技术路线借鉴。

1.3.2　国内外应急装备技术体系研究现状

应急救援装备技术是支撑国家应急救援保障能力的重要载体。美欧等发达国家及地区高度重视应急救援装备技术体系建设研究。以美国为例，美国司法部下属的装备标准化与互操作性跨机构委员会(Inter Agency Board，IAB)自1999年开始，每年发布应急救援标准化装备目录(standardized equipment list，SEL)，从最初的核生化、放射与爆炸事件应急装备逐步过渡到包含所有的应急装备。2007年，美国联邦应急管理署颁布强制性授权装备目录(authorized equipment list，AEL)。目前，AEL与SEL已经一致，遵循相同的分类标准[28]。2013年公布的最新授权装备目录分为21节84类213子类，共707项，覆盖个人防护装备、爆炸装置处置与补救装备、洗消装备、医疗装备等，其中部分领域涉及水上应急救援装备。美国海军于2009年发布 *Navy Search and Rescue*(海军搜救手册)(NTTP 3-50.1)，对水上搜救的程序和装备进行了详细描述，将装备分为搜索和救助装备、航空救援装备两大类，其中搜索和救助装备又细分为基本需求装备、救生游泳装备、直升机辅助救援设备等14类装备，航空救援装备又分为防护衣、救生背心等8类装备。

近年来，我国在应急物资分类体系构建方面也开展了大量的研究。陈一洲等[29]借鉴美国联邦应急管理署授权装备目录、目标能力目录和跨机构委员会的标准化装备目录，结合我国应急装备资源管理的特点，根据应急装备资源的物理性能、突发事件类型，采用线分类法对应急装备资源进行分类。张凤旭[30]参照我国原有的应急物资分类及产品目录，提出新的应急物资分类体系，将应急物资重新分为生命救助物资、工程保障物资、工程建设物资、灾后建设物资四类。李磊[31]针对每一类地震应急救援工作，在归纳整理的基础上，得出救援队详细的需求分类，即救援设备、食品、日用品、临时住所、交通通信设备等。李辉[32]对应急物资分类标准与编码规范进行了研究，分为工程材料、机械加工设备及其他工程材料与机械加工设备 3 大类，27 中类，155 小类。虽然我国在水上应急救援装备与技术发展方面开展了一定的研究，但由于我国应急处置能力的提升多是由突发事故"倒逼式"推进[33, 34]，因此现有研究的核心主要聚焦在被动填补漏洞上，而关于水上应急救援装备与技术体系建设的研究却鲜有报道，无法满足现代化水上救捞队伍发展的需求。

1.4 我国水上应急救援能力建设概况

1.4.1 救援领导组织机构

如图 1.1 所示，2005 年，我国建立了在国务院领导下的国家海上搜救部际联席会议制度，统筹研究全国海上搜救和船舶污染应急反应工作。联席会议由交通部牵头，办事机构设在中国海上搜救中心。中国海上搜救中心及地方各海(水)上搜救机构是水上突发事件的应急指挥机构，可协调交通运输系统的海事力量和救助力量，以及过往船舶、附近渔船、社会力量、军队力量参与水上突发险情的应急处置。

1.4.2 我国水上应急救援力量

中国救捞是我国唯一的国家海上专业救助打捞力量，承担着对中国水域发生海上事故的应急反应、人命救助、船舶和财产救助、沉船沉物打捞、海上消防、清除溢油污染，以及其他为海上运输和海上资源开发提供安全保障等多项使命。中国救捞在交通运输部的直接领导下，近年来取得了长足的发展。在沿海区域部署了交通运输部北海救助局等 3 家专业救助队伍、交通运输部烟台打捞局等 3 家专业打捞队伍，下辖 24 个船舶救助基地和 88 个前沿待命点，以及 4 支专业救助飞行队和 8 个救助飞行基地；在长江沿线部署了武汉长江航道救助打捞局，以应对长江航道的抢险救助和打捞清障需求。

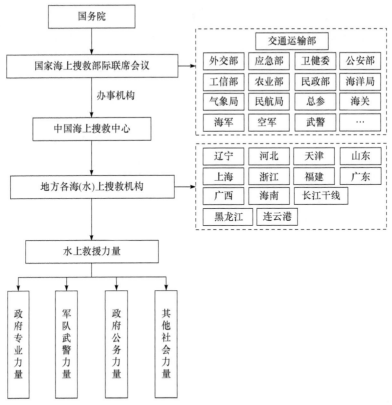

图 1.1　我国水上救援力量架构图(2016 年调整后架构图)

　　目前，中国救捞作为世界整体实力最强的专业救助力量之一，拥有各类型船舶 209 艘、救助航空器 20 余架。主力救助船功率达到 9000kW，抗风浪能力达到 12 级风 14m 浪高。最大的救助船"101"系列共三艘，满载排水量达 7000t，作为救助旗舰配置在 3 个海区。打捞工程船单船起重能力达到 5000t；整体沉船打捞能力达到 50000t；饱和潜水从无到有，并已具备 300m 水深作业能力，饱和潜水陆基载人实验深度已经达到 500m；遥控无人潜水器作业深度达到 6000m；一次溢油综合清除回收能力单船达到 3000t；救助直升机飞行救助半径 110n mile(1n mile = 1852m)，单次最大救助人数可达 20 人。飞行救助实现了复杂气象条件下的跨区域长距离救助和船载直升机联合救助[7]。

　　此外,交通运输部在沿海部署了中华人民共和国黑龙江海事局等 14 家直属海事局，以及北海、东海、南海 3 家航海保障中心，可在负责国家水上安全监督的同时执行人命搜救任务；在长江沿线部署了中华人民共和国长江海事局，下设重庆海事局等 12 个分支海事局，可有效执行长江航线的人命搜救任务。

1. 交通运输部北海救助局

交通运输部北海救助局是我国北部海域的海上专业救助单位,主要负责我国北部海域及黑龙江干线,即绣针河口(北纬35°05′10″、东经119°18′15″)至平山岛北端(北纬35°08′30″、东经119°54′30″)的连线和35°08′30″以北水域的国内船舶、水上设施和我国北部沿海水域遇险的国内外航空器及其他方面的救助任务[35]。交通运输部北海救助局下设救助飞行队、救助保障中心和6个救助基地(烟台救助基地、大连救助基地、秦皇岛救助基地、天津救助基地、荣成救助基地、青岛救助基地),拥有海上专业救助船艇19艘,在渤海海峡、天津、北海3号位(秦皇岛与旅顺航线中部)、石岛、大连、烟台、长岛、青岛等8个海区常年安排8~9艘救助船24小时执行海上应急救助和动态待命值班任务;3架S76+机型海上救助直升机、1架EC225机型海上救助直升机分别部署在大连周水子国际机场和烟台蓬莱国际机场值守,担负昼间简单气象条件下,110n mile内的海上应急救助值班任务。交通运输部北海救助局主要搜救船舶信息如表1.1所示。

表 1.1 交通运输部北海救助局主要搜救船舶信息

序号	类别	船名	长(m)×宽(m)×高(m)	总功率/kW	总吨位/t	最大航速/kn	服役时间
1	大型海洋救助船	北海救101	116.95×16.2×7.8	14000	4598	22	2012.01
2		北海救111	98×15.2×7.6	9000	3474	20	2005.11
3		北海救112	98×15.2×7.6	9000	3474	20	2006.07
4		北海救113	99×15.2×7.6	9000	3510	20.15	2009.08
5		北海救115	99×15.2×7.6	9000	3510	20.15	2010.07
6		北海救116	99×15.2×7.6	9000	3522	19.6	2010.06
7		北海救117	98.55×15.2×7.6	9000	3800	17.3	2014.06
8		北海救118	99×15.2×7.6	9000	3800	17.3	2015.12
9		北海救119	99×15.2×7.6	9000	3800	17.3	2015.12
10		北海救131	77×14×6.8	6000	2096	18.35	2009.08
11	近海快速救助船	北海救201	50×13.1×4.5	4480	552	30	2006.11
12		北海救203	50×13.1×4.5	5120	546	30	2013.05
13	基地配套工作艇	北海救321	21.44×6.1×3.23	2058	88	25	2018.04
14		北海救311	13.59×4.05×1.86	1176	27	35	2018.02

续表

序号	类别	船名	长(m)×宽(m)×高(m)	总功率/kW	总吨位/t	最大航速/kn	服役时间
15		华英 384	14.3×4.5×1.5	—	532	17	—
16		华英 386	14.3×4.5×1.5	—	532	17	—
17	沿海高速救助艇	华英 387	14.3×4.5×1.5	—	532	17	—
18		华英 394	16×5.3×1.68	—	712	18	—
19		华英 395	16×5.3×1.68	—	712	18	—

注：1kn = 1n mile/h。

2. 交通运输部东海救助局

交通运输部东海救助局责任区域是绣针河口至平山岛北端的连线和北纬 35°08′30″以南至宫口头 135°方位线以北海域，即北起江苏连云港，南至福建东山岛，大陆海岸线长 7202km，约占全国的 39.22%；岛屿海岸线长 8532km，约占全国的 60.94%。交通运输部东海救助局下设 2 个救助飞行队、1 个救助船队、1 个救助保障中心和 10 个救助基地(上海救助基地、连云港救助基地、大丰救助基地、舟山救助基地、宁波救助基地、温州救助基地、洞头救助基地、福州救助基地、湄洲救助基地、厦门救助基地)，拥有海上专业救助船艇 17 艘，以及数量不详的华英系列沿海高速救助艇[36]。交通运输部东海救助局主要搜救船舶信息如表 1.2 所示。

表 1.2　交通运输部东海救助局主要搜救船舶信息

序号	类别	船名	长(m)×宽(m)×高(m)	总功率/kW	总吨位/t	最大航速/kn	服役时间
1		东海救 101	116.95×16.2×7.8	14000	4747	22	2012.10
2		东海救 102	127.65×16×8.1	12000	5443	20	2016.03
3		东海救 111	98×15.2×7.6	9000	3474	20.13	2005.12
4		东海救 112	98×15.2×7.6	9000	3412	20.13	2006.11
5		东海救 113	99×15.2×7.6	9000	3510	20.13	2008.01
6	大中型海洋救助船	东海救 115	99×15.2×7.6	9000	3510	20.13	2010.02
7		东海救 116	99×15.2×7.6	9000	4896	20.1	2011.06
8		东海救 117	99.35×15.2×7.6	9000	3705	18	2013.10
9		东海救 118	99.35×15.2×7.6	9000	3705	18	2015.03
10		东海救 131	77×14×6.8	6000	2055	17.6	2005.06
11		东海救 151	69.5×14.6×6.8	4000	2235	15	2019.12

续表

序号	类别	船名	长(m)×宽(m)×高(m)	总功率/kW	总吨位/t	最大航速/kn	服役时间
12	近海快速救助船	东海救 201	49.9×13.1×4.5	5120	546	30.4	2006.08
13		东海救 202	49.9×13.1×4.5	5120	546	30	2013.09
14		东海救 203	49.9×13.1×4.5	5120	546	32	2015.06
15		东海救 204	49.9×13.1×4.5	5120	546	32	2015.12
16	基地配套工作艇	东海救 321	21.44×6.7×3.23	2058	88	25	2018.04
17		东海救 311	14.5×4.05×1.86	1176	27	35	—

3. 交通运输部南海救助局

交通运输部南海救助局主要负责宫口头 135°方位线以南海域，下设救助飞行队、救助船队、救助保障中心和 7 个救助基地(汕头救助基地、深圳救助基地、广州救助基地、湛江救助基地、北海救助基地、海口救助基地、三亚救助基地，其中在广州救助基地设置应急救助队，在三亚救助基地设置救捞训练中心)，拥有各类救助船艇 33 艘。值班船舶分别部署在汕头海区、珠江口海区、湛江海区、琼州海峡海区、广西北海海区、三亚海区和南海海域待命。各责任海区共设有 30 个值班待命点，其中重要待命点 7 个、机动待命点 2 个，全年安排主机功率 6000kW 及以上大型海洋救助船值守，其余待命点安排小型船艇值守；2 架 EC225 大型救助直升机、3 架 S-76D 中型救助直升机分别部署在珠海和三亚救助飞机值班站点值守[37]。交通运输部南海救助局主要搜救船舶信息如表 1.3 所示。

表 1.3　交通运输部南海救助局主要搜救船舶信息

序号	类别	船名	长(m)×宽(m)×高(m)	总功率/kW	总吨位/t	最大航速/kn	服役时间
1	大型海洋救助船	南海救 101	109×16.2×7.6	14000	4190	22	2007.11
2		南海救 102	127×16×8	12000	5400	20	2017.02
3		南海救 111	98×15.2×7.6	9000	3474	20.35	2006.03
4		南海救 112	98×15.2×7.6	9000	3412	20.13	2006.12
5		南海救 113	99×15.2×7.6	9000	3510	20.13	2009.05
6		南海救 115	99×15.2×7.6	9000	3510	20.13	2010.05
7		南海救 116	99×15.2×7.6	9000	3681	20	2011.02
8		南海救 117	99.35×15.2×7.6	9000	3700	20	2013.12
9		南海救 118	99.35×15.2×7.6	9000	3700	20	2015.11
10		南海救 131	77×14×6.8	6720	2055	17.5	2005.09

续表

序号	类别	船名	长(m)×宽(m)×高(m)	总功率/kW	总吨位/t	最大航速/kn	服役时间
11	沿海快速救助船	南海救201	49.9×13.1×4.5	4480	552	30	2006.11
12		南海救202	49.9×13.1×4.5	5120	546	30	2013.12
13		南海救203	49.9×13.1×4.5	5120	546	30	2015.02
14		南海救204	49.9×13.1×4.5	5120	546	30	2015.11
15	基地配套工作艇	南海救301	17.45×4.7×1.85	1176	—	32	2011.03
16		南海救302	17.5×4.3×1.85	1176	—	32	2011.07
17		南海救311	13.59×4.05×1.86	1176	—	35	2017
18		南海救321	21.44×6.7×3.23	2058	88	25	2018.04
19		南海救501	8.18×2.88×1.10	162	—	31	2009.06
20		南海救502	8.18×2.88×1.10	162	—	31	2009.06
21		南海救503	8.18×2.88×1.10	162	—	31	2009.06
22		南海救504	8.18×2.88×1.10	162	—	31	2009.06
23		南海救508	8.9×3.18×1.25	191	—	30	2013.04
24		南海救509	8.9×3.18×1.25	191	—	30	2014
25		南海救510	10.5×2.75×1.28	294	—	31	2016
26		南海救511	10.5×2.75×1.28	294	—	31	2016
27		南海救512	10.5×2.75×1.28	368	—	40	2020
28	高速救助艇	华英382	14.32×4.44×1.85	634	—	15	1985
29		华英383	14.32×4.44×1.85	634	—	15	1985
30		华英385	14.32×4.44×1.85	634	—	15	1985
31		华英392	16×5.3×1.68	710	—	18	1982.06
32		华英396	16×5.3×1.68	710	—	18	1982.06
33		华英397	16×5.3×1.68	710	—	18	1982.06

4. 交通运输部烟台打捞局

交通运输部烟台打捞局成立于1974年，具有海上一级打捞单位资质、潜水作业一级(空气、混合气)资质，拥有包括远洋拖轮、海工供应船、大型起重船、大型甲板船等各类船舶数十艘，其中技术性能优秀的5000t起重铺管船"德合"轮于2018年投入运营，起重能力1200t的全国首艘浅水坐底打捞工程船"德浮1200"于2021年投入运营；拥有1100m码头岸线和50000t级干船坞1座。

5. 交通运输部上海打捞局

交通运输部上海打捞局成立于 1951 年，是我国最大的抢险救助打捞专业单位，拥有各类拖轮和特种船舶 50 艘，其中 16000kW 大马力远洋拖轮和三用工作船 2 艘，2500～11530kW 远洋拖轮及近海拖轮 11 艘，以及驳船 4 艘；拥有 3824～11480kW 三用拖轮 22 艘；拥有工程类船舶 8 艘，其中包含 4500t 抢险打捞 DPⅢ 起重船"创力"轮、2500t 起重浮吊船"大力"号、3000t 全回转自航打捞起重船"威力"轮、300m 深潜水工作母船"深潜"号、700t 打捞工程支持船"聚力"轮、大型溢油回收船"德潏"轮等。此外，还拥有 200m 和 300m 饱和潜水系统、3000m 和 6000m 遥控潜水器(remote operated vehicle，ROV)、水下导向攻泥器设备、海上溢油回收设备，以及 1200t 和 800t 等大中型打捞浮筒等特种设备。

6. 交通运输部广州打捞局

交通运输部广州打捞局成立于 1974 年，是交通运输部直属的专业应急抢险打捞单位，承担南海海域应急抢险打捞职责，拥有 4000t 全回转海洋工程起重船、26000～80000t 半潜船、3500～15000t 半潜驳、2500～3000kW 大功率拖轮，以及相关海工、水工专业船舶 40 余艘；3000m ROV、1200kJ 液压打桩锤、3500kJ 液压打桩锤、深水多波束测深系统、碎石基础 3D 水下整平架、海上风电导管架安装专用水下导向架、水下导向攻泥器、水下 3D 成像声呐、水下开孔抽油和溢油回收装备、450t 线性绞车、氦氧混合气潜水系统等各类专业设备近千套。

7. 武汉长江航道救助打捞局

交通运输部长江航道局下属的武汉长江航道救助打捞局是长江干线唯一专门从事长江干线航道船舶救助打捞的公益性支持保障单位，是保障长江一线应对水上突发事件的专业救援队伍。武汉长江航道救助打捞局拥有内河一级、海上三级打捞资质、潜水作业二级资质、航道工程专业承包三级资质、长江干线水下隐蔽工程水下检测乙级资质、工程测量和海洋测绘乙级等资质证书，拥有 10 余艘救援船舶，其中 1000t 全旋转自航起重船"长天龙"轮是长江中上游起重能力最大、设备配置最先进的专业应急抢险起重船舶。

8. 各地海事局

海事执法船是海难救援的重要力量之一，承担组织协调和救援任务。交通运输部在沿海部署了黑龙江海事局等 14 家直属海事局，以及北海、东海、南海 3 家航海保障中心，近年来先后建造了 13000t 级、5000t 级、3000t 级、1500t 级，以及 60m 级、40m 级、30m 级等各型海事执法船，基本形成覆盖我国管辖海域的海事执法船队。

在长江沿线,长江海事局下设重庆海事局等 12 个分支海事局,管理江苏海事局、长江通信管理局、长江引航中心、后勤管理中心,拥有车船艇逻 1200 余台。为提升长江干线水上救援能力,交通运输部根据长江沿线水域海事机构站点多、海事部门巡航力量强的特点,在长江实行"海事巡航与救助一体化"的管理格局,建立了长江专业救助网络。

9. 其他水上救援力量

水上救援不仅仅是国家专业救助打捞队伍的"专利",仅依靠专业队伍不能满足实际需求,要充分调动一切可以调动的力量。《国家海上搜救应急预案》在工作原则中规定:"依照海上突发事件应急组织体系框架,形成专业力量与社会力量相结合,多部门参加,多学科技术支持,全社会参与的应对海上突发事件机制。"其他水上救援力量包括军队和武警救援力量、政府部门所属公务救援力量、其他可投入救援行动的民用船舶与航空器、企事业单位、社会团体、个人等社会人力和物力资源。近年来,军队、政府部门及涉海各企事业单位的船舶、飞机也是我国水上应急救援的重要保障力量,在救援过程中发挥了重要的作用。

1.5　章 节 安 排

第 1 章主要论述我国水上突发险情应急救援装备技术体系研究的背景和意义,国内外在该方面开展相关研究的进展,以及我国水上应急救援建设概况。第 2 章从体系构建思路与目标、体系结构、体系构建要素、体系构建模型和体系结构布局 5 个方面介绍水上应急救援装备技术体系的构建理论方法。第 3 章主要分析近年来我国各大水域水上突发险情救援情况,根据各类事故特征针对性构建"2-10-4-23"式水上突发险情应急救援场景,细化水上应急救援需求,构建水上应急救援装备技术体系。第 4 章系统评估我国水上应急救援装备技术保障能力。第 5 章从人命救助、环境救助、财产救助和应急抢险打捞四个角度出发,系统分析我国水上应急救援装备技术发展趋势。第 6 章挖掘事故与救援装备技术的内在联系,研发应对水上典型事故应急救援场景所需装备技术的辅助选配系统。

第2章 水上应急救援装备技术体系构建理论方法

2.1 水上应急救援装备技术体系构建思路与目标

2.1.1 构建思路

体系构建属于设计范畴。在设计学领域，设计被看成一种针对目标的求解活动，是以创造性的活动解决人类面临的各种问题，或者从现存的事实转向未来可能的构思和想象。装备技术体系构建的对象是装备和技术，是对装备体系、技术体系的结构和组成布局的求解和构思。也就是说，水上应急救援装备技术体系构建是根据水上应急救援实际需求，围绕构建原则、构建理论和构建方法，综合考虑装备、技术相关实践活动的科技、经济、可靠性等因素，对装备技术体系的结构要素和组成要素进行规划的创造性活动。

2.1.2 构建目标

1. 满足水上应急救援装备技术体系建设发展规划需求

需求是体系建设的根本动力，从国家行业层面，水上应急救援装备技术体系建设的目标必须服从和服务于国家行业发展规划需求，保证其能够更好地服务于国家行业发展需求；从实践应用层面，水上应急救援装备技术体系应能满足实际救援需求，更好地指导水上应急救援实践；从科学技术层面，水上应急救援装备技术体系建设要充分考虑我国基本国情，符合目前我国科研水平和发展规律需求。

2. 建立水上应急救援装备技术体系领域间的清晰界面

在装备技术体系构建方法中，需要建立装备领域、技术领域间的清晰界面，为进行准确高效的装备技术分类及研发投入和分工管理提供依据，避免出现重复投资、分工重叠等现象。装备技术体系构建通过装备领域或技术领域分类分析、独立性分析、覆盖性分析等，建立装备体系和技术体系内部各装备之间、各技术之间、各装备技术之间清晰的边界和关联，构建装备体系与技术体系之间的映射，为装备和技术计划管理部门和装备研制管理部门提供清晰的装备技术体系视图。

2.2 水上应急救援装备技术体系结构

装备体系结构可以看成从装备实现角度去描述体系结构。该结构不仅是一套标准、一种结构树，还是一种装备体系结构到技术层面的映射，是一种能力的体现。映射不仅体现在要素的组织结构上，还能反映各要素在技术方面的逻辑关系；能力不仅体现在装备和技术上，还反映了体系构建人员、技术专家，以及装备技术实施人员的知识与经验。

技术体系结构可以看成从技术实现角度描述体系结构，可定义为：装备体系中各项支持技术的特性、水平及各项技术之间的相互关系。水上应急救援装备体系是由支持水上应急救援任务的各项装备组成的统一整体。水上应急救援技术体系是支撑水上应急装备技术发挥其效能的各项关键技术组成的统一整体。

装备体系和技术体系在体系结构上有如下特点。

(1) 关联性：装备体系结构与技术体系结构、救援能力体系结构是相互关联的，技术体系为装备体系中各对应装备发挥其效能提供技术支持能力，为救援能力体系提供技术标准的制约，同时装备体系又向技术体系提出技术的指标水平需求。

(2) 层次性：装备体系结构具有体系级、系统级、装备级和单元级，同样，技术体系也可分为技术领域、技术方向和关键技术等多种层次，这种层次是体系纵向联系的体现。

(3) 整体性：装备体系和技术体系都是为实现一定的体系目标而构成的有机整体，各种技术在这个整体中相互影响、相互关联，形成一个整体结构。

(4) 功能性：各项装备和技术是按照一定的结构组成的有机整体，目的是完成救援任务，满足救援能力需求。

2.3 水上应急救援装备技术体系构建要素

2.3.1 装备体系构建要素

通过充分借鉴军事领域常用的装备体系构建层级实践，结合水上应急救援能力建设需要和水上应急救援行动特点，可将水上应急救援装备体系结构层级要素分为体系级、系统之系统级、系统级、平台级和单元级，将水上应急救援技术体系结构要素分为体系层、使命层、能力层、方向层和单元层。水上应急救援装备体系与技术体系的结构层次分别如图 2.1 和图 2.2 所示。

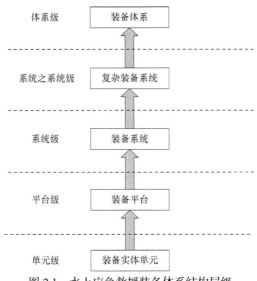

图 2.1　水上应急救援装备体系结构层级

1) 体系级

体系级是最高层级系统，在统一管理背景下为完成一定联合救援作业任务，由功能上相互联系、相互作用的各专业救捞队伍所属不同救援职责及作业系统集群，在统一联合指挥控制和联合保障下耦合而成的大系统。例如，在统一管理控制背景下，由综合各专业救捞队伍救援装备的人命救助系统集群、环境救助系统集群、财产救助系统集群等水上应急救援装备集群共同组成的具有某种作业能力的救援装备体系。

2) 系统之系统级

系统之系统级是基于不同水上专业救捞队伍的岗位职责，由能够完成不同救援任务的装备系统，按照特定救援任务编配组合而成的系统集群。水上应急救援使命任务可以按照水上专业救捞队伍的岗位职责，从宏观上划分为人命救助、环境救助、财产救助和应急抢险打捞四个救助任务大类，而任意一个救助任务大类又由若干救助任务小类组成，如由救助直升机、救助船舶、潜水装备等组成的既具备实施落水人员水面救助，又具备实施翻扣船水下救助，还具备快速转移伤病/被困人员能力的救援装备系统集群。

3) 系统级

系统级是根据不同的救援需求，由具有不同功能的装备平台，按照水上应急救援作业配合关系组成的可支撑特定救援能力的装备系统。

4) 平台级

平台级是指能够支持完成某项救援任务的救援装备与搭载工具，为完成一定的救援任务结合而成的装备平台，如救助船舶、救助直升机、饱和潜水母船等。

5）单元级

单元级是根据不同的救援能力需求，能够独立完成某项救援任务的救援装备，如救生圈、水下机器人、拖曳声呐、围油栏等。

2.3.2 技术体系构建要素

基于军事领域常用的装备体系构建层级实践，结合水上应急救援能力建设需要和水上应急救援行动特点，可将技术体系结构要素分为体系层、使命层、能力层、方向层和单元层，如图 2.2 所示。

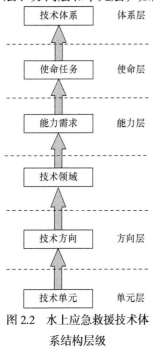

图 2.2　水上应急救援技术体系结构层级

1）体系层

在统筹部署背景下为完成水上应急救援任务，由功能上相互联系的所有救援力量及作业系统，在统筹管控和联合保障下耦合而成的大系统。

2）使命层

使命层是结合不同水上救援队伍的岗位职责，由能够完成不同领域救援任务的技术系统基于救援对象差异组合而成的系统集群。水上应急救援使命任务可以按照水上专业救捞队伍的岗位职责，从宏观上划分为人命救助、环境救助、财产救助和应急抢险打捞四个救助任务大类。每一个救助任务大类均服务于特定领域的救援对象。

3）能力层

能力层是根据不同的救援需求和装备技术特点，由完成不同救援任务的装备平台和装备单元发挥其效能所需的技术，按照水上应急救援作业配合关系组成的特定技术领域集合体。根据水上应急救援需求，救援能力需求可具体细分为落水人员救助能力等 16 项。

4）方向层

方向层是指具有不同救援能力的技术单元，为完成特定救援任务组合而成的特定方向的技术集合体，如水面人员/船舶搜寻定位技术、空中飞行救助技术等。

5）单元层

单元层是指具有独立能力、可支撑特定救援作业项的技术单元，如搜寻基点确定技术、船扩展方形搜寻技术、低极轨道卫星搜寻定位技术等。

此外，技术领域是指根据不同救援任务需求和救援装备的用途，由支撑不同技术方向的技术群按照水上应急救援作业配合关系组成，是特定救援装备平台和装备实体单元组合体作业所需的宏观技术体。

2.3.3　装备技术体系构建要素关联关系

装备技术体系构建要素分析可以理解为对装备体系与技术体系的辩证分析，分为两个方面：一是从要素的角度，抽取各种装备技术的本质特征，将本质特征概括成两个以上的要素，并指出各种要素之间的关系；二是从实体的角度，分析装备技术体系支撑的各种装备系统，并指出各种装备系统之间的层次关系。

从装备技术体系结构分析的方法来看，装备技术体系的要素结构是实体结构的基础，同时也是从实体结构中综合梳理出来的。实体结构是要素结构的具体表现形式，也是综合各种要素构建的结果。基于"双五级"布局的水上应急救援装备技术体系结构关联图如图 2.3 所示。

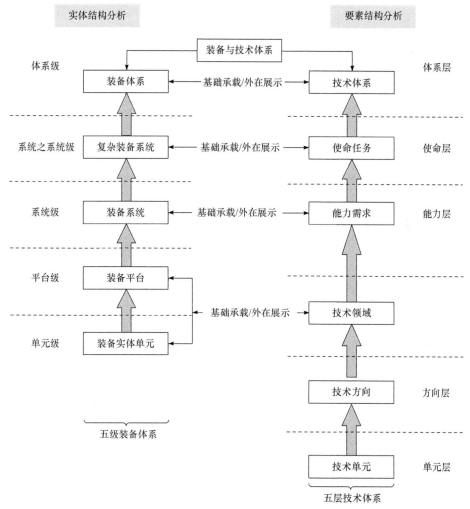

图 2.3　基于"双五级"布局的水上应急救援装备技术体系结构关联图

2.4　水上应急救援装备技术体系构建模型

为便于从宏观上消除装备技术体系构建过程中的逻辑错误，保障研究成果的可追溯性和可复用性，基于军民融合发展战略背景，充分借鉴军事领域成熟的武器装备体系设计理论方法[38, 39]，紧密结合我国水上应急救援现状及特点，运用控制论与系统工程理论，我们提出基于"双重循环"机制的水上应急救援装备技术体系构建方法。其技术路线图如图 2.4 所示。

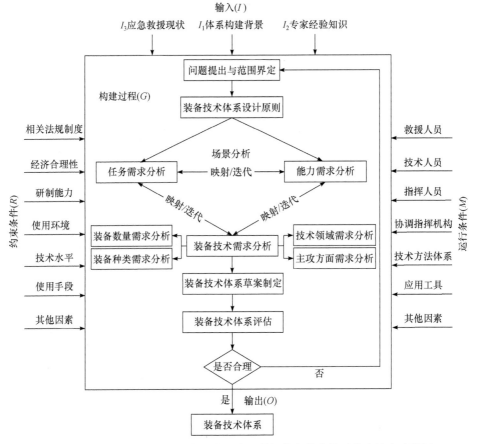

图 2.4　基于"双重循环"机制的水上应急救援装备技术体系构建技术路线图

体系构建过程包括输入(I)、约束条件(R)、运行条件(M)、构建过程(G)和输出(O)五个方面。I是指体系构建过程的原始输入数据，是构建装备技术体系的来源和基础，主要包括应急救援现状、专家经验知识和体系构建背景。R 是指限制体系最优化或核心目标实现的各类约束要素,包括国家或行业出台的相关法规制度、经济合理性、研制能力、使用环境、技术水平、使用手段等。M 是指体系运行需要考虑的主要因素,包括救援人员、技术人员、指挥人员、协调指挥机构、技术方法体系、应用工具等。G 是构建过程,包括装备技术体系设计原则(G_1)、问题提出与范围界定(G_2)、任务需求分析(G_3)、能力需求分析(G_4)、装备技术需求分析(G_5)、装备技术体系草案制定(G_6)、装备技术体系评估(G_7)七个环节。循环迭代流程构成体系构建的"外循环"机制,是提升体系针对性和系统性的关键程序。O 是指实现体系构建目标得出的装备技术体系。

装备技术体系的科学、系统和合理构建需要充分结合现场需求。为此,构建过程(G)以水上应急救援实际需求分析为牵引,基于反复迭代作为装备技术体系需求的生成机制。下面对构建环节进行详细说明。

1. 装备技术体系设计原则

根据国内外对应急救援装备体系、武器装备技术体系构建成果,结合水上应急救援实际,装备技术体系的设计重点需考虑如下原则。

1) 需求保障原则

构建的装备技术体系应尽可能覆盖我国目前可能面临的水上应急救援保障需求。任一装备或相关技术是否纳入装备技术体系,也应考虑其是否满足国家应急保障的需要。应紧密结合近年来我国发生的水上突发事件应急救援经验教训,以及相关救援能力发展需求来构建体系。

2) 指导性原则(先进性原则)

装备技术体系不但要覆盖已有的水上应急救援装备或技术,而且要聚焦当前水上应急救援关键装备和技术盲点,指导当前或未来装备技术的发展。其相关装备技术指标要具有先进性。

3) 与国家战略规划结合原则

国务院办公厅、交通运输部、应急管理部、工业和信息化部、国家发展改革委为推动国家突发事件应急体系建设、加快应急产业发展,制定了关于应急相关装备的重点支持计划和相关目录。新建装备技术体系应考虑并结合已有国家支持计划,结合实际需求研究,进一步完善补充。

4) 从"典型"到"通用"原则

水上应急救援任务不同、水域不同、环境不同都会对所涉及的装备技术产生影响。本书立足于典型水上救援任务,对其涉及的装备技术体系进行系统研究,然后梳理出可胜任各项基元任务的通用装备技术体系。

5) 开放性原则

装备技术体系是动态发展的,需要不断地完善迭代更新,不应将该装备技术体系设计为封闭系统。应本着开放性原则，以满足未来我国水上应急救援保障需求为导向，在充分考虑水上应急救援能力、科技研发能力、经济实力等要素的基础上实现装备技术体系的动态更新完善。

6) 经济可行原则

为提高水上应急装备技术的针对性和使用效率，相关装备技术的研发投入需要考虑当前装备技术现状和可能获得的社会经济效益，包括后期保养维护成本，因此体系中装备技术的研发需要与相关经济投入、应急产业发展水平和实际需求相适应。

7) "集成化、系统化、标准化"原则

未来装备技术是朝着集成化、系统化、标准化的方向发展，因此水上应急救援装备技术体系建设要以大系统的观念来筹划，以获得最大的整体效能，并以信息系统为支撑将各种功能要素有机融合，从而实现体系集成和功能于一体。

8) "覆盖性"原则

水上应急救援涉及的救援任务、救援场景非常多，本书选取内河、海洋上典型的、难度较大的、涉及装备技术较多的救援任务开展研究，而一般的较为简单的救援任务涉及的装备、技术均会被这些任务覆盖，就不再讨论了。

2. 问题提出与范围界定

为明确研究目的和限定研究对象，避免装备技术体系构建过程中出现的盲目泛化问题，需要确定装备技术体系涉及的要素边界，即所构建的装备技术体系需紧密结合我国水上突发险情应急救助打捞行动的实际情况。

3. 需求分析

需求分析(包括任务需求分析、能力需求分析、装备技术需求分析)是装备体系构建的基础，也是装备体系构建的核心环节，关乎体系的合理性与实用性。鉴于此，结合应急救援实际，我们提出"以使命为牵引、以需求为导向"的需求融合分析理念，即体系建设的"内循环"机制，按照"任务需求↔能力需求↔装备需求"的逻辑将需求从抽象到具体逐层递进(图 2.5)，对不同类型需求逐层向上合并，或向下展开，循环迭代，继而形成同一层次上规范化的需求结构框架和指标体系。其主要流程如下。

(1) 开展任务需求分析，将水上应急救援任务分为人命救助、财产救助、环境救助和应急抢险打捞四大类，然后对救援任务进行细化和归类分析，明确救援典型任务。

(2) 开展救援典型任务场景分析，梳理救援典型任务的基元任务及其救援流程。

(3) 开展任务与能力的映射关系分析研究，对完成各项任务所需的目标能力进行梳理、细化，得出救援任务目标能力体系。

(4) 开展能力与功能需求的映射关系分析研究，对完成各目标能力所需要的装备功能进行梳理、细化，得出装备列表。

(5) 开展任务、能力、功能需求迭代需求分析，完善使命任务需求、救援能力需求、装备技术需求列表。

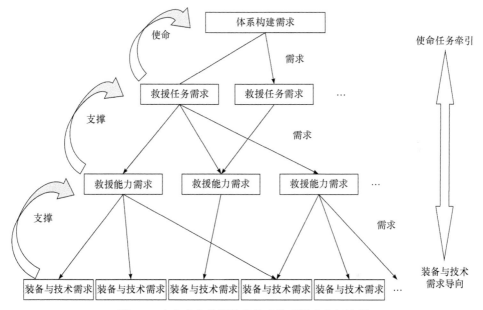

图 2.5　水上应急救援装备技术体系需求分解流程

4. 装备技术体系草案制定

1) 装备体系草案

(1) 开展装备体系结构要素分析，对装备列表进行深度分析，按照体系级、系统之系统级、系统级、平台级和单元级对所需水上应急救援装备进行分级分类。

(2) 开展装备体系组成要素分析，对各装备可支撑的任务能力、装备分类、装备型谱、关键技术参数、适用场景、所属单位和建议状态开展深度分析，从而形成装备体系草案。

2) 技术体系草案

(1) 开展技术体系结构要素分析，对技术列表进行深度分析，按照体系层、使命层、能力层、方向层和单元层对水上应急救援技术进行分级分类。

(2) 开展技术体系支撑要点分析，对各技术的操作要求、注意要点、预期状态等开展系统分析，从而形成技术体系草案。

5. 装备技术体系评估

广泛邀请水上应急救援领域相关专家和政府主管部门领导对装备技术体系进行评估，不断完善装备技术体系。

2.5　水上应急救援装备技术体系结构布局

合理的结构布局是体系建设的关键，常见的体系结构模型主要包括"体系-能力-领域-技术"模型、"体系-系统-门类-领域-技术"模型、"体系-使命-能力-系统-技术"模型、"体系-领域-技术"模型和"体系-装备-领域-技术"模型等。根据水上应急救助打捞行动特点，针对特定的使命任务，按照"任务需求↔能力需求↔装备需求"的循环逻辑线，首先分析完成具体水上应急救援使命任务所需具备的救援能力需求或技术领域；其次，通过对救援能力或技术领域的细化分解映射出对应的支撑装备平台或技术方向；再次，根据装备平台特性或技术方向总结归纳与之匹配的救援辅助装备实体单元或技术单元；最后，按照"五级"布局结构即可完成对水上应急救援装备体系和技术体系框架的构建。其模型如图 2.6 和图 2.7 所示。

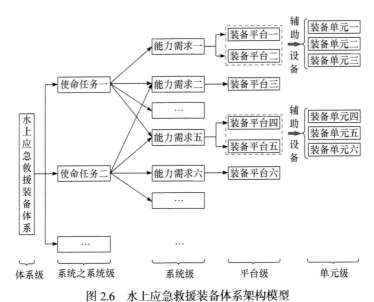

图 2.6　水上应急救援装备体系架构模型

基于水上应急救援装备技术具有互为关联支撑的特点，结合"双五级"布局结构，可以构建如图 2.8 所示的水上应急救援装备技术体系架构模型。

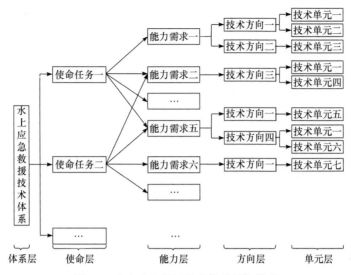

图 2.7　水上应急救援技术体系架构模型

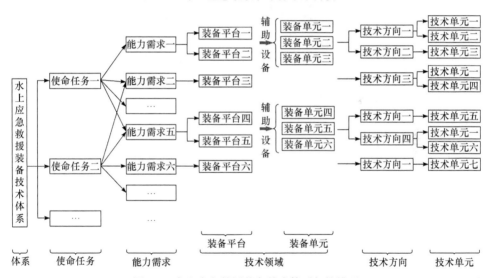

图 2.8　水上应急救援装备技术体系架构模型

第3章 水上应急救援装备技术体系构建实践

基于双重循环机制的水上应急救援装备技术体系构建方法，采用"四步走"体系构建思路，以水上突发险情应急救援为导向，首先瞄准内河和沿海开展水上突发险情分析；其次根据险情特征构建水上应急救援主要任务场景，根据不同事故救援场景，基于"内循环"机制融合分析所需要的救助任务、救助能力、救助装备、救助技术；再次结合"双五级"布局结构系统完成对诸多任务、能力、装备和技术等水上应急救援需求项的归类；最后基于体系框架构建"外循环"机制不断迭代聚焦，提升体系的针对性，构建水上应急救援装备技术体系。

3.1 我国水上突发险情分析

目前，我国水上险情总量较大，遇险船舶和人数总数较多。据中国海上搜救中心发布的数据，2014～2020年，我国年均水上突发险情1923起，遇险船舶达1649艘，遇险人数达14276人，翻沉船舶320余艘，死亡和失踪人员600余人(图3.1)，充分说明当前我国水上应急救援任务十分繁重。

为进一步分析不同水域突发险情情况，绘制了如图3.2所示的2017年7月～2020年6月三年间我国各水域每月突发险情起数波动特征及占比，其中沿海海区平均每月发生险情129起，占险情总数的80.63%，是水上突发事故防范的重点区域，也是开展应急救援的核心区域。

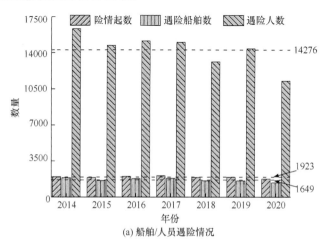

(a) 船舶/人员遇险情况

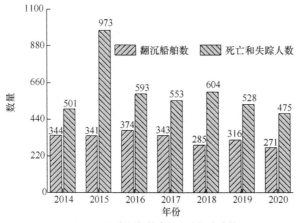

(b) 翻沉船舶或人员死亡/失踪数

图 3.1　2014~2020 年我国水上突发险情造成的伤害情况

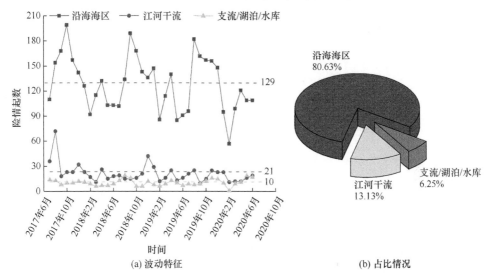

(a) 波动特征　　　　　　　　　　　　　(b) 占比情况

图 3.2　2017 年 7 月~2020 年 6 月我国各水域险情起数波动特征及占比

图 3.2(b)中，小计数字的和可能不等于总计数字，是因为有些数据进行了舍入修约

　　根据是否涉及船舶遇险，可将我国不同水域险情划分为涉及船舶遇险的险情和不涉及船舶遇险的险情两类。如图 3.3 所示，涉及船舶遇险的险情平均每月发生 91 起，占险情总数的 60.26%；不涉及船舶遇险的险情(人员伤病或落水等)平均每月发生 60 起，占险情总数的 39.74%。

　　在涉及船舶遇险的 91 起险情中，主要由碰撞、搁浅、火灾、风灾等因素引起。2019 年 6 月~2020 年 5 月全国水上交通事故主要致险因素引起险情起数波动特征及占比如图 3.4 所示。其中，平均每月由碰撞引起险情 23 起，占险情总数的 25.27%；由搁浅引起险情 18 起，占险情总数的 19.78%；由火灾引起险情 7 起，占险情总数的 7.69%；由风灾引起险情 3 起，占险情总数的 3.30%。从支撑水上应急救援能力建设的角度出发，与船舶碰撞、搁浅、火灾、风灾事故救援相关的装备技术的研发是今后关注的重点。

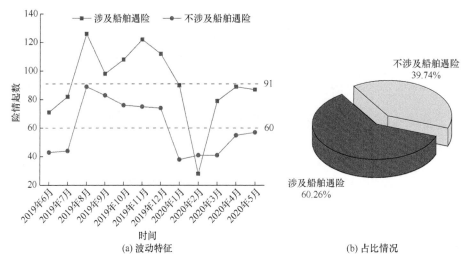

图 3.3　2019 年 6 月～2020 年 5 月全国涉及船舶遇险的险情与不涉及船舶遇险的险情波动特征及占比

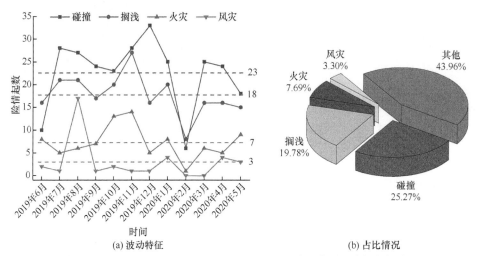

图 3.4　2019 年 6 月～2020 年 5 月全国水上交通事故主要致险因素引起险情起数波动特征及占比

综上可知，按水域划分，我国水上事故主要集中在海上和内河；按照是否涉及船舶遇险，将水上应急救援划分为涉及船舶遇险的应急救援和不涉及船舶遇险的应急救援；通过对各因素引起水上事故频率大小的分析发现，碰撞、搁浅、火灾和风灾是引发水上险情的关键因素，也是今后灾害预警、事故救援、装备选型配备需要重点关注的因素。

3.2　水上应急救援主要任务场景构建

为系统分析我国水上事故应急救援场景,一方面,根据各水域险情发生的特征,分别选择海上和内河两大水域,瞄准十大常见的事故类型(根据交通运输部第15号令《水上交通事故统计办法》中对水上交通事故类型的划分,考虑极地水上运输过程中可能发生的冰困事故、海上构筑物、海底设施突发意外状况。以及水面垃圾、藻类等污染治理,将水上常见事故划分为碰撞事故、搁浅事故等十大类),开展对我国水上事故应急救援场景的分析;另一方面,根据水上救捞系统岗位职责的特点,将我国水上事故应急救援场景细分为人命救助、环境救助、财产救助和应急抢险打捞四个层面,每个层面再按照各自险情特征进一步细化成23类具体的险情特征,构建如图3.5所示的"2-10-4-23"式水上应急救援场景。

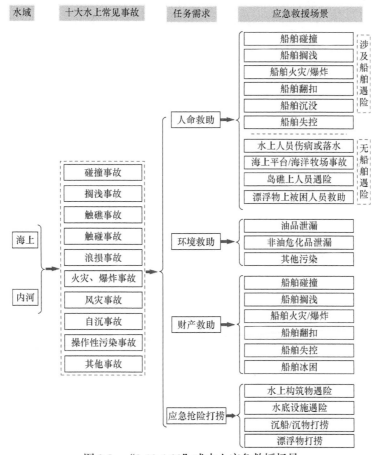

图 3.5　"2-10-4-23"式水上应急救援场景

3.2.1 水上人命救助场景

1. 船舶碰撞

在海上发生船舶碰撞事故时，若碰撞事故比较严重，事故船舶存在沉没风险，则相关人员应第一时间组织堵漏自救；若自救失败，则应立即向应急指挥机构(由中国海上搜救中心及地方各级政府建立的海上搜救机构组成)报警[①]求助。接到事故船舶的报警求助信息后，指挥中心应根据事故的严重程度做出响应，针对仍具有主动搁浅能力的事故船舶，可协调海事局或救助局派遣救助直升机、救助船艇前往发生事故水域，并征调附近船舶展开对落水人员及被困人员的救援；对于失去主动搁浅能力的事故船舶，可协调海事局或救助局立即派遣救助拖轮前往现场或征调附近的大型船舶迫使事故船舶搁浅，并派遣救助直升机、救助船艇展开对落水人员及被困人员的救援；对于无法实现迫使搁浅的事故船舶，可协调海事局或救助局即刻派遣救助直升机、大马力回转拖轮和救助船艇前往现场，并征调附近船舶展开救援，由救助直升机、大马力回转拖轮转移被困人员，救助船艇和附近船舶救助落水人员；若事故船舶无沉没风险，则与人命救助事项无关。出现船舶碰撞事故时，实施人命救助的流程如图 3.6 所示。

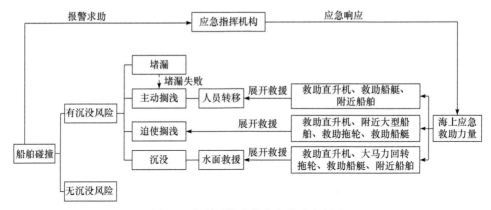

图 3.6　船舶碰撞事故人命救助流程图

对于发生在内河水域的船舶碰撞事故人命救助，通常无救助直升机的参与。针对船舶碰撞事故，实施人命救助过程中各个基元任务所需的能力和装备见表 3.1。

---

① 海上遇险者报警通信方式：发生海上突发事件时，可通过海上通信无线电话、船舶自动识别系统(automatic identification system，AIS)、卫星地面站、应急无线电示位标或公众通信网(海上救助专用电话号 12395)等方式报警。其他遇险信息来源：船舶报告系统、船舶交通服务系统(vessel traffic service，VTS)、民用和军用航空器、目击者或知情者、其他接获报警部门、国际组织或国外机构等。

表 3.1　船舶碰撞事故人命救助过程中各个基元任务所需的能力和装备

任务名称		基元任务	所需能力	所需装备
船舶碰撞事故人命救助	具有主动搁浅能力	人员转移	空中救助能力 被困人员转移能力	救助直升机、救助船艇、附近船舶
	丧失主动搁浅能力	人员转移	空中救助能力 被困人员转移能力	救助直升机、救助船艇、附近大型船舶、救助拖轮
	沉没	人员转移	被困人员转移能力	救助直升机、大马力回转拖轮
		落水人命救助	空中救助能力 落水人员搜救能力	救助直升机、救助船艇、附近船舶
	无沉没风险	——	——	——

2. 船舶搁浅

如图 3.7 所示，在海上发生船舶搁浅事故时首先向应急指挥机构报警求助，应急指挥机构接到报警求助信息后立刻根据事故船舶特征做出应急响应。针对一般船舶，应急指挥机构协调救助局或海事局派遣救助船艇前往现场展开对人员的救助；针对大型邮轮，应急指挥机构协调救助局或海事局派遣救助船艇，并征调附近船舶前往船舶搁浅水域开展对人员的转移与救援。

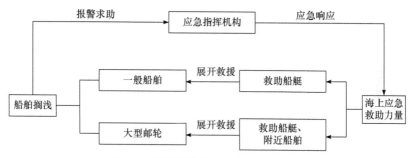

图 3.7　船舶搁浅事故人命救助流程图

对于内河水域发生的船舶搁浅事故，应急指挥机构接到报警求助信息后，对于一般船舶搁浅事故协调海事局派遣救助船艇前往现场展开救援；对于大型邮轮搁浅事故，协调海事局派遣救助船艇，并征调附近船舶前往事发水域开展救援。

针对船舶搁浅事故，实施人命救助过程中各个基元任务所需的能力和装备如表 3.2 所示。

表 3.2　船舶搁浅事故人命救助过程中各个基元任务所需的能力和装备

任务名称	基元任务	所需能力	所需装备
船舶搁浅事故人命救助	一般船舶人员转移	被困人员转移能力	救助船艇
	大型邮轮人员转移	被困人员转移能力	救助船艇、附近船舶

3. 船舶火灾/爆炸

海上船舶火灾/爆炸事故人命救助流程如图 3.8 所示。船舶发生火灾或爆炸事故时应首先开展自救，若事故严重，则立即向应急指挥机构报警求助。在海上，应急指挥机构收到报警信息后，根据事故的大小及遇险人员的多少迅速做出响应，协调救助局、海事局、打捞局及附近船舶展开救援。针对一般船舶，应急指挥机构协调救助局、海事局或打捞局派遣救助直升机、救助船艇前往现场展开对人员的救助与消防灭火；针对大型邮轮，应急指挥机构协调救助局、海事局、打捞局派遣救助直升机、救助船艇，并征调附近船舶前往船舶搁浅水域开展对人员的转移与救援。

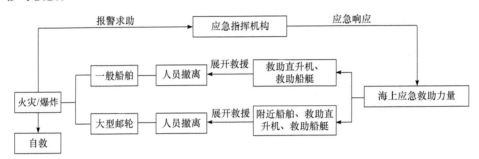

图 3.8　海上船舶火灾/爆炸事故人命救助流程图

在内河，应急指挥机构收到事故船舶的报警信息后，除协调海事局派遣救助船艇前往现场开展人命救助之外，通常还将协调长航公安派遣消防船前往相关水域展开对发生火灾或爆炸船舶的灭火工作，防止事故的进一步扩大。内河船舶火灾/爆炸事故人命救助流程如图 3.9 所示。

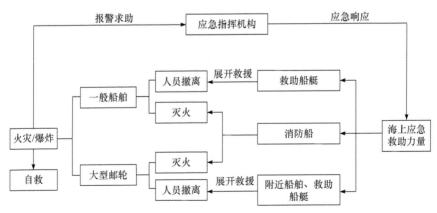

图 3.9　内河船舶火灾/爆炸事故人命救助流程图

针对船舶火灾或爆炸事故，实施人命救助过程中各个基元任务所需的能力和装备如表 3.3 所示。

表 3.3　船舶火灾/爆炸事故人命救助过程中各个基元任务所需的能力和装备

任务名称	基元任务	所需能力	所需装备
船舶火灾/爆炸事故人命救助	一般船舶人员转移	空中飞行救助能力 被困人员转移能力 落水人员搜救能力	救助直升机、救助船艇、附近船舶
	大型邮轮人员转移		

4. 船舶翻扣

如图 3.10 所示，事故发生后应首先向应急指挥机构报警求助，应急指挥机构收到报警信息后根据翻扣船舶的特征及水域特征做出应急响应，一方面协调海事局、救助局派遣救助拖轮前往现场，或者征调附近船舶来稳定翻扣的船舶；另一方面协调海事局、救助局派遣救助船艇或征调附近船舶展开对落水人员的救助。

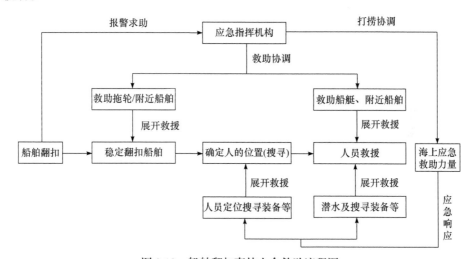

图 3.10　船舶翻扣事故人命救助流程图

此外，对于海上翻扣船舶，应急指挥机构还将协调打捞局展开对水下被困人员的搜寻与救助；对于内河翻扣船舶，应急指挥机构通常协调长江航道救助打捞局展开对水下被困人员的搜寻与救助。

针对船舶翻扣事故，实施人命救助过程中各个基元任务所需的能力和装备如表 3.4 所示。

表 3.4　　船舶翻扣事故人命救助过程中各个基元任务所需的能力和装备

任务名称	基元任务	所需能力	所需装备
船舶翻扣事故 人命救助	搜寻被困人员	人员定位能力、翻扣船舶稳固能力	暂缺高效实用的装备
	水下救援	翻扣船舶人命救助能力	录像设备、潜水装备(供气系统、通信系统、潜水服、照明系统、加热系统)
	夜间人员搜寻	水面人员搜救能力	夜视仪、热成像仪
	落水人命救助		救助拖轮、救助船艇、附近船舶、救生网

5. 船舶沉没

如图 3.11 所示,发生船舶沉没事故时应首先向应急指挥机构报警求助,应急指挥机构接到报警信息后即刻响应,根据船舶沉没信息协调海事局或救助局派遣救助直升机、救助船艇赶往现场展开对落水人员的救援,并征调附近船舶展开对落水人员的救援。

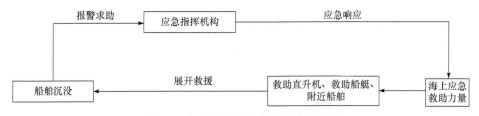

图 3.11　船舶沉没事故人命救助流程图

针对船舶沉没事故,实施人命救助过程中各个基元任务所需的能力和装备如表 3.5 所示。

表 3.5　　船舶沉没事故人命救助过程中各个基元任务所需的能力和装备

任务名称	基元任务	所需能力	所需装备
船舶沉没事故人命救助	落水人命救助	空中救助能力、落水人员搜救能力	救助直升机、救助船艇、附近船舶

6. 船舶失控

发生船舶失控事故时首先要向应急指挥机构报警求助,应急指挥机构接到报警后根据船舶事故特征及需要协调海事局、救助局派遣救助直升机、救助船舶、救助拖轮或征调附近船舶赶到现场展开救援。船舶失控事故人命救助流程如图 3.12 所示。救助船舶或附近船舶就位后立即展开对落水人员的救助。与此同时,救助拖轮或附近大型船舶展开对失控船舶的稳定，并过驳失控船舶上被困人员，失控船舶得到控制后由救助拖轮拖航运输至特定地点。若事发水域风浪较大，不利于过驳失控船舶上被困人员，可由救助拖轮拖航至安全水域再过驳被困人员。

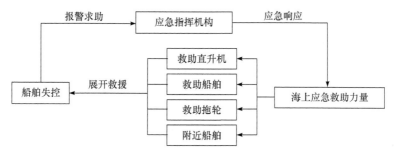

图 3.12　船舶失控事故人命救助流程图

针对船舶失控事故，实施人命救助过程中各个基元任务所需的能力和装备如表 3.6 所示。

表 3.6　船舶失控事故人命救助过程中各个基元任务所需的能力和装备

任务名称	基元任务	所需能力	所需装备
船舶失控事故人命救助	人员转移	被困人员转移能力	救助直升机、救助船舶、救助拖轮、附近船舶

7. 水上人员伤病或落水

根据中国海上搜救中心发布的全国水上险情数据，不涉及船舶遇险人员的救援过程相对简单。对于海上伤病人员，应急指挥机构接到报警后可协调救助打捞局、海事局派遣救助直升机、救助船舶前往事发水域救援。海上人员伤病人命救助流程如图 3.13 所示。

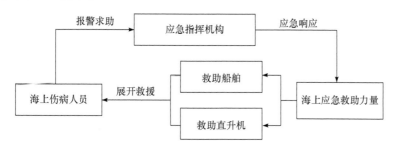

图 3.13　海上人员伤病人命救助流程图

对于海上落水人员，应急指挥机构接到报警后，除了协调救助打捞局、海事局派遣救助直升机、救助船舶前往事发水域救援，还将征调附近船舶参与救援。海上人员落水人命救助流程如图 3.14 所示。

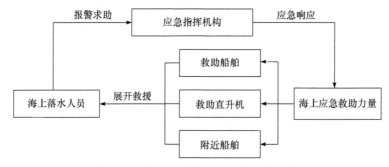

图 3.14　海上人员落水人命救助流程图

对于内河水域的落水人员，通常由落水人员自行游泳上岸。无法自行上岸的落水人员，应急指挥机构接到报警后可协调海事局派遣救助船舶沿岸搜寻，或协调社会力量沿岸搜寻。对于内河水域的伤病人员，船舶可就近靠岸寻求救助。

水上人员伤病或落水人命救助过程中各个基元任务所需的能力和装备如表 3.7 所示。

表 3.7　水上人员伤病或落水人命救助过程中各个基元任务所需的能力和装备

任务名称	基元任务	所需能力	所需装备
水上人员伤病或落水人命救助	伤病人员转移	伤病人员转移能力	救助船舶、救助直升机
	落水人员搜救	落水人员搜救能力	救助船舶、救助直升机、附近船舶

8. 海上平台/海洋牧场事故

1) 海上平台/海洋牧场火灾

海上平台作业过程中，旁边通常会有一艘平台服务拖轮随时待命，海上平台发生火灾后，首先向平台服务拖轮求助，平台服务拖轮接到求助信息后立即到达现场灭火。当火势失控时将向应急指挥机构报警求助，应急指挥机构接到报警信息，协调救助局和海事局派遣救助直升机、救助船舶或征调附近船舶救人。附近船舶赶到现场后通常先营救平台上的人员和落水人员，然后救助救生艇上人员，最后搜寻失联人员。海上平台火灾事故人命救助任务流程如图 3.15 所示。

与海上平台救助作业不同的是，海洋牧场无配套的服务拖轮，当海洋牧场发生火灾时，其救助任务流程中无相关服务拖轮参与救援，其余与海上平台救助任务流程类似，如图 3.16 所示。

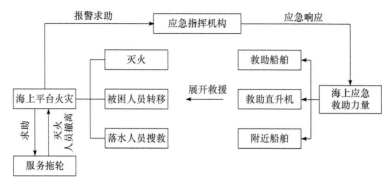

图 3.15 海上平台火灾事故人命救助任务流程图

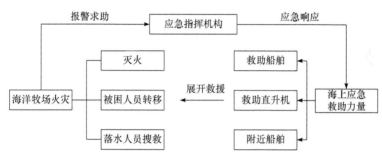

图 3.16 海洋牧场火灾事故人命救助任务流程图

针对海上平台/海洋牧场发生火灾事故,实施人命救助过程中各个基元任务所需的能力和装备如表 3.8 所示。

表 3.8 海上平台/海洋牧场火灾事故人命救助过程中各个基元任务所需的能力和装备

任务名称	基元任务	所需能力	所需装备
海上平台/ 海洋牧场 火灾事故 人命救助	人员转移与救援	人员快速转移能力	救助直升机、救助拖轮、附近船舶
	灭火	灭火能力	消防船
	落水人员救助	落水人员救助能力	救生网、救助拖轮
	搜救失联人员	人员搜寻能力	救助拖轮、热成像仪、夜视仪、救助直升机

2) 海上平台/海洋牧场倾覆

海上平台发生倾覆时人命救助任务流程如图 3.17 所示。海上平台发生倾覆后,首先向附近的配套服务拖轮发出求助信息,服务拖轮接到求助信息后立即前往,撤离被困人员。若险情超出配套服务拖轮的救助能力,向应急指挥机构报警求助,应急指挥机构接到救援请求后,将协调救助局或海事局派遣救助直升机、救助船舶或征调附近船舶赶赴现场救援,救援力量到达后通常首先救援平台上的被困人员和落水人员,然后搜寻失联人员。

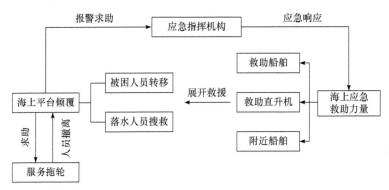

图 3.17 海上平台发生倾覆时人命救助任务流程图

与海上平台救助作业不同，海洋牧场无配套的服务拖轮，当海洋牧场发生倾覆时，其救援流程中无相关服务拖轮参与救援，其他内容与海上平台救助任务流程类似，如图 3.18 所示。

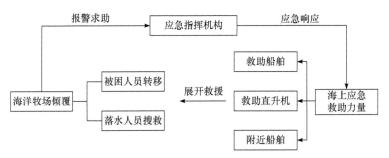

图 3.18 海洋牧场发生倾覆时人命救助任务流程图

当海上平台/海洋牧场发生倾覆事故时，人命救助过程中各个基元任务所需的能力和装备如表 3.9 所示。

表 3.9 海上平台/海洋牧场倾覆事故人命救助过程中各个基元任务所需的能力和装备

任务名称	基元任务	所需能力	所需装备
海上平台/海洋牧场倾覆事故人命救助	人员转移与救援	人员快速转移能力	救助直升机、救助拖轮、附近船舶
	落水人员救助	落水人员救助能力	救生网、救助拖轮
	搜救失联人员	人员搜寻能力	救助拖轮、热成像仪、夜视仪、救助直升机

9. 岛礁上人员遇险

1) 岛礁设施火灾

岛礁设施火灾时人命救助任务流程如图 3.19 所示。岛礁设施发生火灾后应急指挥机构接到救援通知，协调救助局、海事局派遣救助直升机或征调附近船舶赶往现场救人。

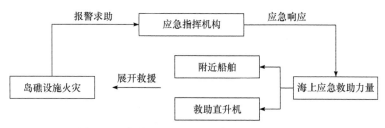

图 3.19　岛礁设施火灾时人命救助任务流程图

针对岛礁设施火灾事故，实施人命救助过程中各个基元任务所需的能力和装备如表 3.10 所示。

表 3.10　岛礁设施火灾事故人命救助过程中各个基元任务所需的能力和装备

任务名称	基元任务	所需能力	所需装备
岛礁设施火灾事故人命救助	人员转移与救援	人员快速转移能力	救助直升机、附近船舶

2) 岛礁设施遭遇台风、海啸等自然灾害

岛礁设施遭遇自然灾害时人命救助任务流程如图 3.20 所示。首先，气象部门发布自然灾害通知，应急指挥机构接到救援通知，在自然灾害发生前或发生后协调救助局、海事局派遣救助直升机或征调附近船舶赶往现场救助被困人员，搜寻失联人员。

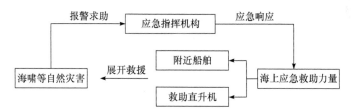

图 3.20　岛礁设施遭遇自然灾害时人命救助任务流程图

针对岛礁设施遭遇台风、海啸等自然灾害事故，实施人命救助过程中各个基元任务所需的能力和装备如表 3.11 所示。

表 3.11　岛礁设施遭遇台风、海啸等自然灾害事故人命救助过程中
各个基元任务所需的能力和装备

任务名称	基元任务	所需能力	所需装备
岛礁设施遭遇台风、海啸等自然灾害事故人命救助	伤员转移与救援	人员快速转移能力	救助直升机、附近船舶
	搜救失联人员	人员搜寻能力	热成像仪、夜视仪、救助直升机(白天大规模搜寻、目视)

10. 漂浮物上被困人员救助

漂浮物上被困人员救助任务主要分为船舶漂浮物救助、飞机漂浮物救助和其他物品救助三种情况。其中涉及人命救助的主要包括船舶失去动力和飞机迫降水面,二者救援方式相似。以飞机迫降在海上时人员救助为例,其任务流程如图 3.21 所示。当飞机成功迫降在海面上时,机组人员组织所有人员逃生到海面。同时应急指挥机构接到救援通知,协调救助局、海事局派遣救助直升机、救助拖轮,并征调附近船舶救人,当附近船舶或救助直升机到达现场后通常首先救援落水人员,然后搜寻失联人员。

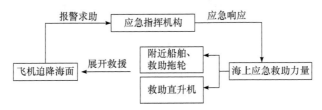

图 3.21　飞机迫降在海面事故人命救助任务流程图

针对发生飞机迫降在海面事故,实施人命救助过程中各个基元任务所需的能力和装备如表 3.12 所示。

表 3.12　飞机迫降在海面事故人命救助过程中各个基元任务所需的能力和装备

任务名称	基元任务	所需能力	所需装备
飞机迫降在海面事故人命救助	人员转移与救援	人员快速转移能力	救助直升机、救助拖轮、附近船舶
	落水人员救助	落水人员快速打捞能力	救生网、救助拖轮、救助船舶
	搜救失联人员	人员搜寻能力	救助拖轮、救助船舶、热成像仪、夜视仪、救助直升机(白天大规模搜寻、目视)

3.2.2　水上环境救助场景

1. 油品泄漏

在内河水域,运输的油品主要为柴油、汽油等,而关于重油、原油的运输较为少见。由于内河船舶吨位较小、水体流速大,发生泄漏事故后柴油等油品将快速泄漏并被水流冲淡,救助操作难度很大。汽油等易挥发类油品更是如此,只能任其自行挥发。因此,关于水上油品泄漏救助主要集中在海上。

1) 大规模原油泄漏

大规模原油泄漏救助任务流程如图 3.22 所示。应急指挥机构接到救援通知后同步开展以下四步工作：①协调救助直升机进行泄漏范围测绘；②协调国家船舶溢油应急设备库装备进行防扩散控制；③协调溢油回收船、溢油设备进行防扩散控制；④征集社会力量进行防扩散控制。其中，海事局和打捞局的主要任务是控制泄漏源和溢油回收，社会力量则承担部分溢油回收任务。

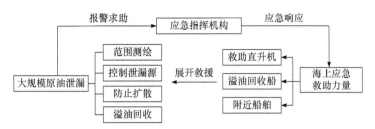

图 3.22　大规模原油泄漏事故救助任务流程图

针对大规模原油泄漏事故，实施救助过程中各个基元任务所需的能力和装备如表 3.13 所示。

表 3.13　大规模原油泄漏事故救助过程中各个基元任务所需的能力和装备

类型	基元任务	所需能力	所需装备
大规模原油泄漏事故救助	测绘	大范围测绘能力	救助直升机
	溢油围栏	溢油防扩散能力	围油栏
	控制泄漏源	泄漏封堵能力	工程船、拖轮、封堵设备、水下作业机器人、水下液压切割设备、防污染潜水设备、测深仪、气体分析仪、气体检测仪、防化服、防毒面具、洗消设备
	溢油回收	溢油回收能力	溢油回收船、测爆仪、气体分析仪、气体检测仪、防化服、防毒面具、洗消设备、撇油器、溢油回收机、抽油泵、液压动力站(为撇油器、溢油回收机、抽油泵装备提供动力)、溢油回收管线、溢油存储设备、吸油毡、消油剂、喷洒设备

2) 小规模原油泄漏

小规模原油泄漏救助任务流程如图 3.23 所示。小规模原油泄漏分为无泄漏源和有泄漏源两种情况。无泄漏源的救助流程分为两步，先要协调溢油回收船进行防扩散控制，然后进行溢油回收。有泄漏源的救助流程分为三步，先要协调溢油回收船进行防扩散控制，然后控制泄漏源，最后进行溢油回收。针对小规模原油泄漏事故，实施救助过程中各个基元任务所需的能力和装备如表 3.14 所示。

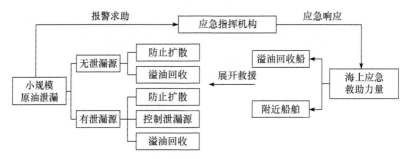

图 3.23 小规模原油泄漏事故救助任务流程图

表 3.14 小规模原油泄漏事故救助过程中各个基元任务所需的能力和装备

任务名称		基元任务	所需能力	所需装备
小规模原油泄漏事故救助	无泄漏源	溢油围栏	防扩散能力	围油栏
		溢油回收	溢油回收能力	溢油回收船、测爆仪、气体分析仪、气体检测仪、防化服、防毒面具、洗消设备、围油栏、吸油毡、消油剂、喷洒设备(喷洒消油剂)
	有泄漏源	溢油围栏	防扩散能力	围油栏
		控制泄漏源	泄漏封堵能力	工程船、拖轮、封堵设备、水下作业机器人、水下液压切割设备、防污染潜水设备、测爆仪、气体分析仪、气体检测仪、防化服、防毒面具、洗消设备
		溢油回收	溢油回收能力	溢油回收船、测爆仪、气体分析仪、气体检测仪、防化服、防毒面具、洗消设备、围油栏、吸油毡、消油剂、喷洒设备(喷洒消油剂)

2. 非油危化品泄漏

1) 气体

气体危化品泄漏,大多数情况下都是液化石油气泄漏,而液化石油气在内河通常是禁运的,因此关于气体危化品泄漏救助通常发生在海上,其救助流程如图 3.24 所示。出现气体危化品泄漏事故,应急指挥机构收到救援通知后将协调专业救助力量赶往现场进行堵漏、过驳转运。

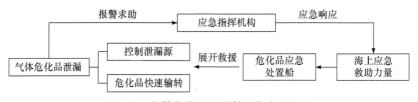

图 3.24 气体危化品泄漏救助任务流程图

针对气体危化品泄漏事故，实施救助过程中各个基元任务所需的能力和装备如表 3.15 所示。

表 3.15　气体危化品泄漏事故救助过程中各个基元任务所需的能力和装备

任务名称	基元任务	所需能力	所需装备
气体危化品泄漏事故救助	堵漏	封堵能力	危化品应急处置船、工程船、拖轮、封堵设备、水下作业机器人、水下液压切割设备、防污染潜水设备、测爆仪、气体分析仪、气体检测仪、防化服、防毒面具、洗消设备、防低温设备
	拖航运输(丧失航行能力)	驳运能力	专业运输船
	拖航运输(具备航行能力)	拖曳能力	拖轮

2) 固体

固体危化品可分为可溶性固体和不可溶性固体两种情况。对于可溶性固体只能抢救包装没有破损的，进行过驳，而包装发生破碎的则无法救援。对于不可溶性固体危化品，如苯酚，则可过驳救援。固体危化品泄漏事故救助流程如图 3.25 所示。

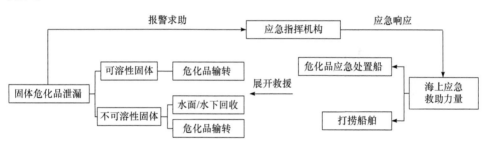

图 3.25　固体危化品泄漏救助流程分析图

针对固体危化品泄漏事故，实施救助过程中各个基元任务所需的能力和装备如表 3.16 所示。

表 3.16　固体危化品泄漏事故救助过程中各个基元任务所需的能力和装备

任务名称	基元任务	所需能力	所需装备
固体危化品泄漏事故救助	可溶性固体(包装完好)	过驳	驳运能力	运输船、浮吊、测爆仪、气体分析仪、气体检测仪、防化服、防毒面具、洗消设备
	可溶性固体(包装破损)	—	—	—
	不可溶性固体	过驳	驳运能力	运输船、浮吊、测爆仪、气体分析仪、气体检测仪、防化服、防毒面具、洗消设备

3) 液体

对于整船运输的危化品，出现泄漏事故时其救助流程如图 3.26 所示，即当接到打捞任务时，打捞局首先根据任务的具体情况准备相应的救援装备。救援队伍到达现场后，根据危险物位置布置作业平台，待作业平台就位后根据现场情况制订救助方案。一般情况下，救助方案主要分为减载(卸货)、封堵/控制泄漏源和拖航运输三个步骤。

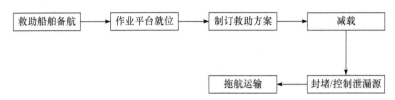

图 3.26　整船运输危化品泄漏事故救助任务流程图

整船运输危化品泄漏事故救助过程中各个基元任务所需的能力和装备如表 3.17 所示。

表 3.17　整船运输危化品泄漏事故救助过程中各个基元任务所需的能力和装备

类型	基元任务	所需能力	所需装备
整船运输危化品泄漏事故救助	作业平台就位	平台稳定能力	工程船、抛锚拖轮
	减载(卸货)	卸货能力	浮吊船、抓斗船、运输船
	封堵/控制泄漏源	封堵能力	工程船、拖轮、封堵设备、水下作业机器人、水下液压切割设备、防污染潜水设备、测爆仪、气体分析仪、气体检测仪、防化服、防毒面具、洗消设备、防低温设备
	拖航运输	拖曳能力	拖轮

对于罐、桶形式运输的危化品，若罐、桶未破损，则对于以罐、桶形式运输的危化品出现泄漏事故时的救助打捞任务流程如图 3.27 所示。接到打捞任务时，打捞局首先根据任务的具体情况准备相应的救援装备。救援队伍到达现场后，首先进行扫测，确定危险物位置。根据危险物位置布置作业平台，待作业平台就位

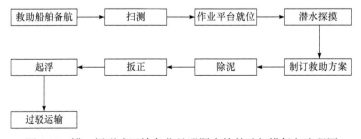

图 3.27　罐、桶形式运输危化品泄漏事故救助打捞任务流程图

后派遣潜水员进行潜水探摸，确定水下情况，根据探摸的情况制订救助方案。一般情况下，救助方案主要分为除泥、扳正、起浮和过驳运输。

罐、桶形式运输危化品泄漏事故救助过程中各个基元任务所需的能力和装备如表 3.18 所示。

表 3.18　罐、桶形式运输危化品泄漏事故救助过程中各个基元任务所需的能力和装备

任务名称	基元任务	所需能力	所需装备
罐、桶形式危化品泄漏事故打捞救助	作业平台就位	平台稳定能力	工程船、抛锚拖轮
	潜水探摸	潜水作业能力	录像设备、防污染潜水装备(供气系统、通信系统、潜水服、照明系统、加热系统)
	除泥	除泥能力	吸泥设备、挖泥船、抓斗船、泥驳船
	扳正	扳正能力	浮吊船、锚固设备、驳船、浮筒、穿引千斤设备、导向定位装备
	起浮	起浮能力	浮吊船、浮筒、驳船、空压机、压气排水系统、抽水泵、发电机
	过驳运输	拖曳能力	驳船

若罐、桶破损，则无法开展救援。

3. 其他污染

针对藻类污染、生活垃圾污染等其他污染救助所需装备与操作均比较简单，易于实现，此处不再详述。

3.2.3　水上财产救助场景

1. 船舶碰撞

发生海上船舶碰撞事故时，若事故船舶无沉没风险，则与财产救助事项无关；若碰撞事故比较严重，事故船舶存在沉没风险，相关人员应第一时间组织堵漏自救。若自救失败，则立即向应急指挥机构报警求助，接到事故船舶的报警求助信息后应急指挥机构应根据事故的严重程度做出响应，仍具有主动搁浅能力且具备搁浅条件的事故船舶应抢滩搁浅，可协调海事局或救助局派遣救助船艇、救助拖轮、驳船等前往发生事故水域展开对搁浅船舶的救援；对于失去主动搁浅能力但具有搁浅条件的事故船舶，可协调海事局或救助局立即派遣救助船艇、救助拖轮前往现场，或征调附近的大型船舶迫使事故船舶搁浅；对于无法实现迫使搁浅的事故船舶，完成对人命救助之后，根据情况展开对沉没船舶的抢险打捞。船舶碰撞事故财产救助流程如图 3.28 所示。

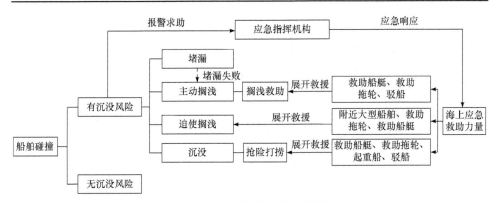

图 3.28　船舶碰撞财产救助流程图

在内河水域发生船舶碰撞事故的财产救助流程与海上基本相似。

船舶碰撞事故财产救助过程中各个基元任务所需的能力和装备见表 3.19。

表 3.19　船舶碰撞事故财产救助过程中各个基元任务所需的能力和装备

任务名称		基元任务	所需能力	所需装备
船舶碰撞事故财产救助	具有主动搁浅能力	搁浅救助	脱浅能力	救助船艇、救助拖轮、驳船
	丧失主动搁浅能力	迫使搁浅	船舶拖带能力	救助拖轮、附近大型船舶、救助船艇
	沉没	抢险打捞	抢险打捞能力	救助船艇、救助拖轮、扫测设备、起重船、驳船
	无沉没风险	—	—	—

2. 船舶搁浅

船舶搁浅事故，通常分为高位搁浅和一般搁浅两种情况，且海上搁浅事故救援与内河水域搁浅事故救援略有差异。

对于高位搁浅事故，海上船舶高位搁浅事故财产救助任务流程如图 3.29 所示。接到救助任务时，打捞局首先要根据任务的具体情况准备相应的救援装备，待救援队伍到达现场后，首先进行扫测，确定沉船或沉物位置，待作业平台就位后，潜水员进行潜水探摸，确定水下情况，根据探摸的情况制订救助方案。一般情况下，救助方案分为抽油、除泥、减载、脱浅、拖航运输五个步骤，若船舶出现破损需先进行封堵，再脱浅搁浅船舶。其中脱浅是将搁浅船舶脱离搁浅位置。

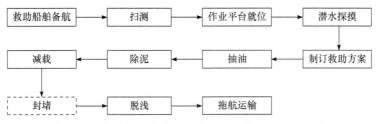

图 3.29 海上船舶高位搁浅事故财产救助任务流程图

海上船舶高位搁浅事故财产救助过程中各个基元任务所需的能力和装备如表 3.20 所示。

表 3.20 海上船舶高位搁浅事故财产救助过程中各个基元任务所需的能力和装备

类型	基元任务	所需能力	所需装备
海上船舶高位搁浅事故财产救助	扫测	定位能力	扫测船、多波束扫测设备(定位装备、定向装备、多波束发射及接收设备)、水下定位信标
	作业平台就位	平台稳定能力	工程船、抛锚拖轮、小艇
	潜水探摸	潜水作业能力	录像设备、潜水装备(供气系统、通信系统、潜水服、照明系统)
	抽油	抽油能力	抽油泵、液压设备、加热系统、存储设备
	除泥	除泥能力	吸泥设备、挖泥船、泥驳船
	减载	卸货能力	浮吊船、抓斗船、运输船
	封堵	封堵能力	快干水泥、堵漏毯、射钉枪
	脱浅	脱浅能力	工程船、拖轮、拉力千斤顶、锚固设备、液压设备、气囊、滑轮组、调载设备、牵引缆绳、切割设备
	拖航运输(无航行能力)	驳运能力	驳船、浮筒
	拖航运输(有航行能力)	拖曳能力	拖轮

相比于海上,内河航运船舶载重量小、航程短、油箱容量小,并且内河航道底部多为泥质,搁浅救助过程中油箱破损的风险较小,因此在内河船舶高位搁浅事故救助过程中通常无"抽油"环节。同时,由于救助队伍熟知辖区内航道情况,救助队伍到达现场后通常不进行"扫测"作业,而是直接选择合适的水域固定作业平台,待作业平台就位后,潜水员进行潜水探摸,确定水下情况,根据探摸的情况制订救助方案。通常,内河船舶高位搁浅事故财产救助方案分为除泥、减载(卸货)、脱浅和拖航运输 4 个步骤,若船舶出现破损需先进行封堵,再脱浅搁浅船舶。内河船舶高位搁浅事故财产救助任务流程如图 3.30 所示。

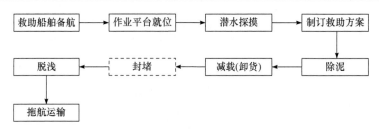

图 3.30　内河船舶高位搁浅事故财产救助任务流程图

内河船舶高位搁浅事故财产救助过程中各个基元任务所需的能力和装备如表 3.21 所示。

表 3.21　内河船舶高位搁浅事故财产救助过程中各个基元任务所需的能力和装备

任务名称	基元任务	所需能力	所需装备
内河船舶高位搁浅事故财产救助	作业平台就位	平台稳定能力	工程船、抛锚拖轮
	潜水探摸	潜水作业能力	录像设备、潜水装备(供气系统、通信系统、潜水服、照明系统、加热系统)
	除泥	除泥能力	吸泥设备、挖泥船、抓斗船、泥驳船
	减载(卸货)	卸货能力	浮吊船、抓斗船、运输船
	封堵	封堵能力	快干水泥、堵漏毯、射钉枪
	脱浅	脱浅能力	工程船、拖轮、拉力千斤顶、锚固设备、液压设备、气囊、滑轮组、调载设备、牵引缆绳、切割设备
	拖航运输(丧失航行能力)	驳运能力	驳船、救助拖轮
	拖航运输(具备航行能力)	拖曳能力	救助拖轮

对于一般搁浅事故，其救助任务流程与高位搁浅救助任务流程基本一致，只是脱浅阶段使用的装备有所差别，一般搁浅事故救助通常不采用液压设备、气囊等辅助起浮设备，而是通过调载等手段来提升搁浅船舶的浮力。

3. 船舶火灾/爆炸

船舶火灾/爆炸事故财产救助流程如图 3.31 所示。船舶发生火灾或爆炸事故时应首先展开自救，当事故严重程度超越自救能力时应立即向应急指挥机构报警求助。应急指挥机构收到事故船舶的报警信息后，根据事故情况迅速做出响应，协调救助局、海事局、打捞局、长航公安(内河水域)或附近具有消防灭火能力的船舶展开救援。

船舶火灾/爆炸事故财产救助过程中各个基元任务所需的能力和装备如表 3.22 所示。

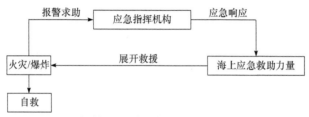

图 3.31　船舶火灾/爆炸事故财产救助流程分析图

表 3.22　船舶火灾/爆炸事故财产救助过程中各个基元任务所需的能力和装备

任务名称	基元任务	所需能力	所需装备
船舶火灾/爆炸事故财产救助	消防灭火	船舶火灾/爆炸灭火能力	具备灭火能力的救捞船艇

4. 船舶翻扣

船舶发生翻扣事故后通常会很快沉没，救助工作的重点是尽快完成对被困人员的救助，船舶沉没后即转入应急抢险打捞阶段。

5. 船舶失控

发生船舶失控事故时首先要向应急指挥机构报警求助，应急指挥机构接到报警后根据船舶事故特征、需要协调救助拖轮或附近船舶赶到现场展开救援。船舶失控事故财产救助流程如图 3.32 所示。救助过程中各个基元任务所需的能力和装备如表 3.23 所示。

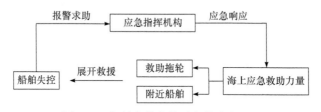

图 3.32　船舶失控事故财产救助流程图

表 3.23　船舶失控事故财产救助过程中各个基元任务所需的能力和装备

任务名称	基元任务	所需能力	所需装备
船舶失控事故财产救助	失控船舶控制	失控船舶救助能力	救助拖轮、附近船舶

6. 船舶冰困

出现船舶冰困险情时，通常应首先向应急指挥机构报警求助，应急指挥机构接到报警后根据船舶事故情况需要协调海事局、救助局、打捞局派遣专业破冰救助船舶、救助拖轮赶赴现场展开救援。船舶冰困事故财产救助流程如图3.33所示。救助过程中各个基元任务所需的能力和装备如表3.24所示。

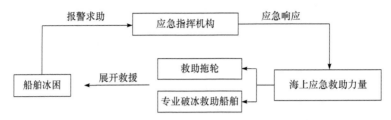

图 3.33 船舶冰困事故救助流程图

表 3.24 船舶冰困事故财产救助过程中各个基元任务所需的能力和装备

任务名称	基元任务	所需能力	所需装备
船舶冰困事故财产救助	冰困船舶脱困	破冰能力 拖带能力	专业破冰救助船舶、 救助拖轮

3.2.4 水上应急抢险打捞场景

在应急抢险打捞作业过程中，常用的术语如下。

抽油：将沉船内的动力燃油抽出，以免造成泄漏。

除泥：将掩盖沉船或沉物的淤泥吸出。

卸货：将船上承载的货物卸下。

扶正：将船舶或沉物调整到合适的姿态便于起浮。

起浮：通过浮吊、浮筒等设备使沉船或沉物浮出水面。

移浅：沉船/沉物吊起之后，通过改变对沉船/沉物的施力方向从而将其转移至水深较浅的区域。

1. 水上构筑物遇险

海上构筑物出现险情后首先向应急指挥机构报警求助。应急指挥机构根据险情状况协调海事局、救助局、打捞局派遣救助船舶或救助拖轮前往现场展开救助。救助流程如图3.34所示。内河水域水上构筑物的应急救助流程与海上的基本相似。

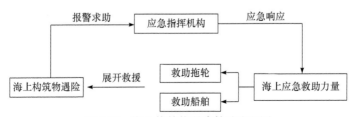

图 3.34 海上构筑物遇险救助流程图

水上构筑物遇险救助过程中各个基元任务所需的能力和装备如表 3.25 所示。

表 3.25　水上构筑物遇险救助过程中各个基元任务所需的能力和装备

任务名称	基元任务	所需能力	所需装备
水上构筑物遇险救助	应急抢险	水面应急抢险能力	救助船舶、救助拖轮

2. 水底设施遇险

海底设施发生险情后首先向应急指挥机构报警求助，应急指挥机构核实与分析险情信息后启动应急预案，并根据险情状况调动海上应急救助力量执行救助任务。海底设施遇险救助流程如图 3.35 所示。救助过程中各个基元任务所需的能力和装备如表 3.26 所示。

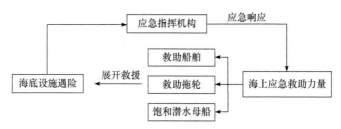

图 3.35　海底设施遇险救助流程图

表 3.26　海底设施遇险救助过程中各个基元任务所需的能力和装备

任务名称	基元任务	所需能力	所需装备
海底设施遇险救助	应急抢险	水下应急抢险能力	救助船舶、救助拖轮、饱和潜水母船、潜水装备

内河水域水底设施遇险救助流程与海底基本相似，所需装备略有差异。通常，内河水域水深相对较浅，无须派遣饱和潜水母船。

3. 沉船/沉物打捞

1) 小于 12m

针对小型渡船、渡轮(约乘 50 人及以下)/沉物，当接到打捞任务时，打捞局首先根据任务的具体情况准备相应的救援装备。救援队伍到达现场后，首先进行扫测，确定沉船或沉物位置。根据沉船或沉物位置布置作业平台，待作业平台就位后派遣潜水员进行潜水探摸，确定水下情况，根据探摸的情况制订救助方案。一般情况下，救助方案主要分为扳正、起浮和拖航运输 3 个步骤，如图 3.36(a) 所示。

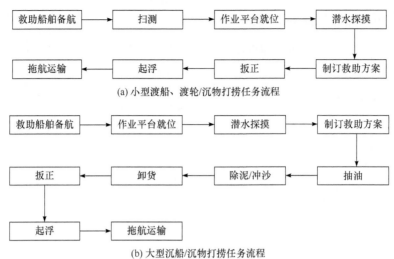

(a) 小型渡船、渡轮/沉物打捞任务流程

(b) 大型沉船/沉物打捞任务流程

图 3.36　12m 以下沉船/沉物打捞任务流程图

在对小型渡船、渡轮(乘员 50 人及以下)/沉物打捞过程中各基元任务所需的能力和装备如表 3.27 所示。

表 3.27　小型渡船、渡轮/沉物打捞过程中各基元任务所需的能力和装备

任务名称	基元任务	所需能力	所需装备
小型渡船、渡轮/沉物打捞	扫测	沉船/沉物定位能力	扫测船、多波束扫测设备(定位装备、定向装备、多波束发射及接收设备)、水下定位信标
	作业平台就位	平台稳定能力	工程船、抛锚拖轮
	潜水探摸	潜水作业能力	录像设备、潜水装备(供气系统、通信系统、潜水服、照明系统、加热系统)
	扳正	沉船/沉物扳正能力	浮吊船、锚固设备、驳船、穿引千斤设备
	起浮	沉船/沉物起浮能力	浮吊船、抽水泵、发电机
	拖航运输(无航行能力)	驳运能力	驳船
	拖航运输(有航行能力)	拖曳能力	拖轮

针对大型沉船/沉物,其救援打捞任务与针对小型渡船、渡轮/沉物的打捞任务既具有一定的相似性,又具有明显的差异。当接到大型沉船/沉物打捞任务时,打捞局首先要根据任务的具体情况准备相应的救援装备。对于大型沉船/沉物,其体型较大,在 12m 以浅水域沉没后仍有部分露出水面,救援队伍到达现场后,无须执行扫测任务,可根据沉船或沉物位置布置作业平台,待作业平台就位后派遣

潜水员进行潜水探摸，确定水下情况，根据探摸的情况制订救助方案。一般情况下，救助方案主要分为抽油、除泥/冲沙、卸货、扳正、起浮和拖航运输 6 个步骤，如图 3.36(b)所示。

在内河水域开展沉船/沉物打捞过程中除扳正、起浮和拖航运输 3 个步骤的基本任务与在海上类似之外，抽油、除泥/冲沙和卸货 3 个步骤的基本任务也具有很高的相似性，区别之处在于所需的装备略有差别。

大型沉船/沉物打捞过程中各基元任务所需的能力和装备如表 3.28 所示。

表 3.28　大型沉船/沉物打捞过程中各基元任务所需的能力和装备

任务名称	基元任务	所需能力	所需装备
大型沉船/沉物打捞	扫测	沉船/沉物定位能力	扫测船、多波束扫测设备(定位装备、定向装备、多波束发射及接收设备)、水下定位信标
	作业平台就位	平台稳定能力	工程船、抛锚拖轮
	潜水探摸	潜水作业能力	录像设备、潜水装备(供气系统、通信系统、潜水服、照明系统、加热系统)
	抽油	抽油能力	开孔机、抽油泵、液压设备、存储设备
	除泥/冲沙	除泥/冲沙能力	吸泥/冲沙设备
	卸货	卸货能力	浮吊船、抓斗船、运输船
	扳正	扳正能力	浮吊船、锚固设备、驳船、穿引千斤设备
	起浮	起浮能力	浮吊船、抽水泵、发电机
	拖航运输(丧失航行能力)	驳运能力	驳船
	拖航运输(具备航行能力)	拖曳能力	拖轮

2）12～60m

针对发生在水深为 12～60m 的内河水域的沉船/沉物事故，其打捞任务与发生在水深为 12m 以下的内河水域的沉船/沉物打捞任务具有一定的异同性。相似之处在于：当接到打捞任务时，打捞局首先要根据任务的具体情况准备相应的救援装备；待救援队伍到达现场后，首先进行扫测，确定沉船或沉物位置；根据沉船或沉物位置布置作业平台，待作业平台就位后派遣潜水员进行潜水探摸，确定水下情况，根据探摸的情况制订救助方案。差异之处在于：一般情况下，救助方案主要分为抽油、除泥、卸货、扳正、起浮、移浅、拖航运输 7 个步骤。

在海上，沉船/沉物打捞通常需要开展抽油、除泥/冲沙、卸货、扳正、起浮和拖航运输 6 个步骤。然而，相比于海上，内河水域河道较窄，并且河床通常呈两边凸中心凹的形状，水深越深，水流环境越复杂，救援打捞难度越大，所以在内河执行沉船/沉物打捞任务时通常在起浮过程中附加一个移浅过程。12～60m 水深的沉船/沉物打捞任务流程如图 3.37 所示。

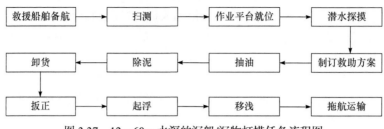

图 3.37 12～60m 水深的沉船/沉物打捞任务流程图

12～60m 水深的沉船/沉物打捞过程中各基元任务所需的能力和装备如表 3.29 所示。

表 3.29 12～60m 水深的沉船/沉物打捞过程中各基元任务所需的能力和装备

任务名称	基元任务	所需能力	所需装备
12～60m 水深的沉船/沉物打捞	扫测	沉船/沉物定位能力	扫测船、侧扫声呐设备、多波束扫测设备(定位装备、定向装备、多波束发射及接收设备)、磁力仪
	作业平台就位	平台稳定能力	工程船、抛锚拖轮
	潜水探摸	潜水作业能力	录像设备、潜水装备(供气系统、减压系统、通信系统、潜水服、照明系统、潜水吊笼、加热系统)、ROV
	抽油	抽油能力	开孔机、抽油泵、液压设备、存储设备
	除泥	除泥能力	吸泥设备、挖泥船、抓斗船、泥驳船
	卸货	卸货能力	浮吊船、抓斗船、吸泥设备、运输船
	扳正	扳正能力	浮吊船、锚固设备、驳船、浮筒、穿引千斤设备、导向定位设备
	起浮	起浮能力	浮吊船、浮筒、驳船、空压机、压气排水系统、抽水泵、发电机
	移浅	移浅能力	拖轮
	拖航运输(丧失航行能力)	驳运能力	驳船
	拖航运输(具备航行能力)	拖曳能力	拖轮

3) 60～120m

沉船/沉物在 60～120m 水深时打捞任务流程与 12～60m 比较一致,仅使用的装备有所差别。该水深的沉船/沉物打捞过程中各基元任务所需的能力与装备如表 3.30 所示。

表 3.30　60～120m 水深的沉船/沉物打捞过程中各基元任务所需的能力与装备

任务名称	基元任务	所需能力	所需装备
60～120m 水深的沉船/沉物打捞	扫测	沉船/沉物定位能力	扫测船、侧扫声呐设备、多波束扫测设备(定位装备、定向装备、多波束发射及接收设备)、水下定位信标
	作业平台就位	平台稳定能力	工程船、抛锚拖轮
	潜水探摸	潜水作业能力	录像设备、潜水装备(混合气供气系统、减压系统、通信系统、潜水服、照明系统、潜水钟、加热系统)、ROV
	抽油	抽油能力	开孔机、抽油泵、液压设备、存储设备
	卸货	卸货能力	浮吊船、抓斗船、吸泥设备、运输船
	除泥	除泥能力	吸泥设备、挖泥船、抓斗船、泥驳船
	扳正	扳正能力	浮吊船、锚固设备、驳船、浮筒、穿引千斤设备、导向定位设备
	起浮	起浮能力	浮吊船、浮筒、驳船、空压机、压气排水系统、抽水泵、发电机
	移浅	移浅能力	拖轮
	拖航运输(丧失航行能力)	驳运能力	驳船
	拖航运输(具备航行能力)	拖曳能力	拖轮

注：混合气潜水系统的实际下潜极限为 110m，110m 以上深水域潜水作业需配备饱和潜水系统。

4) 120～300m

120～300m 水深的沉船/沉物打捞任务流程如图 3.38 所示。在海上，救助方案主要包括抽油、扳正、起浮和拖航运输。

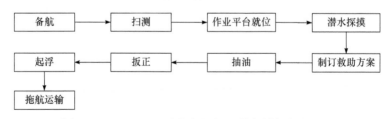

图 3.38　120～300m 水深的沉船/沉物打捞任务流程图

在内河水域，由于泥沙较大，河床较窄，救助方案主要包括抽油、除泥、卸货、扳正、起浮、移浅和拖航运输 7 个步骤。

海上和内河水域水深为 120～300m 的沉船/沉物打捞过程中各基元任务所需的能力与装备分别如表 3.31 和表 3.32 所示。

表 3.31　120～300m 水深的海上沉船/沉物打捞过程中各基元任务所需的能力与装备

任务名称	基元任务	所需能力	所需装备
120～300m 水深的海上沉船/沉物打捞	扫测	沉船/沉物定位能力	扫测船、多波束扫测设备(定位装备、定向装备、多波束发射及接收设备)、水下定位信标
	作业平台就位	平台稳定能力	工程船、抛锚拖轮
	潜水探摸	潜水作业能力	录像设备、潜水装备(饱和潜水系统、中控系统、通信系统、潜水服、照明系统、潜水钟、加热系统、饱和舱、逃生系统、环控系统)、ROV
	抽油	抽油能力	水下作业机器人、开孔机、抽油泵、液压设备、加热系统、存储设备
	扳正	扳正能力	浮吊船、拉力千斤顶、锚固设备、驳船、浮筒、穿引千斤设备、导向定位设备
	起浮	起浮能力	浮吊船、浮筒、拉力千斤顶、驳船、空压机、压气排水系统、抽水泵、发电机
	拖航运输(无航行能力)	驳运能力	驳船、浮吊船、浮筒
	拖航运输(有航行能力)	拖曳能力	拖轮

表 3.32　120～300m 水深的内河沉船/沉物打捞过程中各基元任务所需的能力与装备

任务名称	基元任务	所需能力	所需装备
120～300m 水深的内河沉船/沉物打捞	扫测	沉船/沉物定位能力	扫测船、侧扫声呐设备、多波束扫测设备(定位装备、定向装备、多波束发射及接收设备)、水下定位信标
	作业平台就位	平台稳定能力	工程船、抛锚拖轮
	潜水探摸	潜水作业能力	录像设备、潜水装备(饱和潜水系统、中控系统、通信系统、潜水服、照明系统、潜水钟、加热系统、饱和舱、逃生系统、环控系统)、ROV
	抽油	抽油能力	开孔机、抽油泵、液压设备、存储设备
	除泥	除泥能力	吸泥设备、挖泥船、抓斗船、泥驳船
	卸货	卸货能力	浮吊船、抓斗船、吸泥设备、运输船
	扳正	扳正能力	浮吊船、锚固设备、驳船、浮筒、穿引千斤设备、导向定位设备
	起浮	起浮能力	浮吊船、浮筒、驳船、空压机、压气排水系统、抽水泵、发电机
	移浅	移浅能力	拖轮
	拖航运输(无航行能力)	驳运能力	驳船
	拖航运输(有航行能力)	拖曳能力	拖轮

5) 大于 300m

300m 以上深水域的沉船/沉物打捞任务主要集中在海上,其作业流程与 120～

300m 一致，只是使用的装备有所差别。300m 以上深海域沉船/沉物打捞过程中各基元任务所需的能力和装备如表 3.33 所示。

表 3.33　300m 以深海域沉船/沉物打捞过程中各基元任务所需的能力与装备

任务名称	基元任务	所需能力	所需装备
300m 以深海域沉船/沉物救援打捞	扫测	沉船/沉物定位能力	扫测船、多波束扫测设备(定位装备、定向装备、多波束发射及接收设备)、水下定位信标
	作业平台就位	平台稳定能力	动力定位(dynamic positioning，DP)船
	潜水探摸	潜水作业能力	录像设备、饱和潜水装备、ROV
	抽油	抽油能力	ROV、开孔机、抽油泵、液压设备、加热系统、存储设备
	扳正	扳正能力	浮吊船、拉力千斤顶、锚固设备、驳船、浮筒、穿引千斤设备、导向定位设备
	起浮	起浮能力	浮吊船、浮筒、拉力千斤顶、驳船、空压机、压气排水系统、抽水泵、发电机
	拖航运输(丧失航行能力)	驳运能力	驳船、浮吊船、浮筒
	拖航运输(具备航行能力)	拖曳能力	拖轮

4. 漂浮物打捞

漂浮物打捞任务主要分为船舶打捞、飞机打捞和其他物品打捞三种情况。针对财产救助，船舶只要进行拖航运输即可，飞机和其他需要起吊运输，即将飞机或其他货物从海中起吊到驳船上进行运输。漂浮物打捞任务流程如图 3.39 所示。

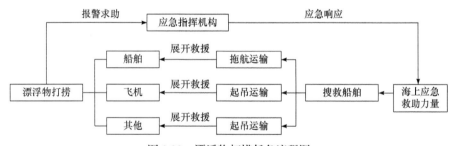

图 3.39　漂浮物打捞任务流程图

漂浮物打捞过程中各基元任务所需的能力和装备如表 3.34 所示。

表 3.34　漂浮物打捞过程中各基元任务所需的能力和装备

任务名称	基元任务	所需能力	所需装备
漂浮物打捞	起吊运输	起吊及驳运能力	浮吊船、拖轮、驳船、吊索具
	拖航运输	拖曳能力	拖轮、封堵设备

3.3　水上应急救援需求分析

根据不同水上事故救援场景，基于"内循环"机制，融合分析如下所需的救助任务、救助能力、救助装备、救助技术需求。

3.3.1　主要任务需求

为应对不同类型、不同条件的救助任务，通过系统梳理各水上应急场景下的救助任务需求，我们绘制如图 3.40 所示的水上应急救援主要任务需求架构图。

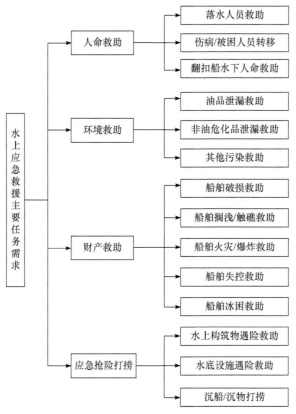

图 3.40　水上应急救援主要任务需求架构图

3.3.2　关键能力需求

根据体系构建的原则，从有利于体系化梳理救助装备、救助技术等需求项的角度出发，研究各需求项的内在关联关系，对相关救助能力需求进行整合可以得到图 3.41 所示的 16 种水上应急救援关键救助能力需求。

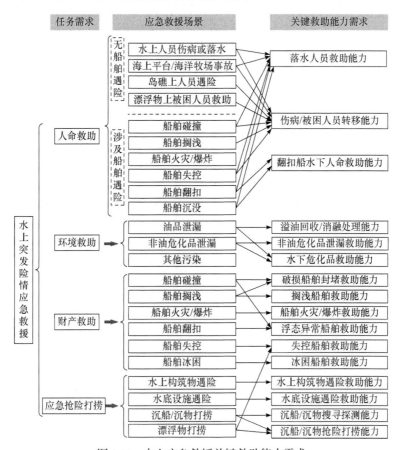

图 3.41　水上应急救援关键救助能力需求

3.3.3　救助装备需求

为应对不同类型、不同条件的救援任务，基于对不同事故应急救援场景的分析，水上应急救援主要救助装备需求如表 3.35 所示。

表 3.35　水上应急救援主要救助装备需求

水域类别	主要类型	能力需求	主要装备
海上	人命救助	快速机动能力	救助直升机、救生艇
		人员转移能力	救生艇、附近船舶、救生网(搭救落水人员)
		失联人员搜寻能力	救助拖轮、热成像仪、夜视仪、救助直升机
		船舶固定能力	工作船、拖轮、缆绳

续表

水域类别	主要类型	能力需求	主要装备
海上	人命救助	人员定位能力	生命探测仪
		狭小空间人员搜救能力	减压装备、潜水装备、手持声呐、破拆设备、照明系统、录像设备、呼吸系统
	财产救助（含应急抢险打捞）	沉船/沉物定位能力	扫测船、多波束扫测设备(定位装备、定向装备、多波束发射及接收设备)、水下定位信标
		救助平台搭建能力	工程船、抛锚拖轮、小艇
		潜水探摸能力	录像设备、非减压潜水装备、空气减压潜水装备、氦氧混合减压潜水装备、饱和潜水装备、水下机器人
		抽油能力	开孔机、抽油泵、液压设备、加热系统、存储设备
		除泥能力	吸泥设备、挖泥船、泥驳船
		卸货能力	浮吊船、抓斗、吸泥设备、运输船
		扳正能力	浮吊船、拉力千斤顶、锚固设备、驳船、浮筒、穿引千斤设备、导向定位设备
		起浮能力	浮吊船、浮筒、拉力千斤顶、驳船、空压机、压气排水系统、抽水泵、发电机
		拖航运输能力	拖轮、驳船、工程船、浮吊船、浮筒
		脱浅能力	工程船、拖轮、拉力千斤顶、锚固设备、液压设备、气囊、滑轮组、调载设备、牵引缆绳、封堵设备、切割设备
	环境救助	污染物空中测绘能力	救助直升机
		溢油防扩散能力	围油栏
		控制污染物泄漏能力	工程船、拖轮、封堵设备、水下作业机器人、水下液压切割设备、防污染潜水设备、测爆仪、气体分析仪、气体检测仪、防化服、防毒面具、洗消设备、防低温设备
		溢油回收能力	溢油回收船、测爆仪、气体分析仪、气体检测仪、防化服、防毒面具、洗消设备、撇油器、溢油回收机、抽油泵、液压动力站(为撇油器、溢油回收机、抽油泵装备提供动力)、溢油回收管线、溢油存储设备、消油剂、喷洒设备、围油栏、吸油毡
		危化品船舶拖运能力	专业运输船
		过驳运输能力	运输船、浮吊、测爆仪、气体分析仪、气体检测仪、防化服、防毒面具、洗消设备
内河	人命救助	快速机动能力	救生艇
		人员转移能力	救生艇、附近船舶、救生网(搭救落水人员)

续表

水域类别	主要类型	能力需求	主要装备
内河	人命救助	失联人员搜寻能力	救助拖轮、热成像仪、夜视仪
		船舶固定能力	工作船、拖轮、缆绳
		人员定位能力	生命探测仪
		狭小空间人员搜救能力	减压装备、潜水装备、手持声呐、破拆设备、照明系统、录像设备、呼吸系统
	财产救助（含应急抢险打捞）	沉船/沉物定位能力	扫测船、侧扫声呐设备、多波束扫测设备(定位装备、定向装备、多波束发射及接收设备)、水下定位信标、磁力仪
		救助平台搭建能力	工程船、抛锚拖轮、小艇
		潜水探摸能力	录像设备、非减压潜水装备、空气减压潜水装备、氦氧混合减压潜水装备、饱和潜水装备、水下机器人
		抽油能力	开孔机、抽油泵、液压设备、存储设备
		除泥能力	吸泥设备、挖泥船、泥驳船
		卸货能力	浮吊船、抓斗、吸泥设备、运输船
		扳正能力	浮吊船、锚固设备、驳船、穿引千斤设备、导向定位设备
		起浮能力	浮吊船、浮筒、拉力千斤顶、驳船、空压机、压气排水系统、抽水泵、发电机
		拖航运输能力	拖轮、驳船、工程船、浮吊船、浮筒
		脱浅能力	工程船、拖轮、拉力千斤顶、锚固设备、液压设备、气囊、滑轮组、调载设备、牵引缆绳、封堵设备、切割设备
	环境救助	溢油防扩散能力	围油栏
		控制污染物泄漏能力	工程船、拖轮、封堵设备、水下作业机器人、水下液压切割设备、防污染潜水设备、测爆仪、气体分析仪、气体检测仪、防化服、防毒面具、洗消设备、防低温设备
		溢油回收能力	测爆仪、气体分析仪、气体检测仪、防化服、防毒面具、洗消设备、撇油器、溢油回收机、抽油泵、液压动力站(为撇油器、溢油回收机、抽油泵装备提供动力)、溢油回收管线、溢油存储设备、消油剂、喷洒设备、围油栏、吸油毡
		过驳运输能力	运输船、浮吊、测爆仪、气体分析仪、气体检测仪、防化服、防毒面具、洗消设备

3.3.4　救助技术需求

结合对不同水上突发事故应急救援场景所需救助能力的分析，关联每一种救助能力所需的关键救助技术，汇总得出图 3.42 所示的水上应急救援关键救助技术需求汇总图。

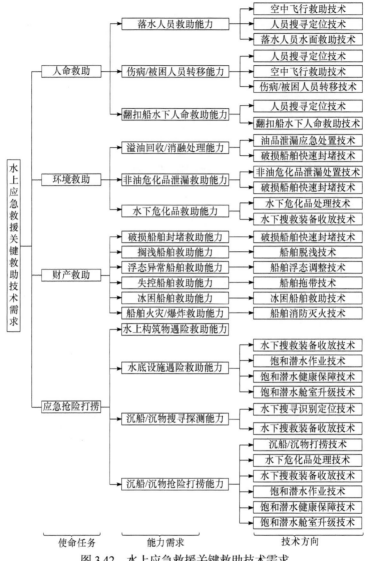

图 3.42 水上应急救援关键救助技术需求

3.4 水上应急救援装备技术体系架构

结合水上突发险情应急救援场景所需的救助任务、救助能力、救助装备、救助技术，按照"双五级"布局结构系统完成对诸多任务、能力、装备和技术等水上应急救援需求项的归类，构建了图 3.43 所示的水上应急救援装备技术体系框架，其中 VSAT 指小口径终端(very small aperture terminal)。

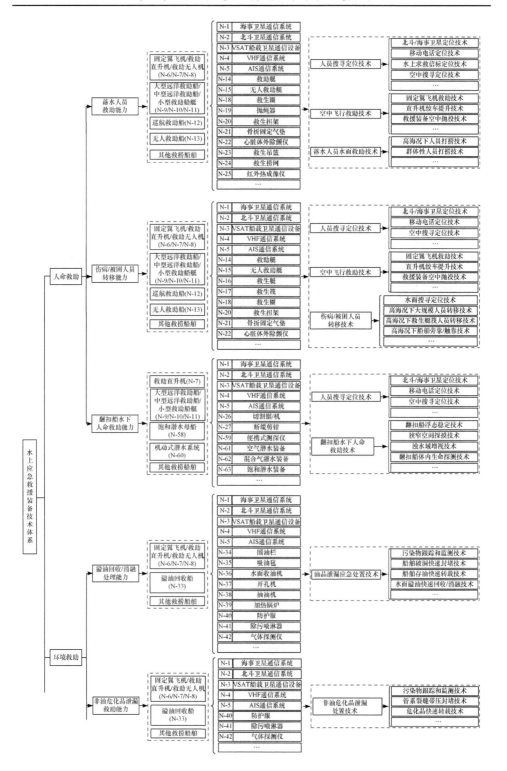

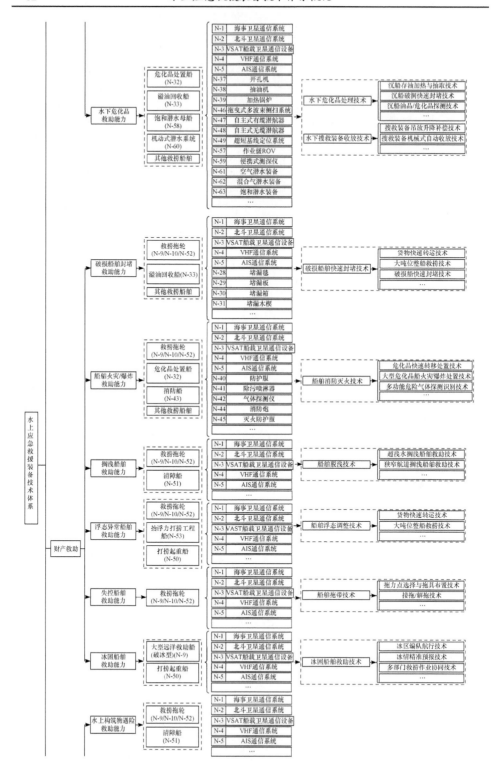

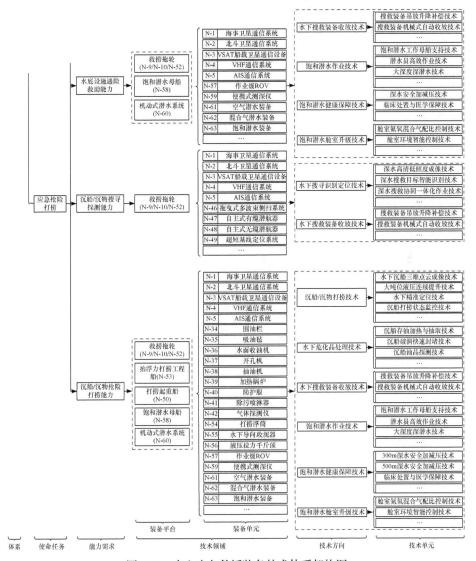

图 3.43　水上应急救援装备技术体系架构图

3.5　水上应急救援装备梳理分析

基于图 3.43，重点梳理分析通信监控装备、飞行救助装备、救助船舶装备、溢油处置装备、消防灭火装备、深海搜寻探测装备、打捞船舶装备、深潜水装备及相关辅助装备。水上应急救援装备明细如表 3.36 所示。

表 3.36　水上应急救援装备明细表

序号	分类	名称	型谱	装备编号	关键性能参数	适用场景	所属单位	建议状态
1	通信监控装备	海事卫星通信系统(N-1)	卫通 C 站	—	存储转发消息；海事遇险告警；轮询和数据报告；增强性组呼(enhanced group call, EGC)	可存储转发报文、遇险呼叫、增强型组呼、简单的 E-mail	相关救助打捞单位	保留
2		海事卫星通信系统(N-1)	卫通 F 站	—	共享 64Kbit 包交换数据业务；标准综合业务数字网(integrated services digital network, ISDN)业务、支持宽带数据传输；全球波束覆盖的 4.8Kbit 语音业务；9.6Kbit/s G3 传真、64Kbit ISDN 数据业务；遇险报警	遇险、紧急、安全和常规通信；音、传真、高速数据、视频	相关救助打捞单位	保留
3			卫通 FB 站	—	语音：4Kbit/s AMBE+2, 3.1kHz 音频；传真：3.1kHz 音频通信 G3 传真；手机短信：标准文本短信；数据：电路交换、标准 IP 和 Streaming IP	话音、传真、海上宽带数据、视频、手机短信	相关救助打捞单位	保留
4		北斗卫星通信系统(N-2)	北斗盒子四代 PD13	—	接收灵敏度：优于 −127.6dBm；发射功率：≥39dBm；定位精度：水平≤5m，高程≤10m；测速精度：1.0m/s	可提供远端设备位置监控、授时和北斗卫星短报文数据传输服务的模块	相关救助打捞单位	保留
5		VSAT 船载卫星通信设备(N-3)	C 频段	—	初始锁星时间：≤120s；载体运动横摇、纵摇：−30～30°、周期 10s；天线运动方位：360°连续旋转；天线运动俯仰：0°～120°；跟踪方式：惯导测量、信号跟踪	适用于有较大信息量和所辖边远分支机构较多的部门，可提供电话、传真、计算机信息等多种通信业务	相关救助打捞单位	保留
6			Ku 频段	—	初始锁星时间：≤180s；载体运动横摇、纵摇：−30°～30°；天线运动方位：360°连续旋转；天线运动俯仰：−5°～90°；跟踪方式：惯导测量、信号跟踪	适用于有较大信息量和所辖边远分支机构较多的部门，可提供电话、传真、计算机信息等多种通信业务	相关救助打捞单位	保留

续表

序号	分类	名称	型谱	装备编号	关键性能参数	适用场景	所属单位	建议状态
7	通信监控装备	VSAT 船载卫星通信设备(N-3)	Ka 频段	—	初始锁星时间: ≤180s; 载体运动横摇、纵摇: -30°~30°; 天线运动方位: 360°连续旋转; 天线运动俯仰: 5°~90°; 跟踪方式: 惯导测量、载波跟踪	适用于有较大信息量和所辖周边分支机构较多的部门, 可提供电话、传真、计算机信息等多种通信业务	相关救助打捞单位	保留
8		VHF 通信系统(N-4)	Link-5	—	工作频率: 156~174MHz; 国际电信联盟(International Telecommunication Union, ITU)频道划分: 57 个; AIS 频道: 2 个; 最大频偏: ±5kHz; 必要带宽: 16kHz; 收发转换时间: ≤0.3s; 频道转换时间: ≤5s	适用于 A1 航区近距离通信, 广泛应用于船舶间导航和避让操作, 船舶电台和从事于协调搜救工作飞机间的通信	相关救助打捞单位	保留
9			Sailor 6222	—	工作频率: 156~174MHz; ITU 频道划分: 57 个; AIS 频道: 2 个; 最大频偏: ±5kHz; 必要带宽: 16kHz; 收发转换时间: ≤0.3s; 频道转换时间: ≤5s	适用于 A1 航区近距离通信, 广泛应用于船舶间的航行安全通信, 以及船舶移动港和港口操作业务	相关救助打捞单位	保留
10		AIS 通信系统(N-5)	Class A	—	发送功率: 12.5W(默认)/2W(低功率); 通信协议: SO-TDMA; 频带: 156.025~162.025MHz@ 12/25kHz; 定位源和外部输入: 外部全球定位系统(global positioning system, GPS); 安全信息: 发送和传输	通用船载自动识别设备	相关救助打捞单位	保留
11			Class B	—	发送功率: 2W; 通信协议: CS-TDMA; 频带: 161.500~162.25MHz@25kHz; 定位源和外部输入: AIS 集成 GPS; 安全信息: 发送可选	适合小型船舶安装 AIS 设备	相关救助打捞单位	保留

续表

序号	分类	名称	型谱	装备编号	关键性能参数	适用场景	所属单位	建议状态
12		固定翼飞机(N-6)	空中国王350ER	B-103X/…	最大飞行速度:561km/h;最大航程:4789km;最大载客数:2+13;巡航高度:300～1500m	具有留空时间长、飞行范围广、通信距离远等特征,可与救助直升机配合提高海上人命救助效率	上海海事局	引进
13			空中国王350	—	最大飞行速度:580km/h;最大航程:3160km;最大起飞重量:6804kg;最大载客数:2+8		—	引进
14			Y-12	—	最大飞行速度:300km/h;最大航程:1310km;最大起飞重量:5670kg		东海救助局	升级
15	飞行救助装备	救助直升机(N-7)	EC225	B-7125/…	最大飞行速度:324km/h;最大航程:943km;最长续航时间:4.26h;最大起飞重量:11000kg;最大外挂载荷:3800kg;最大绞车吊载:272kg;可否舰载:否		北海救助局南海救助局	保留
16			S-76 A	—	最大飞行速度:287km/h;最大航程:1092km;最长续航时间:4.9h;最大起飞重量:5306kg;最大外挂载荷:1497kg;最大绞车吊载:272kg;最大载客数:2+13;可否舰载:否		中国东方航空股份有限公司	保留
17			S-76 C+	B-7309/…	最大飞行速度:287km/h;最长续航时间:4.9h;最大起飞重量:5307kg;最大外挂载荷:1496kg;最大绞车吊载:272kg;最大载客数:2+12;可否舰载:否	可用于 110n mile 的遇险人员搜索和救助任务	东海救助局北海救助局	保留
18			S-76 C++	B-7327/…	最大飞行速度:287km/h;最长续航时间:4.9h;最大起飞重量:5307kg;最大外挂载荷:1496kg;最大绞车吊载:272kg;最大载客数:2+12;可否舰载:否		东海救助局	保留

续表

序号	分类	名称	型谱	装备编号	关键性能参数	适用场景	所属单位	建议状态
19	飞行救助装备	救助直升机 (N-7)	S-76 D	B-7340/…	最大飞行速度：287km/h；最大航程：818km；最大起飞重量：5386kg；最大外挂载荷：1496kg；最大载客数：2+12；可否绞车吊载：272kg；可以	既可用于110n mile的遇险人员搜索和救助任务，也可舰载用于更广阔海域的救助	南海救助局/东海救助局	保留
20			A365N	B-7101/…	最大飞行速度：280km/h；最大航程：845km；最长续航时间：3.44h；最大起飞重量：4000kg；最大外挂载荷：1600kg；最大绞车吊载：270kg；可否舰载：否	可用于90n mile的遇险人员搜索和救助任务	中国海监总队	升级
21		救助无人机 (N-8)	CL-466 固定翼无人机	—	巡航速度：120km/h；最长飞行时间：3h；最大抗风能力：<5级；有效载荷：30kg；最大载重：128kg	可在5级以下风雨天气起飞执行视频拍摄、实时数据传输	—	引进
22			六旋翼 KWT-X6L	—	最大控制距离：7km；最长飞行时间：1h；空载悬停时间：≥60min；工作环境温度：海拔1km以下，25℃	全高清实时传输、支持变焦、热成像、广角等多种云台	相关救助单位	保留
23			大疆 phantom 4	—	最长飞行时间：0.5h；工作环境温度：0~40℃	可在5级风以下工作，自带5.5英寸1080P高亮显示屏，支持实时传图	相关救助单位	保留
24	救助船舶装备	大型远洋救助船 (救助拖轮) (N-9)	14000kW级 (升级版)	—	长×宽：136.9m×26.7m；满载吃水：6.50m；最大航速：17.5kn；最多求救人数：200人；波浪补偿吊机：250t；系柱拖力：350t；定位系统：DP3；对外消防能力：FIFI-II级	(1)可用于水面遇险人员搜寻救助、深远海遇险船舶拖曳救助、海空立体搜寻救助支持，对外消防灭火，应急抢险救助，信息传输与应急指挥，溢油污染检测。(2)支持直升机升降开展立体救生作业。(3)可航行于无限航区	南海救助局	新研

续表

序号	分类	名称	型谱	装备编号	关键性能参数	适用场景	所属单位	建议状态
25	救助船舶装备	大型远洋救助船(救助拖轮)(N-9)	14000kW级	南海救101/…	长×宽×深：109m×16.2m×7.6m；满载吃水：6.00m；主机功率：14000kW；最大系柱拖力：1400kN；最大航速：22kn；续航力：10000n mile；自持力：30天；最多获救人数：200人；定位系统：DP2；对外消防能力：FIFI-II级	(1)具备全天候救助作业能力，可在9级海况(风力12级、浪高14m)下安全航行，在6级海况(风力9级、浪高6m)下有效对遇险船进行封舱、堵漏、溢油回收、消防灭火等救助作业。(2)支持直升机升降开展立体救生作业。(3)可搭载3000m/6000m级AUV探测救生装备、300m饱和潜水和接潜救生装备、3000m/6000m级ROV打捞作业装备。(4)可航行于无限航区	南海救助局/东海救助局	保留
26			12000kW级	南海救102/…	长×宽×深：127m×16m×8m；满载吃水：6.50m；主机功率：12000kW；最大系柱拖力：2000kN；最大航速：20kn；续航力：16000n mile；定位系统：DP2；对外消防能力：FIFI-II级	(1)具备全天候救助作业能力，可在9级海况(风力12级、浪高14m)下安全航行，在6级海况(风力9级、浪高6m)下有效对遇险船进行封舱、堵漏、溢油回收、消防灭火等救助作业。(2)支持直升机升降开展立体救生作业。(3)具备6000m以浅水域扫测定位能力。(4)可航行于无限航区	南海救助局/东海救助局	保留
27			8000kW级(破冰型)	北海救119/…	长×宽×深：99m×15.2m×7.6m；满载吃水：6.30m；主机功率：9000kW；最大系柱拖力：1510kN；最大航速：20kn；续航力：12000n miles；自持力：30天；最多获救人数：100人；对外消防能力：FIFI-I级；冰级：ICB1	(1)具备全天候救助作业能力，可在9级海况(风力12级、浪高14m)下安全航行，在6级海况(风力9级、浪高6m)下有效对遇险船进行封舱、堵漏、溢油回收、消防灭火等救助作业。(2)支持直升机升降开展立体救生作业。(3)具备破1m厚海冰的能力。(4)可航行于无限航区	北海救助局	保留

续表

序号	分类	名称	型谱	装备编号	关键性能参数	适用场景	所属单位	建议状态
28	救助船舶装备	大型远洋救助船(救助拖轮)(N-9)	8000kW级	南海救117/…	长×宽×深: 99.35m×15.2m×7.6m; 满载吃水: 6.30m; 主机功率: 9000kW; 最大系柱拖力: 1500kN; 最大航速: 20kn; 续航力: 12000n mile; 自持力: 30天; 最多获救人数: 100人; 对外消防能力: FIFI-I级	(1)具备全天候救助作业能力，可在9级海况(风力12级、浪高14m)下安全航行，在6级海况(风力9级、浪高6m)下有效对遇险船进行封舱、堵漏、溢油回收、消防灭火等救助作业。(2)支持直升机升降开展立体救生作业。(3)可航行于无限航区	南海救助局/东海救助局/北海救助局	保留
29			6000kW级	南海救131/…	长×宽×深: 77m×14m×6.8m; 满载吃水: 5.6m; 主机功率: 6720kW; 最大系柱拖力: 1000kN; 最大航速: 17.5kn; 续航力: 5000n mile; 自持力: 30天; 最多获救人数: 100人; 对外消防能力: FIFI-I级		南海救助局/东海救助局/北海救助局	保留
30		中型远洋救助船(救助拖轮)(N-10)	4000kW级救助船	东海救151	长×宽×深: 69.5m×14.6m×6.8m; 满载吃水: 5.2m; 主机功率: 4000kW; 最大系柱拖力: 550kN; 最大航速: 15kn; 续航力: 5000n mile; 自持力: 30天; 最多获救人数: 100人; 定位系统: DP2; 对外消防能力: FIFI-II级	(1)具备全天候救助作业能力，可在9级海况(风力12级、浪高14m)下安全航行，在6级海况(风力9级、浪高6m)下有效对遇险船舶进行封舱、堵漏、溢油回收、消防灭火等救助作业。(2)支持直升机升降开展立体救生作业。(3)主要用于低海况下沿海水道、岛礁等复杂水区及复杂海域	东海救助局	保留
31		小型救助船艇(N-11)	快速救助船	南海救202/…	长×宽×深: 49.9m×13.1m×4.5m; 满载吃水: 1.9m; 最大航速: 30kn; 续航力: 500n mile; 最多获救人数: 200人	(1)具备全天候救助作业能力，可在5级海况下实施人命救助。(2)支持直升机悬停吊装作业。	南海救助局/东海救助局/北海救助局	保留
32			20m级基地配套工作艇	东海救321/…	长×宽: 21.4m×6.7m; 满载吃水: 1.38m; 最大航速: 25kn; 最多获救人数: 40人	(1)抗风能力8级，可开展沿海50n mile以内的海上人命救助。覆盖救助基地50n mile。(2)能对沿海小型遇险船舶实施船舶以外施以人命救生为主的紧急拖带、消防灭火、支持潜水作业。	南海救助局/东海救助局/北海救助局	保留

续表

序号	分类	名称	型谱	装备编号	关键性能参数	适用场景	所属单位	建议状态
33	救助船舶装备	小型救助艇(N-11)	14m级基地配套工作艇	北海救311/…	长×宽：14.5m×4.05m；满载吃水：0.875m；最大航速：35kn；具备自扶正功能	(1)可在4级海况下救助作业，5级海况下安全航行。(2)可承担沿海海域20n mile 以内的海上命救助任务，并能对沿海小型遇险船舶实施以人命救助为目的的拖曳救助和灭火作业。	南海救助局/东海救助局/北海救助局	保留
34		小型救助艇(N-11)	ARUN级"华英"系列小型高速救助艇	华英392/…	长×宽×深：16m×5.3m×1.68m；最大系柱拖力：62kN；续航力：208n mile；最多获救人数：45人；翻沉后10s内自动浮正	(1)具有自动扶正能力，可在恶劣海况下开展救助作业。(2)适用于近海50n mile，内河水域全天候救助	南海救助局/东海救助局/北海救助局	保留
35			TYNE级"华英"系列小型高速救助艇	华英389/…	长×宽×深：14.3m×4.6m×1.85m；最大系柱拖力：62kN；续航力：208n mile；最多获救人数：12人；翻沉后10s内自动浮正	人命救助，特别是对渔船和中小型船舶的救助	南海救助局/东海救助局/北海救助局	保留
36		巡航救助船(N-12)	13000t级	海巡09	长×宽×深：165m×20.6m×9.5m；设计吃水：6.6m；设计排水量：10700t；最大航速：>25kn；最大获救人员：200人；自持力：90天；续航力：>10000n mile	(1)具备全天候、全方位水上立体监控和海上搜寻救助能力，可在9级海况(风力12级，浪高14m)下跨海区安全巡航，在6级海况(风力8级，浪高6m)下执行海事执法取证和指挥及海上人命救助，对外消防灭火等救助作业。(2)支持直升机升降开展立体救助作业。(3)可航行于无限航区	广州海事局	保留
37			5000t级	海巡01/…	长×宽×深：128.6m×16m×7.9m；最大排水量：5418t；最大获救人员：200人；自持力：60天；续航力：>10000n mile	(1)具备全天候、全方位水上立体监控和海上搜寻救助能力，可在9级海况(风力12级，浪高14m)下跨海区安全巡航，在7级海况(风力11级，浪高9m)下执行海事执法取证和指挥及海上人命救助，对外消防灭火等救助作业。(2)支持直升机升降开展立体救助作业。(3)可航行于无限航区	上海/福建海事局	保留

续表

序号	分类	名称	型谱	装备编号	关键性能参数	适用场景	所属单位	建议状态
38	救助船舶装备	巡航救助船(N-12)	3000t 级	海巡 11/…	长×宽×深: 114.4m×13.8m×7.9m; 最大排水量: 3452t; 最大航速: 22kn; 续航力: >6000n mile; 自持力: 40 天	(1)具备全天候、全方位水上立体监控和海上搜寻救助能力, 可在 9 级海况、在 5 级海况(风力 6 级、浪高 4m)下安全巡航, 对外消防灭火等救助作业。 (2)支持直升机升降开展立体救生作业。 (3)可航行于无限航区	山东广东海事局等	保留
39			2000t 级	海巡 22/…	长×宽×深: 86m×13.6m×5.4m; 最大排水量: 2700t; 最大航速: 18.4kn; 续航力: 5000n mile	(1)具备全天候、全方位水上立体监控和海上搜寻救助能力, 可在 7 级海况(风力 9 级、浪高 9m)下安全巡航, 在 6 级海况(风力 7 级、浪高 6m)下执行海事执法取证及海上人命救助, 对外消防灭火等立体救生作业。 (2)支持直升机升降作业。 (3)可航行于无限航区	浙江海事局等	保留
40			1000t 级	海巡 21/…	长×宽×深: 93.2m×12.2m×5.4m; 最大排水量: 1583t; 最大航速: 22kn; 续航力: 4000n mile; 自持力: 15 天	(1)具备全天候、全方位水上立体监控和海上搜寻救助能力, 可执行海事执法取证及海上人命救助, 对外消防灭火等救助作业。 (2)支持直升机升降开展立体救生作业。 (3)可航行于无限航区	海南海事局等	保留
41			60m 级	海巡0735/…	长×宽×深: 64m×10.2m×5m; 最大排水量: 840t; 最大航速: 17.7kn; 续航力: 1800n mile; 自持力: 15 天	(1)具备全天候、全方位水上立体监控和海上搜寻救助能力, 可执行海事执法取证及海上人命救助, 对外消防灭火等救助作业。 (2)支持直升机升降开展立体救生作业。 (3)船体 B 级冰区加强, 适用于近海航区	浙江海事局等	保留

续表

序号	分类	名称	型谱	装备编号	关键性能参数	适用场景	所属单位	建议状态
42	救助船舶装备	巡航救助船（N-12）	40m级	海巡0686/…	长×宽×深：46m×8m×3m；设计吃水：1.5m；最大排水量：192t；最大航速：18kn；续航力：430n mile	（1）可执行日常安全巡逻及人命救助，兼顾以人命救助为目的的船舶拖带及消防灭火。（2）适用于内河A、B级航区	上海/江苏海事局等	保留
43			30m级	海巡0152/…	长×宽：32m×6.4m；设计航速：30kn；续航力：250n mile		上海海事局	保留
44			20m级	海巡08613/…	长×宽×深：25.8m×6m×3.6m；设计航速：25kn；续航力：250n mile	（1）可执行日常水上安全巡逻及人命救助。（2）适用于沿海港区，长江A级航区和J2航段	上海/长江海事局等	保留
45			10m级	海巡08919/…	长×宽×深：12.35m×4m×1.87m；设计吃水：0.78m；设计航速：36kn		茂名海事局等	保留
46		无人救助船（N-13）	—	—	—	可在有爆炸风险、剧毒、火灾等恶劣环境条件下开展人命救助	—	新研
47		救助艇（N-14）	刚性救助艇	—	航速≥6kn；续航时间≥4h	（1）具备动力系统，至少可搭载6名乘员。（2）适用于内河和海上	相关救助单位	保留
48			充气式救助艇	—	航速≥6kn；续航时间≥4h		相关救助单位	保留
49			混合式救助艇	—	航速≥6kn；续航时间≥4h		相关救助单位	保留
50		无人救助艇（N-15）	—	—	艇身全长：6m；最大救助人数：6人；最大航速：3kn；最大遥控距离：1000m	（1）具备自扶正功能，可在7级风和对应海况下展开救助工作。（2）适用于内河和海上	北海救助局等	保留
51			无人化单人救助艇	—	最大航速：22km；最大作业半径：1.2km；最大载荷：127kg	（1）可在6级风以下用于特殊水域的人命救助、特殊险情事故的人命救助和运送应急救援物资。（2）主要适用于浅滩	东海救助局等	升级

续表

序号	分类	名称	型谱	装备编号	关键性能参数	适用场景	所属单位	建议状态
52	救助船舶装备	救生艇(N-16)	全封闭吊放式救生艇	—	部分具有自行扶正功能；具有自供气体系统；照明时间≥12h；设置反光带；抗碰撞速度≥3.5m/s	(1)具有良好的保温性和水密性，可搭载不超过150名乘员漂流待援，部分具有机动性。(2)主要用于海上遇险乘船逃生	相关救助单位	保留
53			半封闭吊放式救生艇	—	照明时间≥12h；设置反光带；抗碰撞速度≥3.5m/s	(1)可搭载不超过150名乘员漂流待援，部分具有机动性。(2)主要用于海上遇险乘船逃生	相关救助单位	保留
54			自由降落式救生艇	—	具有自行扶正功能；具有自供气体系统；照明时间≥12h；设置反光带；抗碰撞速度≥3.5m/s	(1)可搭载不超过150名乘员漂流待援，部分具有机动性。(2)主要用于海上遇险乘船逃生	相关救助单位	保留
55			开敞吊放式救生艇	—	—	(1)通常无动力系统，至少可搭载6名乘员。(2)主要用于海上遇险乘船逃生	相关救助单位	保留
56		救生筏(N-17)	刚性救生筏	—	由阻燃材料制作或用阻燃覆盖；筏顶内灯器供电时间≥12h	(1)配备有一定的自持能力，在海上漂流待援。(2)适用于海上遇险人员缓移	相关救助单位	保留
57			气胀式救生筏	—	部分具有自行扶正功能；设置反光带	(1)具有一定的自持能力，可供遇险人员在海上漂流待援。(2)适用于海上遇险人员转移	相关救助单位	保留
58		救生圈(N-18)	常规救生圈	—	耐高低温、耐油、耐火	(1)可用于数据落水人员。(2)适用于内河和海上	相关救助单位	保留
59			智能救生圈	—	最大空载速度：6m/s；最大载人速度：2m/s；续航：30min；遥控距离：1km	(1)救生范围大，可远程操控行驶方向，速度快，可比较精确地到达目标位置。(2)主要适用于浅滩	南海救助局等	升级

续表

序号	分类	名称	型谱	装备编号	关键性能参数	适用场景	所属单位	建议状态
60	救助船舶装备	抛绳器(N-19)	气动式抛绳器	—	抛射距离：100~200m；气室气体压力：4MPa；穿绳时间同压表压力：>0.8MPa	(1)可作为远距离抛投充气救生圈、船对船抛绳救援使用。(2)可用于海上、内河水域	相关救助单位	保留
61		救生担架(N-20)	充气式救生担架	—	—	(1)可救助水上受伤人员。(2)可用于海上、内河水域	相关救助单位	保留
62			刚性脊柱固定板	—	可以漂浮于水面；抗碰撞性能强	(1)可为急需紧急脊椎护理的患者提供及时护理，适用于各种恶劣环境的抢救。(2)可用于海上、内河水域	相关救助单位	保留
63		骨折固定气垫(N-21)	负压式骨折固定保护气垫	—	由应急担架和奎装夹板组成	(1)对不同体型骨折骨伤部位的骨折骨伤伤者提供固定支撑作用。(2)充气可作水上救生器材	相关救助单位	保留
64		心脏体外除颤仪(N-22)	心脏体外除颤仪	—	RescueReady 自检及监控技术；STAR 双相波技术	全自动监护除颤，全过程无需人为介入，自动检测，分析并除颤	相关救助单位	保留
65		救生吊篮(N-23)	固定式救生吊篮	—		适用于低海况下落水人命救助、人员转移等工作	相关救助单位	保留
66			折叠式救生吊篮	—	可折叠	可开展落水人命救助、人员转移等工作	相关救助单位	保留
67		救生捞网(N-24)	尼龙救生捞网	—		可开展落水人命救助工作	相关救助单位	保留
68		红外热成像仪(N-25)	手提式 IR-516F	—	调焦范围：15m 至无穷远；焦距：61~80mm；图像放大：2 倍	可在无任何光源照明条件下，尤其在大风、雾、雨、雪天气，看到人眼难以观察到的人和物	相关救助单位	保留
69		切割锯机(N-26)	MS251 汽油锯	—	发动机功率：2.2kW；导板：18 寸(1 寸=3.33 厘米)	可快速切割木材及木制品	相关救助打捞单位	保留

续表

序号	分类	名称	型谱	装备编号	关键性能参数	适用场景	所属单位	建议状态
70	激助船舶装备	切割锯/机(N-26)	普通型金刚石链锯	—	液压输入流量：26~34L/min；长度(链板+链条)：81cm、89cm、97cm	可快速切割岩石、混凝土、钢筋混凝土、管道、砖石、木材、门	相关救助打捞单位	保留
71			水下型金刚石链锯	—	液压输入流量：45L/min；长度(链板+链条)：81cm、89cm、97cm		相关救助打捞单位	保留
72			液压圆盘锯	—	最佳流量：30L/min；锯片最大直径：350mm；厚度：4mm		相关救助打捞单位	保留
73			高压水射流切割机	—	最大工作压力：1780kg/cm³；水射流喷射速度：600~800m/s	可快速切割20.0mm厚的不锈钢	相关救助打捞单位	保留
74		断缆剪钳(N-27)	液压断缆器	—	钢筋/钢丝绳最大压断直径：1.6cm/2cm；铜线或铝导线直径：4cm	可利用手段液压产生压力，把钢筋、钢丝绳等压断	相关救助打捞单位	保留
75			气动剪钳	—	钢筋钢丝绳剪切直径：2cm	可在水面，水下剪切直径不超过20mm的钢筋或钢丝绳	相关救助打捞单位	保留
76		堵漏毯(N-28)	轻型堵漏毯	—	—	进行舷外堵漏的有效工具，能大大减少破口的进水量	相关救助打捞单位	保留
77			重型堵漏毯	—	—	进行舷外堵漏的有效工具，能大大减少破口的进水量	相关救助打捞单位	保留
78		堵漏板(N-29)	整板式堵漏板	—	—	可用来堵漏舷窗大小的中型破洞	相关救助打捞单位	保留
79			活页式堵漏板	—	—	可用来堵漏舷窗大小的中型破洞	相关救助打捞单位	保留
80			SFGJ-SX-X型堵漏塞	—	堵漏面积：480mm×480mm；工作压力：2MPa；公称封堵力：760kg	利用软磁吸力，对铁制品船舶抢险堵漏，适用于中小裂缝、孔洞的应急抢险	相关救助打捞单位	保留

续表

序号	分类	名称	型谱	装备编号	关键性能参数	适用场景	所属单位	建议状态
81	救助船舶装备	堵漏箱(N-30)	堵漏箱	—	—	主要用于覆盖罩有较大向内卷边的洞口，或有一些小型突出物的舱壳裂口、木楔塞漏后四周仍不规则的缝孔等	相关救助打捞单位	保留
82		堵漏木楔(N-31)	木楔	—	—	堵漏用的支撑器材	相关救助打捞单位	保留
83			—	—	—	可针对危化品进行快速过驳、封堵、消防灭火、水上回收等作业	—	新研
84		危化品处置船(N-32)	6000kW	深海01	长×宽×深：78m×12.8m×5.5m；电站功率：6240kW；满载排水量：1450t；最大航速：18kn；续航力：1000n mile；定位系统：DP1	(1)抗风能力12级，配备丁液化天然气体探测系统、海面溢油检测雷达等装备，主要在深圳水域承负责安全监视、溢油监测、大气检测和事故应急等任务。(2)设有直升机升降平台，可配合直升机进行立体救助作业	深圳海事局	保留
85	溢油处置装备	溢油回收船(N-33)	9000kW	德渤	长×宽×深：90.9m×20m×8.2m；电站功率：9000kW；最大系柱拖力：140t；最大航速：16kn；续航力：8000n mile；定位系统：DP2；对外消防能力：FIFI-I级；溢油/危化品回收舱容：2917m³；回收能力：400m³/h	(1)具有大容量溢油回收舱容和大面积作业甲板，可执行应急海上浮油清理以及对海上船舶及建筑物进行灭火清污施救任务。(2)可航行于无限航区	上海打捞局	保留
86			—	中油应急101/102/103	长×宽×深：78.7m×15m×5.6m；设计吃水：4m；自持力：15天；最大航速：15kn；续航力：5000n mile；对外消防能力：FIFI-I级；溢油回收能力：200m³/h	(1)安装专业溢油回收系统和消油剂喷洒装置，可执行海上不同浓度的溢油回收以及对海上船舶及建筑物进行灭火施救任务。(2)可航行于近海航区及B1级冰区	中国石油天然气集团有限公司	保留

续表

序号	分类	名称	型谱	装备编号	关键性能参数	适用场景	所属单位	建议状态
87	溢油处置装备	溢油回收船(N-33)	5880kW	海洋石油255/256	长×宽×深:75m×15.2m×7m; 设计吃水:4m; 功率:5880kW; 最大航速:15kn; 定位系统:DP1; 对外消防能力:FIFI-I级; 溢油回收能力:200m³/h	(1)可执行海上溢油回收以及对海上船舶及建筑物进行灭火施救任务。(2)可航行于近海航区	中国海洋石油集团有限公司	保留
88			4780kW	胜利505/503	长×宽×深:72.2m×15.6m×5.6m; 设计吃水:4m; 电站功率:4780kW; 最大航速:15kn; 自持力:20天; 续航力:4000n mile; 定位系统:DP2; 对外消防能力:FIFI-I级; 溢油回收舱容:527m³; 回收能力:200m³/h	(1)安装动态斜面(DIP)式收油机和消油剂喷洒系统, 可执行海上不同稠度的溢油回收以及对海上船舶及建筑物进行灭火施救任务。(2)可航行于近海航区	中国石油化工集团有限公司	保留
89			60m级	海特071 海特111 海特191	长×宽×深:59.6m×12m×5.2m; 最大航速:13kn; 溢油回收舱容:639m³; 船收油能力:200m³/h; 续航力:800n mile	(1)溢油回收、临时储存、处理等, 并兼顾溢油围控、消油剂喷洒、溢油监视和重点污染源监护。(2)溢油应急专业训练。(3)收集水面固体漂浮垃圾、浒苔等	山东/浙江/广西海事局	保留
90			30m级	海特311/海特0801/三峡环保一号	长×宽×深:32.8m×9.6m×2.8m; 吃水:1.7m; 最大航速:13.5kn; 溢油回收舱容:74m³; 船收油能力:60m³/h; 续航力:430n mile	(1)可在开阔水域处理溢油污染事故, 实施快速有效的水上溢油围控及清除作业。(2)可航行于内河A级航区	长江、江苏海事局/三峡通航管理局	升级
91		围油栏(N-34)	充气式围油栏	—	宽度3m	可用于浪高小于3.5m, 水流小于4kn, 风速小于24m/s的海况下	烟台打捞局等	保留
92		吸油毡(N-35)	油类吸油毡	—	吸油量大; 吸油快; 可悬浮; 吸附泄漏液体后, 经挤压后可重复使用; 不助燃	适用于吸收石油烃类、碳氢化合物等	相关救助单位	保留
93			化学品吸油毡	—	—	适用于吸酸、腐蚀性及其他化学液体的泄漏处理	相关救助单位	保留

续表

序号	分类	名称	型谱	装备编号	关键性能参数	适用场景	所属单位	建议状态
94		吸油毡(N-35)	防护型塑料吸油毡	—	内部填充经表面活化处理的聚丙烯,可适用于非油类液体	适用于油品、水、冷却剂、溶剂、颜料、染料和其他油类不明液体	相关救助单位	保留
95		水面收油机(N-36)	LFF-4W型轻油回收机	—	最大液压压力:210kg/cm²	收油量400m³/h,适用于浪高小于1m的情况	烟台打捞局等	保留
96			LFF-2C型重油回收机	—	最大液压压力:210kg/cm²;收油量:400m³/h	适用于浪高小于1.3m条件下的溢油回收作业		保留
97			LPP-80D型动力机组	—	功率:71.5kW;转速:2300r/min;最大液压压力:40MPa	可为溢油回收提供动力		保留
98	溢油处置装备		F150A型液压小吊机	—	2.15m吊杆吊重:5750kg;20.85m吊杆吊重:260kg			保留
99			JBF DIP 500侧挂式收油机	—	收油黏度:0~1000000(雷氏运动黏度);收油能力为130m³/h	适用于船舶航速0~3kn,浪高小于1m,涌小于1.5m	烟台打捞局等	保留
100		开孔机(N-37)	DHPP-84-3动力机组	—	柴油机功率:56kW;最大液压压力:69kg/cm²;最大转速:2400r/min	为收油机提供动力		保留
101			自动开孔机	—	(1)最大作业深度为水下1000m;(2)厚度不大于50mm的钢板开孔时间不大于30min	能在1000m水深范围内实现在沉船油舱或液态危险品容器的舱壁开孔,并安装抽油阀件	广州打捞局等	保留
102			手动开孔机	—	—	可由ROV携带或潜水员搭载使用,在预处理的沉船油舱油舱或液态危险品容器的舱壁上开孔作业	上海打捞局等	保留
103		抽油机(N-38)	DHPP-84抽油机动力机组	—	柴油机功率:84hp(1hp=0.735kW);最大液压压力:210kg/cm²;液压系统:100L/min×2路	为抽油泵提供动力	上海打捞局等	保留

续表

序号	分类	名称	型谱	装备编号	关键性能参数	适用场景	所属单位	建议状态
104	溢油处置装置	抽油机(N-38)	DHPP-273抽油机动力机组	—	柴油机功率：273hp；最大液压力：210kg/cm²；液压系统：246L/min一路，152L/m一路	为抽油泵提供动力		保留
105			KMA333水下抽油泵	—	质量：88kg；扬程：76m(清水)；排量：500m³/h(清水)；液压力：310kg/cm²；最大液压流量：318L/min	可用于快速抽取沉船储油	上海打捞局等	保留
106			TDS150水下抽油泵	—	质量：35kg；扬程：100m(清水)；排量：37.5m³/h(清水)；液压力：175kg/cm²；最大液压流量：60L/min			保留
107		加热锅炉(N-39)	SE-P2-200-150高压蒸汽锅炉	—	额定蒸发量：3t/h；额定工作压力：1.2MPa；最大工作压力：1.8MPa	为水下沉船抽油提供热能	上海打捞局等	保留
108		防护服(N-40)	TYFB020气密性化学防护服	—	使用高性能聚合材料制造，配有双重防化手套和连体脚套；面屏能抵御EN943-2-2 2002 和NFPA1991上列出的280种化学品渗透，超过480min	(1)外层手套可防护化学物质，内层手套通过RESPIREX闭锁袖口安装，该系统可以让用户在必要的时候更换手套。(2)可调节的内置支撑腰带适合于各种体型	相关救助单位	保留
109		除污喷淋器(N-41)	便携式除污喷淋器	—	工作压力：0.2～0.4MPa；喷淋压力：2.0～3.0MPa；洗眼压力：0.2～0.3MPa	洗眼、防尘、清洗化学防护服	东海救助局等	保留
110		气体探测仪(N-42)	CLP4便携式气体探测器	—	检测范围：0～100%LEL 示值误差：≤±5%(F.S) 响应时间：<30s(T90)	可广泛应用于天然气、石油等挥发出的有毒有害气体的检测	东海救助局等	保留

续表

序号	分类	名称	型谱	装备编号	关键性能参数	适用场景	所属单位	建议状态
111	消防灭火装备	消防船(N-43)	600t级	惠湾消1	长×宽：46m×12.8m；设计吃水：3m；设计航速：15kn；排水量：645t；消防炮：7门；消防最大射程：200m；定位系统：DP1；续航力：1000n mile；对外消防能力：FIFI-II级	(1)配备对外水-泡沫消防及水幕系统，可用于对大亚湾经开区消防作业范围内各港口、海域内船只以及陆上、岛屿执行海上搜救以及应对各类油品泄漏事故。(2)适用于近海海域。	惠州大亚湾石化产业园区安全应急中心	保留
112		消防船(N-43)	400t级	长公消3201	长×宽×深：39m×9.8m×4.2m；设计吃水：3m；设计航速：24km/h；主机功率：1470kW；消防炮：4门；连续消防能力：4h；对外消防能力：FIFI-III级	(1)配备对外水-泡沫消防及水幕系统，可用于长江干流船舶，沿江港口及水上设施必要应急抢险救援消防监督指挥以及灭火救援等应急抢险救援灾任务。(2)适用于内河A、B级航区	长江航运公安局	保留
113		消防船(N-43)	200t级	长公消3001	长×宽×深：39.7m×9.2m×3.6m；设计吃水：2.3m；设计航速：28km/h；消防炮：4门；消防最大射程：150m；对外消防能力：FIFI-III级	(1)配备对外水-泡沫消防及水幕系统，可用于长江干流船舶，沿江港口及水上设施必要应急抢险救援消防监督指挥以及灭火救援等应急抢险救援灾任务。(2)适用于内河A、B级航区		保留
114		消防炮(N-44)	消防水炮	—	—	消防水炮喷射水，可用于远距离扑救一般固体物质	相关救助打捞单位	保留
115		消防炮(N-44)	消防泡沫炮	—	—	消防泡沫炮喷射空气泡沫，可用于远距离扑救甲、乙、丙类液体火灾		保留
116		灭火防护服(N-45)	17式消防员灭火防化服	—	—	适用于结构性火灾消防人员灭火救援时的防护穿着	相关救助单位	保留
117	深海搜寻探测装备	拖曳式多波束侧扫系统(N-46)	500m级	—	工作水深：500m；作业航速：2～10kn；单侧最大里程：150m；远距侦察可达：250m	可以允许高速拖曳过程中实现100%的海底覆盖，同时提供高分辨率的图像	南海救助局	保留
118		拖曳式多波束侧扫系统(N-46)	6000m级	—	拖曳速度：2～4kn；扫测效率：130km³/天；最大作业水深：6000m	可对6000m以浅海底进行精确扫扫，同时提供高分辨率的图像		保留

续表

序号	分类	名称	型谱	装备编号	关键性能参数	适用场景	所属单位	建议状态
119	深海搜寻探测装备	自主式有缆潜航器 (N-47)	6000m 级	—	最大航速：4kn；航向分辨率：0.1°；航向稳定性：±1°；深度分辨率：0.01m；定深稳定性：±0.05m；最大续航力：400km；最大工作深度：6000m	可通过超细柔性脐带缆实现岸基监控单元与水下机器人之间的数据、电能和视频信号的传输，具有很高的机动性，易于实现原地转弯、姿态调整	南海救助局	保留
120		自主式无缆潜航器 (N-48)	6000m 级	—	最大航速：4kn；最大续航力：400km；最大工作深度：6000m	可在 6000m 以浅水域执行大范围高精度的水下探测搜寻		保留
121		超短基线定位系统 (N-49)	6000m 级	—	—	为各类深海探测装备直接提供绝对位置信息		保留
122	打捞船舶装备	打捞起重船 (全回转式) (N-50)	12000t	振华 30	长×宽×深：320m×58m；最大航速：16kn；具备自航能力；定位系统：DP2；固定吊重能力/起重量：12000t；全回转吊重能力/起重量：7000t	(1)配备了 DP2 定位系统和锚泊定位双系统，可在不同海域开展水下沉船、沉物的抢险救助打捞，移交海上大件等起重吊运作业。(2)可航行和作业于无限航区	上海振华重工(集团)股份有限公司	保留
123			7500t	蓝鲸号	长×宽×深：241m×50m×20.4m；最大航速：11kn；固定转吊：7500t；全回转吊：4000t；副钩可深水下 150m，又可提至水上 125m	(1)可开展水下沉船、沉物的抢险救助打捞，水下清障打捞和移交海上大件等起重吊运。(2)可航行和作业于无限航区	中国海洋石油集团有限公司	保留
124			5000t	德合	长×宽×深：199m×47.6m×15m；最大航速：13.5kn；自持力：60 天；定位系统：DP3；固定吊：5000t；全回转吊：3500t；主动升沉波浪补偿吊机最大吊重：1200t；作业深度：水下 3000m，起升高度：甲板以上 102m	(1)配备了 DP3 定位系统、锚泊定位双系统和自动防横倾系统，可在不同海域开展水下沉船、沉物的抢险救助打捞，水下清障打捞、移交海上大件等起重吊运和吊装。(2)支持两台 ROV 同时进行水下作业，满足饱和潜水作业需求。(3)支持直升机起降及常规潜水作业。(4)可航行和作业于无限航区	烟台打捞局	保留

续表

序号	分类	名称	型谱	装备编号	关键性能参数	适用场景	所属单位	建议状态
125	打捞船舶装备	打捞起重船(全回转式)(N-50)	4500t	创力	长×宽×深: 198.8m×46.6m×14.2m; 满载吃水: 9.50m; 固定吊: 4500t; 全回转吊: 3850t; 续航力: 10000n mile; 自持力: 60天; 定位系统: DP3	(1)配备DP3定位系统和10点锚泊定位双系统，可在水深300m及以下规定海况下开展水下沉船、沉物的抢险救助打捞、水下清障打捞，移交海上大件等重吊运和吊装作业。(2)支持直升机起降及常规潜水作业。(3)可航行和作业于无限航区。	上海打捞局	保留
126			4000t	华天龙	长×宽×深: 174.85m×48m×16.5m; 满载吃水: 9.50m; 全回转吊: 60天; 固定吊: 4000t; 全回转吊: 2000t; 定位系统: DP2; 非自航	(1)配备DP2定位系统和锚泊定位双系统，可在8~300m水深，7级风条件下开展水下沉船、沉物的抢险打捞，水下清障打捞，移交海上大件等重吊运和吊装作业。(2)可支持直升机起降及常规潜水作业。(3)可作业于无限航区。	广州打捞局	保留
127			3000t	威力	长×宽×深: 141m×40m×12.8m; 固定吊: 3000t; 全回转吊: 2060t; 最大航速: 12km; 定位系统: DP2	(1)配备了DP2定位系统和锚泊定位双系统，可用于水下沉船、沉物的抢险救助打捞，水下清障打捞，移交海上大件等重吊运和吊装作业。(2)支持直升机起降及常规潜水作业。(3)可航行和作业于无限航区。	上海打捞局	保留
128			2500t	大力号	长×宽×深: 100m×38m×9m; 满载吃水: 5.20m; 固定吊: 2500t; 全回转吊: 500t; 最大航速: 6km; 自持力: 30天	(1)可在7、8级风浪条件下开展水下沉船、沉物的抢险救助打捞，水下清障打捞，移交海上大件等重吊运和吊装作业。(2)支持直升机起降及常规潜水作业。(3)可航行和作业于无限航区。	上海打捞局	保留

续表

序号	分类	名称	型谱	装备编号	关键性能参数	适用场景	所属单位	建议状态
129	打捞船舶装备	打捞起重船（全回转式）(N-50)	1700t	德瀛	长×宽×深: 115m×45m×9m; 满载吃水: 6.80m; 固定吊: 1700t; 全回转吊: 320t; 主钩可深入水下5m, 又可提至水上80m; 非自航	(1)可在7、8级风浪条件下开展水下沉船、沉物的抢险救助打捞、水下清障打捞和吊装作业。(2)支持常规潜水作业。(3)可作业于无限航区	烟台打捞局	保留
130			1000t	长天龙	长×宽×深: 118m×31.2m×7m; 满载吃水: 4.6m; 固定吊: 1000t; 全回转吊: 530t; 最大航速: 9kn; 定位系统: DP1; 主钩可深入水下5m, 又可提至水上75m; 索具钩可深入水下180m	(1)具有DP1级动力定位及180m锚泊定位能力, 主要用于长江三峡库区和长江中游河段应急抢险的沉船沉物起重打捞。(2)支持常规潜水作业。(3)可航行和作业于长江A、B、C级航区	长江航道工程局	保留
131			900t	南天龙	长×宽×深: 100m×30m×8m; 满载吃水: 4.10m; 最大航速: 3kn; 全回转吊: 450t; 固定吊: 900t; 主钩可深入水下5m, 又可提至水上65m; 索具钩可深入水下100m	(1)可开展水下沉船、沉物的抢险打捞, 水下清障打捞和吊装作业。(2)支持直升机起降及常规潜水作业。(3)可航行和作业于无限航区	广州打捞局	保留
132			750t	聚力号	长×宽×深: 132m×35m×10.5m; 满载吃水: 6.2m; 固定吊: 700t; 全回转吊: 20t; 最大航速: 3kn; 定位系统: DP2	(1)配备DP2定位系统和锚泊定位双系统, 可用于水下沉船、沉物的抢险救助打捞, 水下清障打捞, 移交海上大件等起重吊运和吊装作业。(2)支持直升机起降及常规潜水作业。(3)可航行和作业于无限航区	上海打捞局	保留
133			500t	南天鹏	长×宽×深: 72.64m×28m×5m; 满载吃水: 3.5m; 最大起重能力: 500t; 主钩最大吊高: 65m; 自持力: 30天; 非自航	(1)可用于水下沉船、沉物的抢险救助打捞, 水下清障打捞, 移交海上大件等起重吊运和吊装作业。(2)支持常规潜水作业。(3)可作业于无限航区	广州打捞局	保留

续表

序号	分类	名称	型谱	装备编号	关键性能参数	适用场景	所属单位	建议状态
134	打捞船舶装备	打捞起重船（全回转式）(N-50)	350t	芝罘岛	长×宽×深：109m×27m×7.2m；满载吃水：4.20m；最大起重能力：350t；自持力：45天；非自航	(1)可用于水下沉船、沉物的抢险救助打捞、水下清障，移交海上大件等起重吊运和吊装作业；(2)支持常规潜水作业。(3)可作业于无限航区	烟台打捞局	升级
135			100t	德渡	长×宽×深：85m×25m×6.8m；满载吃水：4.00m；最大起重能力：100t；自持力：60天；非自航			升级
136		打捞起重船（固定变幅式）(N-50)	3600t	德浮	长×宽×深：114.4m×48m×8.8m；满载吃水：4.6m；最大起重能力：3600t；主钩可深入水下10m，又可提至水上108m；最大航速：4kn；自持力：60天	(1)可在海上风力小于或等于5级时开展水下沉船、沉物的抢险救助打捞、水下清障作业，移交海上大件等起重吊运和吊装作业，8级时锚泊。(2)可作业于无限航区		保留
137			700t	烟救起重2号	长×宽×深：61.5m×27m×4.5m；满载吃水：2.50m；最大起重能力：770t；非自航	(1)可用于水下沉船、沉物的抢险救助打捞、水下清障，移交海上大件等起重吊运和吊装作业；(2)可作业于无限航区		保留
138		清障船(N-51)	200t航道清障船	龙江清障01	长×宽×深：40m×26m×3.5m；满载吃水：1.6m；最大载重量：200t；非自航	(1)可用于黑龙江水系航道障碍物的清理。(2)可作业于黑龙江A、B、C级航区	黑龙江省航道局	保留
139			浅滩清障船	—	—	可针对沿海航道障碍物清理，确保航道畅通	—	新研
140		救捞拖轮（多用途型）(N-52)	16000kW	德深	长×宽×深：90m×20m×8.8m；满载吃水：7.20m；主机功率：16000kW；续航力：19300n mile；最大航速：17kn；自持力：60天；最大拖力：287.9t；甲板载货量：1000t	(1)可用于执行大型沉船打捞作业的现场支持、拖、带救助，消防灭火等应急抢险打捞任务。(2)可航行和作业于无限航区	上海打捞局	保留

续表

序号	分类	名称	型谱	装备编号	关键性能参数	适用场景	所属单位	建议状态
141			13050 kW	德惠	长×宽×深: 89.96m×17.2m×8.5m; 满载吃水: 7.00m; 主机功率: 13050kW; 最大系柱拖力: 16.5kn; 续航力: 12000n mile; 载货量: 204t; 载货重: 4058t	(1)可用于执行大型沉船打捞作业的现场支持、拖带救助、消防灭火等应急抢险打捞任务。(2)可航行和作业于无限航区	广州打捞局	保留
142			11340kW	德进	长×宽×深: 95.3m×15.6m×8.4m; 满载吃水: 6.50m; 主机功率: 11340kW; 最大航速: 20kn; 续航力: 14000n mile; 最大系柱拖力: 170t; 冰级: ICB2		上海打捞局	保留
143	打捞船舶装备	救捞拖轮(多用途型)(N-52)	9000kW	德远/德海	长×宽×深: 75m×16.8m×8m; 满载吃水: 6.50m; 主机功率: 9000kW; 最大系柱拖力: 159t; 冰级: ICB2		上海打捞局	保留
144			8000kW	德兆	长×宽×深: 89.3m×19m×9m; 主机功率: 8000kW; 最大系柱拖力: 145.13t; 定位系统: DP2; 最大航速: 16kn; 对外消防能力: FIFI-II级; 冰级: ICB; 溢油回收舱: 4个	(1)可用于执行大型沉船打捞作业的现场支持、拖带救助、消防灭火等应急抢险打捞任务，具备一定的海上溢油回收能力。(2)可航行和作业于无限航区	烟台打捞局	保留
145			7830kW	德意	长×宽×深: 95m×15.2m×7.5m; 满载吃水: 6.50m; 主机功率: 7830kW; 最大系柱拖力: 120t	(1)可用于执行大型沉船打捞作业的现场支持、拖带救助、消防灭火等应急抢险打捞任务。(2)可航行和作业于无限航区	上海打捞局	保留
146			5920kW	德鲲	长×宽×深: 65.6m×14m×6.9m; 满载吃水: 5.86m; 主机功率: 5920kW; 最大系柱拖力: 93.6; 最大航速: 16.0kn; 续航力: 10000n mile; 冰级: ICB		广州打捞局	保留

续表

序号	分类	名称	型谱	装备编号	关键性能参数	适用场景	所属单位	建议状态
147			5300kW	德顺	长×宽×深: 87.34m×15.98m×7.2m; 设计吃水: 4.90m; 主机功率: 5300kW; 系柱拖力: 80t; 设计航速: 18kn; 续航力: 10000n mile; 载重量: 600t	(1)可用于执行大型沉船打捞作业的现场支持、拖带救助、消防灭火等应急抢险打捞任务。(2)可航行和作业于无限航区	广州打捞局	保留
148		救捞拖轮(多用途型)(N-52)	4854kW	德明	长×宽×深: 65m×14.6m×7m; 设计吃水: 5.50m; 主机功率: 4854kW; 系柱拖力: 800kn; 最大航速: 12.5kn; 续航力: 8000n mile			升级
149	打捞船舶装备		4500kW	长救拖5001	长×宽×深: 56.8m×14m×6m; 设计吃水: 4m; 主机功率: 4500kW; 最大航速: 14kn	(1)可用于执行长江航道应急抢险打捞配套拖轮工作,支持近海航区工程船舶拖带等工作。(2)可航行和作业于内河及近海无限航区	长江航道工程局	保留
150			3280kW	德诚/德穗/德鹏	长×宽×深: 65.3m×13.2m×6.2m; 设计吃水: 5.27m; 最大系柱拖力: 650kN; 主机功率: 3280kW; 最大航速: 14.5kn; 续航力: 9000n mile; 冰级: ICB; 甲板载货荷载: 500t; 干散货舱容: 160m³	(1)可用于执行大型沉船打捞作业的现场支持、拖带救助、消防灭火等应急抢险打捞任务。(2)可航行和作业于无限航区	广州打捞局	保留
151		救捞拖轮(三用型)(N-52)	16000kW	华虎	长×宽×深: 89.2m×22m×9m; 满载吃水: 7.55m; 主机功率: 16000kW; 最大航速: 15.8kn; 系柱拖力: 296t; 动力系统: DP2; 甲板面积/载荷: 828m²/1800t; 对外消防能力: FIFI-I级; 冰级: ICB	(1)可用于执行长江航道应急抢险打捞配套拖轮工作等工作。(2)可航行和作业于无限航区	上海打捞局	保留
152			11396kW	华鹏	长×宽×深: 73.6m×14m×6.6m; 满载吃水: 6.85m; 主机功率: 6560kW; 系柱拖力: 168t; 最大航速: 16.0kn; 甲板面积/载荷: 555m²/1200t; 溢油回收舱容: 1064m³; 消防能力: 1200m³/h	(1)可用于执行大型沉船打捞作业的现场支持、拖带救助、消防灭火等应急抢险打捞任务,具备一定海上溢油回收能力。(2)可航行和作业于无限航区	广州打捞局	保留

续表

序号	分类	名称	型谱	装备编号	关键性能参数	适用场景	所属单位	建议状态
153	打捞船舶装备	救捞拖轮（三用型）(N-52)	11240kW	德渤	长×宽×深：73.5m×16.4m×8m；满载吃水：6.9m；最大航速：15km；主机功率：11240kW；最大系柱拖力：187t；甲板面积/载荷：550m²/1000t；对外消防能力：FIFI-I 级			保留
154			11029kW	德浚	长×宽×深：73.6m×16.4m×8m；满载吃水：6.9m；最大航速：17km；主机功率：11029kW；最大系柱拖力：196t；动力系统：DP2；对外消防能力：FIFI-II 级；甲板面积/载荷：550m²/1000t；溢油回收能力：992m³			保留
155			10560kW	德翔	长×宽×深：93.93m×15.6m×8.4m；满载吃水：6.80m；主机功率：10560kW；系柱拖力：152t；甲板面积/载荷：495m²/412t；对外消防能力：FIFI-I 级；冰级：ICB2	(1)可用于执行大型沉船打捞作业的现场支持、拖带救助、消防灭火等应急抢险打捞任务。(2)可航行和作业于无限航区	烟台打捞局	保留
156			10080kW	德淇	长×宽×深：76m×17m×7.5m；满载吃水：6.00m；主机功率：10080kW；系柱拖力：150t；定位系统：DP2；最大航速：15km；续航力：7200 miles；自持力：40 天；甲板面积：550m²；消油剂喷洒臂：6m×2			保留
157			9000kW	华发	长×宽×深：69.1m×15m×7.2m；满载吃水：6.20m；最大系柱拖力：150t；主机功率：9600kW；最大航速：15.5km；甲板面积/载荷：507m²/960t；对外消防能力：FIFI-II 级；冰级：ICB		上海打捞局	保留

续表

序号	分类	名称	型谱	装备编号	关键性能参数	适用场景	所属单位	建议状态
158	打捞船舶装备	救捞拖轮（三用型）(N-52)	7060kW	德洁	长×宽×深：65.5m×13.8m×6.9m；满载吃水：6.03m；对外消防能力：FIFI-II级；最大系柱拖力：103t；主机功率：7060kW；甲板面积/载荷：330m²/600t	(1)可用于执行大型沉船打捞作业的现场支持、拖带救助、消防灭火等应急抢险打捞任务。(2)可航行和作业于无限航区		保留
159			5880kW	德渣	长×宽×深：67.4m×14m×6.9m；满载吃水：5.3m；对外消防能力：FIFI-1级；主机功率：5880kW；最大系柱拖力：920kN；甲板面积/载荷：380m²/600t		烟台打捞局	保留
160			3675kW	德洋/德进/德淳/德济	长×宽×深：59.2m×14m×6m；设计吃水：4.80m；主机功率：3675kW；甲板面积/载荷：330m²/400t			升级
161			3255kW	德润/德洋	长×宽×深：63.6m×13.2m×6.2m；设计吃水：5.27m；主机功率：3255kW；甲板面积/载荷：343m²/500t			升级
162		救捞拖轮（港作拖轮）(N-52)	2942kW	德滋/德涞	长×宽×深：42.15m×11.4m×5.25m；满载吃水：4.35m；主机功率：2942kW；最大系柱拖力：522kN；最大航速：12.5km；续航力：1000n mile	(1)可用于执行港区或近海拖带救助、消防灭火等辅助救援任务。(2)可航行和作业于近海海域		保留
163			2500kW	德华轮	长×宽×深：35.5m×9.8m×4.3m；满载吃水：3.1m；主机功率：2500kW；最大系柱拖力：411kN；续航力：12.5kn；最大航力：1000n mile		广州打捞局	保留
164		抬浮力打捞工程船（驳船）(N-53)	50000t自航半潜驳	华洋龙	长×宽×深：228m×43m×13.5m；最大下潜吃水：10m；设计吃水：27m；定位系统：DP2；设计航速：14kn；续航力：18000n mile；甲板面积/载荷量：8000m²/52500t	(1)可用于遇险破损船舶、舰艇的应急抢险打捞以及装载与运输。(2)可航行和作业于无限航区		保留

续表

序号	分类	名称	型谱	装备编号	关键性能参数	适用场景	所属单位	建议状态
165			30000t自航半潜驳	华海龙	长×宽×深:181.9m×43.6m×11m; 设计吃水:7.50m; 抬浮力:20000t; 最大下潜吃水:23m; 设计航速:12kn; 甲板面积/载重量:6500m²/30000t; 续航力:10000n mile; 自持力:60天	(1)可用于遇险破损船舶、舰艇的应急抢险打捞以及装载与运输。(2)可航行和作业于无限航区	广州打捞局	保留
166			25500t自航半潜驳	华兴龙/华盛龙	长×宽×深:166.6m×39.8m×10.9m; 设计吃水:7.50m; 载货量:25500t; 抬浮力:12000t; 设计航速:14kn; 续航力:15000n mile; 定位系统:DP2; 自持力:60天		广州打捞局	保留
167	打捞船舶装备	抬浮力打捞工程船(驳船)(N-53)	20000t自航甲板驳	德渤2/德渤3	长×宽×深:151.5m×37.2m×10.9m; 满载吃水:6.20m; 调载泵:2650m³/h×4; 甲板面积:4800m²; 载重量:20216t; 最大航速:12kn; 定位系统:DP1		烟台打捞局	保留
168			11417t自航甲板驳	德渤	长×宽×深:128.4m×33m×7.8m; 满载吃水:5.20m; 甲板面积/载荷:2500m²/11417t; 调载泵:1500m³/h×2; 最大航速:10kn; 自持力:40天		烟台打捞局	保留
169			6277t自航甲板驳	华力	长×宽×深:88.3m×29.38m×5.49m; 设计吃水:4.1m; 续航力:5000n mile; 甲板面积/载荷:2193m²/6277t		广州打捞局	保留
170			25000t拖航半潜驳	德浮2号	长×宽×深:111m×67m×8m; 设计吃水:5.80m; 调载泵:13454m³/h; 最大下潜吃水:22.00m; 甲板面积/载货量:7000m²/25000t	(1)可用于遇险破损船舶、舰艇的应急抢险打捞以及装载与运输。(2)可拖航作业于近海海域	烟台打捞局	保留

续表

序号	分类	名称	型谱	装备编号	关键性能参数	适用场景	所属单位	建议状态
171			15000t拖航半潜驳	重任1500	长×宽×深: 110m×32m×7.5m; 设计吃水: 5.60m; 载货量: 15000t; 抬浮力: 5000t; 最大下潜吃水: 13.5m;	(1)可用于破损船舶的装载与运输。(2)可拖航作业于无限航区(国内航区可半潜作业)	广州打捞局	保留
172			15000t拖航半潜驳	重任1501	长×宽×深: 122.45m×30.5m×7.6m; 设计吃水: 5.96m; 载货量: 14679t;			保留
173			4500t拖航半潜驳	重任301	长×宽×深: 62m×26m×4.8m; 设计吃水: 3.90m; 载货量: 4500t;			保留
174		抬浮力打捞工程船(驳船)(N-53)	4000t拖航半潜驳	德浮1号	长×宽×深: 60m×35m×6m; 设计吃水: 4.00m; 最大下潜吃水: 11.00m; 调载泵: 3495m³/h; 甲板面积: 1950m²; 载货量: 4000t	(1)可用于破损船舶的应急抢险打捞,以及装载与运输。(2)可拖航作业于近海海域。	烟台打捞局	保留
175	打捞船舶装备		15000t拖航甲板驳	德浮15001/德浮15001	长×宽×深: 125m×35m×7.5m; 设计吃水: 5.00m; 甲板面积: 4050m²; 载重量: 15000t; 调载泵: 1000m³/h;			保留
176			2000t拖航甲板驳	重任202	长×宽×深: 55.68m×19.72m×3.6m; 设计吃水: 2.50m; 载重量: 2000t;		广州打捞局	升级
177			1000t拖航甲板驳	重任103	长×宽×深: 45m×12m×2.76m; 设计吃水: 1.73m; 载重量: 1000t;			升级
178		打捞浮筒(N-54)	1200t	—	最大起浮力: 1223t; 下沉深度: 60m;	打捞沉船、援救失事船只,以及对水面船只的拖带、扶正等作业		保留
179			800t	—	最大起浮力: 800t;		烟台打捞局等	保留
180			500t	—	最大起浮力: 500t;			保留
181		水下导向攻泥器(N-55)	水下导向攻泥器	深鳗I	作业水深: ≥200m; 水平钻进距离: ≥85m; 钻进顶推力: ≥18t; 钻进回拖力: ≥36t; 钻具定位精度: ±1/100m	可应用于淤泥、黏土、沙质,不适宜石块及岩石地质	广州/上海打捞局	保留

续表

序号	分类	名称	型谱	装备编号	关键性能参数	适用场景	所属单位	建议状态
182	打捞船舶装备	液压拉力千斤顶(N-56)	LSD4500-400	—	额定拉力：450t；行程：400mm	适用于沉船沉物的打捞	烟台打捞局等	保留
183		作业级 ROV (N-57)	6000m 级	—	作业深度：6000m；自助悬停、自动定位	可用于深海打捞残骸，完成复杂的水下生产系统安装、采油树的维护等工作	上海打捞局	保留
184			4500m 级	—	作业深度：4500m；自助悬停、自动定位		海洋研究院	保留
185			3000m 级	—	作业深度：3000m；自助悬停、自动定位		上海打捞局等	保留
186			1500m 级	—	作业深度：1500m；自助悬停、自动定位		海洋研究院	保留
187	深潜水装备	饱和潜水母船(N-58)	500m 级	深达号	长×宽×深：177.1m×33m×14.4m；设计吃水：7.50m；续航力：10000n mile；自持力：60天；主动式升沉补偿吊机：400t；作业水深：6000m；定位系统：DP-3；饱和潜水深度：500m	(1)可在远离大陆岸基支持、恶劣海况条件下进行大深度应急抢险打捞和饱和潜水。(2)支持直升机起降和作业。(3)可航行和作业于无限航区	上海打捞局	在建
188			300m 级	深潜号	长×宽×深：125.7m×25m×10.6m；设计吃水：6.50m；最大航速：15.5kn；自持力：60天；冰级：ICB；主动式升沉补偿吊机：140t；作业水深：300m；饱和潜水深度：3000m；定位系统：DP-2			保留
189		便携式测深仪(N-59)	SM-5	—	测深范围：0.6~79m；测量精度：10%量程	可用于水下测深	相关数助单位	保留

续表

序号	分类	名称	型谱	装备编号	关键性能参数	适用场景	所属单位	建议状态
190		机动式潜水系统(N-60)	200m级饱和潜水	—	饱和潜水深度：200m；机动转运	可依托铁路、公路、航空等运输方式，针对内陆200m以浅水域开展应急救援作业	—	新研
191			常规潜水	—	潜水深度：60m；机动转运	可依托铁路、公路、航空等运输方式，针对内陆60m以浅水域开展应急救援作业	烟台打捞局等	保留
192	深潜水装备	空气潜水装备(N-61)	60m级	—	支持潜水深度：60m	可在60m以浅水深开展水下救助工作	烟台打捞局等	保留
193		混合气潜水装备(N-62)	120m级	—	支持潜水深度：120m	可在120m以浅水深开展水下救助工作	烟台打捞局等	保留
194			200m级	—	支持潜水深度：200m	可在200m以浅水深开展水下救助工作	上海打捞局	保留
195		饱和潜水装备(N-63)	300m级	—	支持潜水深度：300m	可在300m以浅水深开展水下救助工作	上海打捞局	保留
196			500m级	—	支持潜水深度：500m	可在500m以浅水深开展水下救助工作	上海打捞局	新研

3.5.1　通信监控装备

经过多年发展，交通运输部救捞系统骨干通信网络保障体系已初具规模，交通运输部救助打捞局与各救助局、打捞局之间建立了可用于承载视频会议、现场图像传输、核心业务系统访问等功能的网速为 2Mbit/s 的带宽同步数字体系(synchronous digital hierarchy，SDH)专线。各救助局救助处、主要救助基地均安装了甚高频(very high frequency，VHF)通信系统，通信能力得到显著提升。救助船舶上安装了海事卫星 C 站、F 站、FB 站、VSAT 船载设备、VHF 和 AIS 船台。1940kW 级以上救助船舶上已完成船载局域网的建设，并通过海事系统接入了 AIS 船舶动态监控终端，可对救捞船舶位置实时监控。长江干线已建成 VTS、AIS、闭路电视(closed circuit television，CCTV)等现代化监管系统，基本具备全天候运行、全方位覆盖的动态监管能力。AIS 实现长江干线全覆盖，VTS、CCTV 基本覆盖港区、桥区等重点水域。江苏段、三峡坝区实现 VTS 全覆盖。然而，相比庞大的救助通信监控需求，交通运输部救捞系统通信及信息化网络基础设施不完善，救捞专网尚未全面覆盖各级救助机构；离岸通信能力不足，离岸中远距离海域船岸、机岸、船机之间的语音沟通和数据传输难以有效保证的问题依然存在。长江干线监管系统感知手段相对传统，智能化水平较低，数据互联互通和相互支持不够。今后，随着船舶动态感知体系建设的不断推进，升级完善沿海、长江干线和其他内河重点航段的 VHF 通信系统，更新改造沿海中高频海岸电台，实现沿海交通通信网覆盖近岸重点水域，加快长江干线多方式融合的应急通信系统建设，深化海岸电台、海事卫星、北斗导航卫星、AIS 等通信监控资源的共享等将成为提升水上交通安全通信监控水平的重点任务。

3.5.2　飞行救助装备

当前，空中飞行救助能力主要依托于固定翼飞机、直升机和无人机。在固定翼飞机方面，上海海事局通过租赁东方通用航空有限责任公司的固定翼飞机执行海上空中巡航任务。在救援直升机方面，中国救捞拥有包括交通运输部北海第一救助飞行队等四大飞行队，截至 2019 年底，共拥有救助直升机 20 架，其中大型救助直升机(EC225)4 架，该型机具备较强的承载能力，最大载客人数为 2+24 人；中型救助直升机 16 架，续航能力较强，最大救助半径约为 110n mile，均配备先进的驾驶、通信和救生设备，具备全天候飞行能力。在无人机方面，救捞系统配备了 X6L-S 型、DJI-M600 pro 型旋翼搜救无人机。然而，从实战的角度看，当前交通运输部救捞系统配备的救助飞机数量不足，尚未配置能够实现远距离巡航搜寻的固定翼飞机；长江干线缺少无人机的应用。随着沿海、长江干线救助飞机机队建设的推进，未来将会有更多的中型救助直升机、中远程固定翼飞机、中型固定翼无人机、小型无人机等机型加入水上应急救援飞行队伍，承担中央管辖水域的搜寻救助和污染检测任务，支撑国际海运重要通道应急救援需求。

3.5.3 救助船舶装备

北海、东海、南海三个救助局拥有的救助船舶主要分为大型远洋救助船、中型沿海救助船、近海高速救助船和近岸快速救助艇。截至 2019 年底，各救助局拥有各型救助船艇 73 艘，其中近海高速救助船 10 艘、4000kW 救助船 1 艘、6000kW 海洋救助船 3 艘、8000kW 海洋救助船 22 艘(其中 3 艘具有破冰功能)、12000kW 海洋救助船 2 艘、14000kW 海洋救助船 3 艘，小型救助船舶 32 艘，初步形成 6000kW 以上海洋救助船为值班待命主力船型，其他力量为辅助的救助船舶装备结构，主力值班待命船舶功率由 1940kW 提升至 9000kW，6000kW 以上大型救助船能够在 9 级海况下(风力 12 级、浪高 14m)出动，6 级海况下(风力 9 级、浪高 6m)实施有效救助。长江航务局所属的救助船舶主要为巡航救助船。截至 2019 年底，已建成巡航救助船 275 艘，其中 60m 级巡航救助船 2 艘、40m 级巡航救助船 16 艘、30m 级巡航救助船 88 艘、20m 级巡航救助船 120 艘、15m 级巡航救助船 49 艘。长航公安所属救助船主要为消防船，拥有各类船艇 139 艘。然而，与辽阔海疆救援需求相比，救助船舶配备数量仍有不足，结构不尽合理，老旧船艇占比较高，现代化搜救装备配备不足，部分水域搜救力量薄弱。按照"大中小相配套"的原则，加快大型远洋救助船、中型沿海基准点救助船的建造，推动具有破冰功能的重型救助船配置将是未来一段时间救助船舶建设工作的重点。

3.5.4 溢油处置装备

交通运输部救捞系统拥有溢油回收能力 400m³/h、污油回收舱容 3000m³ 的大型溢油回收船 1 艘、在建 2 艘，通过溢油回收适应性改装的溢油回收船 9 艘，从国外引进 1 套 LFF-400W 溢油回收机、1 台 LFF-200C 溢油回收机、1 套芬兰劳模侧挂式溢油回收机(LSC-5C/2300)、1 套挪威弗莱姆移动式溢油回收机(TransRec 125)和 2 套芬兰劳模内置式溢油回收机(LSC-5C/270)，配置 JHY-ZW3 型充气式围油栏 2000m、JHY-CYN100 型储油囊 300m³、JHY-CYN200 型储油囊 1000m³。同时，在长江干线上布设了 17 座溢油应急设备库，并在三峡坝区、武汉和张家港设备库分别配置 3 艘最大浮油回收能力达 200m³/h、浮油回收舱舱容为 640m³ 的中型溢油回收船。然而，我国约 70% 的原油需求依赖进口，每年进口约 4 亿 t，其中通过海上运输的约占 90%。我国各大港口每天有 400 多艘次油轮进出，10 万 t 以上的超大型油轮越来越多，一旦发生大规模泄漏事故，仅依靠当前救捞系统配置的溢油回收船恐难以有效应对。在长江干线，现有溢油应急设备库尚未实现全线覆盖，并且辐射能力有限，距离有效应对突发溢油险情仍有一定的差距。增加溢油回收装备配置、建造大吨位半潜式打捞工程船等关键装备将是未来最有效的应对措施。

3.5.5　消防灭火装备

救捞系统的大型远洋救助船/中型海洋救助船等专业救助船舶、海事系统的系列巡航救助船、长江航线的专用消防船（如长公消 3201、长公消 3001）和各地方消防救援大队所拥有的专用消防船（如厦门市海沧区"骁龙 119"号、三亚市"三消 1 号"）都具有较好的消防灭火能力，为海上运输、旅游，以及渔业生产船舶提供了有效的消防安全保障，提升了水上消防安全保障能力。然而，当前水上消防灭火手段较为单一、单位海区内具备消防灭火能力的救助船舶数量有限，随着船舶大型化、智能化趋势日益明显，替代燃料应用步伐不断加快，而与之相适应的船舶消防设备及系统的研制和应用推广则显得较为滞后，一旦发生火灾，若在起火初期火势未得到有效控制，将很难实施有效的消防救援。例如，巴拿马油船"桑吉"轮在长江口以东约 160n mile 处发生火灾，在历时近 8 天的消防救援后沉没；日本商船"Felicity Ace"号发生火灾，在历时 14 天的消防救援后在距离葡萄牙亚速尔群岛海岸大约 220n mile 处沉没。因此，进一步加强水上消防救援船舶队伍建设，提升单位海区内具有消防灭火能力的救助船舶覆盖率，推动船舶自有消防设备及系统研制升级，减少船舶火灾隐患与事故的发生，是我国水上消防灭火救援亟须关注的问题。

3.5.6　深海搜寻探测装备

目前，救捞系统拥有 1 台 6000m 级 ROV、3 台 3000m 级 ROV、1 台 2000m 级 Klein5000V2 侧扫声呐等深远海高端扫测搜寻设备，并初步具备了作业能力。"十三五"期间，救捞系统从国外引进了 1 台 6000m 级自主式水下航行器 (autonomous underwater vehicle, AUV)、1 台 6000m 级深海拖曳系统、1 台 3000m 级多波束测深仪系统，1 台 4000m 级 Kongsberg 便携式水下定位系统，深远海搜寻探测装备系统已初具规模。我国渤海海域面积达 7.7 万 km^2，最大水深为 85m；黄海海域面积达 38 万 km^2，最大水深为 140m；东海海域面积达 70 万 km^2，最大水深为 2717m；南海海域面积达 356 万 km^2，最大水深为 5567m。水深超过 300m 的海域集中在南海和东海，而南海和东海是目前关键的贸易和能源运输通道，全球一半以上的海上贸易途经南海。发达国家水下机械扫测打捞作业深度普遍达到 6000m，最大作业深度已超过 10000m。当前我国救捞系统拥有的深海搜寻探测装备和能力与发达国家相比仍存在不小的差距，难以满足大深度搜救需求。

3.5.7　打捞船舶装备

截至 2020 年底，救捞系统各打捞局共有各型打捞工程船舶 100 多艘，其中拖轮 68 艘，打捞工程船 18 艘，抬浮力打捞工程船及其他辅助船 18 艘，包括5000t、4500t、4000t 三艘大吨位起重船，50000t、30000t 两艘大吨位半潜式抢险打捞船，4 艘抬浮力打捞工程船，1 艘大型溢油回收船，1 艘 300m 饱和水潜水作业母船，同时配置了各类先进打捞专用工具，逐步具备了整体打捞 5 万载重吨沉船、清除大规模海上溢油的能力。在长江干线，现有 1000t 级大型起重打捞船 1 艘，200t 级起重打捞船 1 艘，另有 2 艘 1000t 级大型起重打捞船处于筹划阶段。然而，救捞系统现有打捞装备综合性能不足、打捞效率有待加强、打捞后处理能力薄弱，单靠浮吊船和浮筒难以有效应对我国沿海涌浪大、流速快水域的打捞任务，缺乏具有深海定位功能的大吨位起重船及大吨位自航半潜驳船。在长江干线，现有的装备尚难以应对长江中上游 5000t 级船型、下游大型船舶及进江海轮等船型的打捞需求。为保障海上大型船舶装备应急救援任务需求，适应长江干线船舶大型化、航道深水化的趋势，提升应对突发事件的核心关键能力，重点加强大吨位打捞工程船的装配将是未来一段时间我国水上打捞能力建设的重点。

3.5.8　深潜水装备

救捞系统目前拥有 1 艘 300m 饱和潜水作业母船，在建 1 艘 500m 新型深潜水工作母船，配置了 1 套 200m(试验用)饱和潜水系统、1 套 300m 饱和潜水系统，45m 以浅空气潜水装备、100m 以浅氦氧混合气潜水装备，包括管供式潜水装具、自携式潜水装具、潜水供气装备、便携式医疗加压舱、防污染潜水装备、90m 开式钟及 120m 闭式钟等潜水支持类装备。在长江干线上，配备了空气潜水装备，基本满足长江中下游航段的潜水作业任务。虽然近年来我国救捞系统饱和潜水海上巡潜作业能力取得不小的突破，但是深潜水科研水平、技术装备与法国、美国等技术发达国家相比还存在较大差距。同时，我国最大水深超过 60m 的湖泊和水库有 30 多个，其中吉林长白山天池、新疆喀纳斯湖、三峡库区、丹江口库区最大水深均超过 160m，现有潜水装备(部署在长江干线)最大下潜深度仅为 59m，尚无法满足深潜水作业的要求。目前，500m 饱和潜水成套技术正在有序推进，机动式 200m 饱和潜水系统建造项目已获批，未来将会有更多的 500m 及以深饱和潜水系统、机动式 200m 饱和潜水系统入役救捞系统。

3.6　水上应急救援技术梳理分析

基于图 3.43 所示的水上应急救援装备技术体系架构图，本节重点针对落水人员救助能力、伤病/被困人员转移能力等 16 项救助能力需求，系统完成对人员搜寻定位技术、空中飞行救助技术等水上应急救援关键技术的梳理。

3.6.1　人员搜寻定位技术

搜寻定位基本概念如下。

搜寻基准：确定搜寻区域的地理参考，也是整个搜救行动的依据。搜寻基准的种类主要包括基准点、基准线、基准区域。

基准点：如果在搜寻前得知幸存者在某一时刻的位置点，那么由漂移计算可得搜寻基准点，即幸存者最可能处于的位置点。

基准线：如果幸存者可能处于两个或多个位置点，那么在这些点上进行漂移计算，然后连线作为搜寻基准线，并假定幸存者处于基准线上任何一点的可能性是相等的。

基准区域：幸存者位置在其中的任何一点的概率都相等的区域。若无法得到遇险位置点和位置线，则得出的搜寻基准只能是基准区域。

扫视宽度：搜寻设施的探测设备(包括视觉搜寻设备和电子搜寻设备)能够发现被搜寻目标的有效范围。扫视宽度的大小与探测设备、目标特性和环境因素有关。

覆盖因数：已搜寻面积和需要搜寻的总面积之比。

搜寻能力：搜寻设施的搜寻能力取决于搜寻速度、搜寻时间长度和扫视宽度。

最佳搜寻因数：一个基于相对搜寻能力的数值，用于计算最佳搜寻半径。

1. 搜寻基准点确定技术

确定搜寻基点时，遇险地点、遇险时间、流向、流速、风向、风速、从援救船舶起航至到达现场的时间间隔、搜救航空器比赴援船舶提前到达现场的可能性、计算误差，以及其他任何补充信息都是影响搜寻基准点确定的重要因素，除非岸上当局提供基准点，否则海面搜寻协调船必须先决定基准点，并通知赴援船舶和海岸电台。必要时，海面搜寻协调船可根据需要自行修正基准点并通知各方。

2. 救助船搜寻定位技术

1) 船扩展方形搜寻技术

当搜寻目标的位置处于相对较近的区域时，扩展方形是最有效的。船扩展方形搜寻示意图如图 3.44 所示。搜救船从搜寻基准点出发，沿特定方向每搜寻一定距离后向右转向 90°，逐渐扩大搜寻范围。若搜寻基准不是一个点而是一条线，则可改成扩展矩形，平行扫视搜寻。

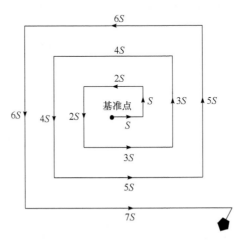

图 3.44　船扩展方形搜寻示意图

2) 单船扇形搜寻技术

当搜寻目标的位置准确或搜寻范围较小时，扇形搜寻是最有效的搜寻方式，单船扇形搜寻示意图如图 3.45 所示。

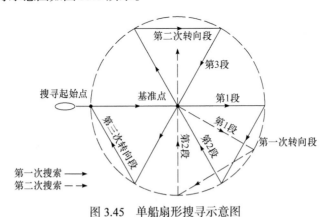

图 3.45　单船扇形搜寻示意图

3) 两船协作平行搜寻技术

两船协作平行搜寻示意图如图 3.46 所示。

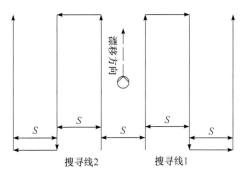

图 3.46 两船协作平行搜寻示意图

两船平行搜寻时，可采用表 3.37 所示的间距。若遇特殊情况，海面搜寻协调船可改变间距，但是所有搜寻船舶应尽力保持在准确的位置。

表 3.37 航线间距

搜寻目标	不同气象能见度下的航线间距/n mile				
	3 n mile	5 n mile	10 n mile	15 n mile	20 n mile
水中人员	0.4	0.5	0.6	0.7	0.7
4 人救生筏	2.3	3.2	4.2	4.9	5.5
6 人救生筏	2.5	3.6	5.0	6.2	6.9
15 人救生筏	2.6	4.0	5.1	6.4	7.3
25 人救生筏	2.7	4.2	5.2	6.5	7.5
5m 长艇	1.1	1.4	1.9	2.1	2.3
7m 长艇	2.0	2.9	4.3	5.2	5.8
12m 长艇	2.8	4.5	7.6	9.4	11.6
24m 长艇	3.2	5.6	10.7	14.7	18.1

搜寻航速：以协作方式进行平行航线搜寻时，各船都应按海面搜寻协调船命令的相同速度前进。该速度通常是在场最慢船的最高速度。当能见度低下时通常需减速搜寻。

4) 救助船与直升机联合搜寻技术

救助船与直升机联合搜寻示意图如图 3.47 所示。

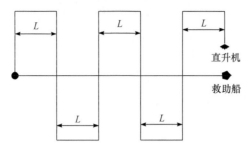

图 3.47　救助船与直升机联合搜寻示意图

3. 低极轨道卫星搜寻定位技术

低极轨道卫星搜救系统为搜救遇险船空间系统，包括船用应急无线电示位标 (emergency position indicating radio beacon，EPIRB)等三种信标。船用应急无线电示位标也称 S-EPIRB，可在 121.5MHz 和 406MHz 两个频率上工作，遇险时能自动启动或手动启动，具备实时报警和存储转发两种工作模式。在 121.5MHz 频率工作时只有实时报警模式，卫星收到示位标的信号后直接转发到与示位标相同的卫星共视区，通过任务协调中心转发给搜救协调中心。在 406MHz 频率工作时，系统同时具有实时报警和存储转发两种工作模式。

4. 移动电话定位技术

移动电话定位通过移动通信网络获取移动终端用户的位置信息(经纬度坐标)，在电子地图平台的支持下，为用户提供确定位置的服务。为了对海上遇险者使用的移动电话进行定位，提高搜寻救助效率，各地海上搜寻救助协调机构都与移动通信运营商建立了密切合作机制。

海上搜寻移动电话定位流程:遇险者通过移动电话拨打 12395 发出求救信息；搜寻救助协调机构向移动通信运营商发出查询移动电话位置的通知；运营商向求救移动电话发送短信，启动近海求救移动电话定位系统；运营商将求救移动电话的位置通知搜寻救助协调机构。

5. 遇险目标漂移模型预测技术

漂移现场海流和潮流的速度是漂移预测依据的基本信息(原始资料)。遇险目标漂移轨迹计算将遇险目标视为质点，采用流场数值模型，通过输入预报的海流和潮流速度信息进行数值模拟计算，从而得出质点的移动轨迹。然而，实际遇险目标可能是落水人员、救生艇、筏、遇险船等对象，并非简单的质点，不同遇险目标受风流的影响不同。

若只考虑潮流、风生流，以及由风压力产生的漂移，则从位置 1 到位置 2 的漂移距离是漂移速度和事故发生时间的乘积。对遇险船舶而言，一般认为船舶的动力装置已经失灵，只需考虑船舶静止时风的影响，风压漂移速度 v_y 可表示为

$$v_y = kW$$

式中，W 为海面风速；k 为系数，随船型、排水状态，以及水深与吃水之比等因素的变化而不同。

据统计，当海面风速为 3～20m/s 时，各种类型船舶或救生筏受风压力作用而产生的漂移速度与风速的经验关系如表 3.38 所示。

表 3.38　风压漂移速度经验公式

搜寻目标类型	风压漂移速度(v_y经验公式)
漂移时未带锚锭的轻载(低排水量)客船、敞篷船、救生筏等	$0.07W + 0.04$
漂移时未带锚锭的满载(低排水量)客船、敞篷船、救生筏等	$0.07W - 0.12$
大型客船、大型空载船	$0.05W$
半载(中等排水量)货船、帆船、渔船等	$0.04W$
满载(大排水量)船	$0.05W$
小帆板船	$0.06W$

综上，在给出船舶失事地点的经纬度(确定初始位置)、失事时间、预计搜救船舶到达时间、失事海域的风速和风向，以及船舶类型等信息的情况下，可以比较准确地预测在该段时间内失事船舶的漂移轨迹。

3.6.2　空中飞行救助技术

1. 高/低空侦察技术

高空侦察包括确认船名、可能吊运点、主要危险物、船舶状态、海况、海面空间，以及周围影响安全的交通情况等，从而进行初始作业影响因素评估。若能与船舶联系，预先让船舶调整航向和速度以便实施救援作业。同时，实施救援前机组人员要确保海面有足够的作业空间。低空侦察应该包括对船舶危险因素的全面评估，确认合适的绞车作业点、风的影响、吊运时直升机的航向、吊运点、救生员的潜在危险，以及直升机的潜在危险等。需要注意的是，进行侦察时，通常应该将幸存者放在直升机右前方，避免下滑气流的影响。对进近路线既可以单一修正，也可以综合修正。紧急情况下，在直升机进近期间应完成情况的评估和所有的检查，从而直接飞向救助点实施救助。

2. 3H 控制技术

在开展空中飞行救助之前,需重点做好 3H(高度、航向、危险因素)控制工作。高度(height)控制,即绞车作业高度相对于障碍物要尽可能低,并考虑当地风力、下旋气流、撤离路线、主旋翼、尾桨净空等因素对直升机的影响。航向(heading)控制,即直升机的航向通常根据风决定,然而在很多环境下,飞行员需要改变航向使绞车作业更加方便、安全。危险因素(hazards)控制,即评估作业区域的危险因素,包括可能的外来物、障碍物和当地风力的影响。评估观察通常由绞车手来负责,其余人员负责补充观察。

3. 绞车提升技术

绞车手作业之前需先综合考虑净空、湍流、下旋气流影响等多种因素,由此确定绞车作业高度。在保障直升机机组安全的前提下,绞车作业高度越低越有利于救生员和幸存者的往返。若条件允许,陆上高度应不超过 15～20ft (1ft=0.3048m),水上高度应不超过 45～50ft。

为保障救生员在安全作业高度下开展工作,可能需要直升机时刻准备调整悬停高度(垂直升降或水平移动),这就需要绞车手使用标准口令来协调爬升、下降和水平移动。绞车手通过控制钢缆收放和直升机升降速度使救生员保持在安全作业高度。

提升作业期间,通常由绞车手给出作业高度及其修正信息,飞行员做出应答。在海上开展绞车作业时一般使用雷达保障高度,而高度的修正则通过使用变矩杆配平来调节。在夜间,变矩杆配平应该由副驾驶飞行员操作。

4. 直升机水中吊运技术

直升机水中吊运的主要工作是用绞车将人员从水中、救生筏或小船上救起。当直升机处在救助点上空时,飞行员通常看不见目标,此时飞行员可参照海平线或地平线实施悬停。若海水温度低于 15℃,或者大于 15℃,但在飞行距离离岸超过 30min 时,所有海上飞行救助人员都要穿上防水服。

5. 直升机甲板吊运技术

1) 标准甲板吊运技术

对于标准甲板的吊运,需将绞车作业点放在船尾左舷。

航向:船舶选择的航向是顶风,左舷偏离风向 10°～30°。

轴线:绞车作业发出口令是以事故船舶的前后轴线为基准线。

方法:起始的相对旋停点大约在船尾 20 个单位。

撤离:撤离方向通常为远离船舶的前后轴线,船舶的前后轴线上必须保留净空。通常，偏后或偏左后方的撤离有利于飞行员持续利用船舶作参照。

2) 顺风甲板吊运技术

顺风甲板的工作程序和标准甲板的工作程序相反，绞车作业点在船头。其缺点是船舶驶向直升机，此时需要直升机更加稳定，且具有足够的功率可以超越船舶。

航向：船舶的航向是右舷偏离风向 10°～30°(顺风向加 10°～30°)。

轴线：绞车手发出的口令是相对船舶的前后轴线(前方对准船尾)。在作业中，如果飞行员呼叫"失去目标"，绞车手发出的口令就要转换为以直升机轴线为基准，然后飞行员根据绞车手口令安全移动，以便于重新获得悬停参照，评估悬停位置。方法是起始点大约距离船头 20 个单位，飞机顶风。机组人员应该考虑当直升机在偏离船舶航向时放下救生员。某些情况下，从协调时位置直接进入可能更加合适。

撤离：撤离方向必须远离障碍物。通常是往后、往左或往右撤离，大幅度往左撤离有利于直升机完全离开船舶和爬升，以及飞行员持续利用船舶作为悬停的参照。

3) 左到右甲板吊运技术

左到右甲板通常是绞车在船舶的后部或右后舷作业，此时飞行员的悬停参照主要在右边。如果为了避开障碍物需要将救生员放到右后舷，这种方法可能更合适。与标准甲板作业程序一样，这种方法的好处是在大多数情况下，船舶是在驶离直升机。

航向：船舶的航向是风向加上 90°。

轴线：绞车作业发出的口令以直升机轴线为基准线。

方法：直升机顶风与船舶相对悬停，距离船舶大约 20 个单位。绞车作业点放在正前方至三点钟位置之间比较合适进入的轴线上。

撤离：撤离方向必须避开或远离障碍物。通常，往后或往左方的撤离更有利于飞行员持续利用船舶作为悬停参照。

4) 右到左甲板吊运技术

右到左甲板通常是绞车在船舶的头部或左舷作业，飞行员以右侧为主要参照。这种吊运方法主要是为了避开障碍物，救生员需从船头进入，但不利条件是船向直升机行驶，必须检查直升机是否有足够的功率。如果吊运点在船舶中间，必须注意直升机左边的障碍物。

航向：船舶的航向是风向减去 90°。

轴线：绞车作业发出的口令是以直升机轴线为基准线。

方法：直升机顶风与船舶建立相对悬停，距离船舶大约 20 个单位。绞车作业点放在正前方至三点钟位置之间比较适合进入的轴线上。

撤离：撤离方向必须远离障碍物。一般情况下，往后往左的撤离方向可让飞行员继续使用船舶作为悬停参照。完成绞车作业时，往左往前的撤离方向可能较为合适。

5) 无动力甲板吊运技术

如果船舶没有动力或者处于锚泊状态，就可以使用无动力甲板的工作程序。

详细侦察：直升机的悬停点应该避免下旋气流对小船造成影响。

航向：根据船舶的状态，选择一个较理想的绞车作业区域(大多数船将会受风影响而与风成 90°)。

轴线：绞车作业发出的口令以直升机轴线为基准线。

方法：大多数小船特别容易受到直升机下旋气流的影响而转向，可考虑采用如下两种方法。

(1) 当船舶的航向发生较大变化时，直升机应维持在顶风航向。尽管船舶在直升机进近到绞车作业点时可以提供直线参照，飞行员还是应该以海面为悬停参照。绞车作业点应该选择在进近轴线上任何合适的地点，通常在正前方与三点钟位置之间。船舶可能会转向，障碍物可能会相对直升机移动或离开视线，因此要适当调整高度。需要说明的是，大风时下旋气流若不影响船舶，船舶就会变成一个静态的目标。

(2) 如果风很小，飞行员能够根据船的移动而改变航向，就可以采用其中一个传统的甲板工作程序。飞行员要确保有足够的动力，不但要保持直升机与船舶的相对位置，还要有足够的动力在最坏的情况下吊起人员。

撤离：无动力甲板不需要提前协调撤离方向，由绞车手给出正确的撤离方向。

6) 平行甲板吊运技术

该技术通常在高绳吊运时使用。通常在顶风的情况下，当吊运点在船舶的左舷，直升机能够与甲板平行时，就可以使用平行甲板吊运技术。

轴线：绞车作业发出的口令是以直升机轴线为基准线。

方法：直升机的定位应该使绞车作业点在直升机的正侧方 5~10 个单位。直升机速度要调整到与船舶速度匹配。当救生员在空中时，直升机移动到绞车作业点。在此期间，船舶可能脱离飞行员的视线，待救生员到达甲板，直升机就可以向左移离，直到飞行员恢复到能以船舶作悬停参照，同时绞车手放出钢索或高绳。

6. 直升机高绳使用技术

若绞车作业空间很小或有障碍物，或海况差，船上的危险物(如桅杆、吊机等)高，船舶摇晃，直升机在吊运点上方悬停时不安全，或幸存者较多等特定的环境，绞车手可以在绞车吊钩上附带一根易断绳，以加快绞车作业进程，提高安全系数。常用的高绳使用技术有以下几种。

1) 人工将高绳垂直地放到甲板上

首先，将顶端的登山扣钩到绞车吊钩上，挂重连接到底部的登山扣上。其次，在充分考虑直升机下旋气流对遇险船舶影响的前提下，直升机向遇险船舶接近，绞车手固定好高绳背包，调整绳子高度，当到达遇险船舶上空时将高绳的挂重放到甲板上，直升机移至安全位置，离开调运点 5 个单位左右。最后，救生员穿上救助吊带，把自己连到绞车吊钩上，抓住高绳的把手。通过无线电通报，船员拖拉高绳引导救生员到达安全区域。一旦出现险情或救生员无法承受绳子的张力，救生员可松开把手，让负载落到易断绳上，从而实现直升机与高绳的分离。

2) 将高绳拖拉到船上

将高绳拖拉到遇险船上是最基本的高绳使用技术，即选择遇险船舶周围有一定净空的地方放下高绳，绞车手指引直升机移动，使高绳的挂重放到船员或幸存者能够达到的船甲板上。然后，救生员穿上救助吊带，把自己连到绞车吊钩上，抓住高绳的把手，通过无线电事先通报船员，拖拉高绳引导救生员到达安全区域。

3) 救生员带高绳到船上

救生员将高绳背包上两个快速扣连接到其救生衣上，将顶端的登山扣连接至绞车吊钩上。直升机移动至遇险船甲板上空，将救生员放到甲板上，救生员到达甲板后立刻和绞车吊钩脱开，并打开背包放出高绳。然后，直升机从正上方移开，直到飞行员找到一个好的悬停参照物，以及等待位置(通常距离吊运点正上方 4～8 个单位，可在直升机失去动力需要迫降时为直升机提供足够的迫降空间)。

3.6.3　落水人员水面救助技术

1. 大型救助船救助落水人员

大型救助船载客量大，续航力和抗风浪能力强，可较长时间在海上连续作业，适合群体性人员救助；也可为潜水、直升机提供作业平台，为救援作业提供必要的支持和保障。但是，大型救助船重量大、惯性大，接近水中人员时极易发生撞击而造成二次伤害。同时，大型救助船操纵性差，容易错过接近水中人员的短暂时间。此外，大型救助船甲板较高，即使风平浪静也不利于将水中人员拉上船。因此，针对大型救助船救助落水人员通常需要借助灵便型救助设备实施救援。

1) 利用捞具救助技术

在恶劣海况下，若波高超过 3.5m，大型救助船放出艇筏救人难度较大，通常采用捞网、吊篮等救生捞具实施救援。在救援过程中，救助船需要先抵近落水人员。通常救助船通过调整船舷迎风，从下风向接近待救者，采用变距桨调整速度，采用侧推器调整舷向，将舷侧捞具置于待救者漂移的路径上，等待救者漂入捞具后将其吊回；或者等救助船接近待救者后，在其侧保持与其同速漂移，用侧推或全方向舵推进器转动船首，使待救者从侧面进入捞具。需要注意的是，救助船抵近待救者后速度越慢越好，让待救者漂入捞具，避免船体或捞具对待救者造成二次伤害。若从上风接近待救者,由于船舶比水面人员受风面积大,漂移速度更快,控制救助船接近落水人员的速度和距离难度较大。

2) 救援人员下水救助技术

当营救丧失知觉或受伤的落水人员时,若海况允许,往往需要派遣专业救生员下水施救。专业救生员下水施救时首先要根据水温和天气情况,合理穿戴救生服、头盔、挽具和拉绳;其次安排专人照料下水的专业救生员,展开安全拉绳,牵住拉绳绳端。专业救生员抵近待救者时用马蹄形救生圈套住待救者,或将其系在适当的浮具上,或直接从背部抱住待救者,由其他船员拉住安全拉绳将他们拉回救助船。

3) 气胀式登船梯救助技术

专用气胀式登船梯可供落水人员爬上救助船甲板,也可供救援人员顺着斜坡迅速抵达水面营救落水人员。

2. 灵便型(快速)救助艇救助落水人员

采用灵便型救助艇或快速救助艇营救落水人员,或靠近遇险船接人是最普遍的救援方式。灵便型救助艇形体小、操纵灵活、干舷低、艇体和护舷弹性好,通常停泊在港口水域待命,或装载于大型快艇上。体型更小的快速救助艇重量轻、吃水浅,已广泛应用于船载或放在陆地拖车上备用。先进的快速救助艇通常具有自扶正功能,甚至可以180°自动浮正,加之航速快、机动性强,被称为水上救生的利器。

1) 船载快速救助艇的收放技术

通常,船舶在水上受风漂移的速度远大于落水人员,在下风方向可避免漂移撞压遇险者,且顶风有利于操纵艏向和船位,保持与落水人员的距离。此外,收放艇时母船大幅度横摇增加与小艇相撞的风险,顶风可减少母船横摇幅度。鉴于此,救援时船载快速救助艇的收放技术主要有三种:一是载艇母船应驶近落水人员的下风附近安全距离处,顶风顶浪,选择两个波群高差较小的间隙将艇放下,小艇入水后艏向要与母船保持一致,直接顶浪接近待救人员,这有利于艇顶浪安全航进和返回后最终顶浪进入起吊位置;二是母船艏向偏开浪向30°左右,使下风舷形成一定程度的遮蔽风浪区,从而在下风舷放艇;三是放艇后,救助母船顶风驶至落水人员的偏侧上风方向,以便小艇救人后直接顶浪进入起吊位置。

2) 灵便型(快速)救助艇从下风向接近落水人员技术

灵便型(快速)救助艇从下风向接近落水人员时,艇艏将迎受风、流、浪等因素的作用。当接近落水人员时,必须降低船速并短时倒车停止前进,以免碰及落水人员。当落水人员靠近舷边时,调整艇侧的救生位置靠近落水人员,尽量保持艇位相对不变,将遇险者救上。救人上艇期间,艇应始终顶风顶浪,注意合理控制用车，避免出现艇越过落水人员或艇漂离落水人员的现象。如果落水人员漂移到船后方，不得试图倒车接近落水者或从艇尾将人救上，严防艇尾螺旋桨伤害落水人员。

3) 灵便型(快速)救助艇从上风向接近落水人员技术

除非水域受限，救助艇通常应从下风向接近落水人员。若条件受限，无法从下风向驶近落水人员，则可以考虑从上风向驶近，但需警惕出现因上层建筑或艏受风面积大而无法转向顶风的局面。操船到达落水人员的上风或上流位置后停车，使船漂向水中人员。此时需确保船侧救生位置紧贴落水人员而不会压过落水人员。如果救助艇舵手技能娴熟、经验丰富，可以联合使用上风向接近和下风向接近的方法完成对多人的营救。

4) 灵便型(快速)救助艇搭救落水人员上艇技术

对于可以探身救人的小艇，可先由两名艇员将落水人员拉上救助艇，放到船帮上坐下，然后扶着获救者放平身体转入艇内；若只有一名艇员救人，则可让落水人员面向船艇，将其提出水面，通过螺旋转动提上船；对于两舷为圆柱浮体的小型快速救助艇，可托住落水人员的头和颈部将其放平，然后将其轻缓地翻到艇内；对于干舷太高的小型快速救助艇，可使用绳子的马项套方式将落水人员提上船；当落水人员很重时，可采用多根套绳滚动法，即用两根粗缆绳将其拉上艇。

3.6.4 伤病/被困人员转移技术

1. 从大型遇险船艇转移人员技术

1) 救助船/艇傍靠大型遇险船艇转移人员技术

当海况较为平静时，傍靠转移遇险人员是最理想的救助方式。针对大型遇险船艇，救助船/艇可在遇险船艇的下风傍靠，驶靠之前在靠船的舷侧放下充气橡胶碰垫，并备妥灵便型碰垫。

对于仍具有操纵能力的大型遇险船，可保持稳定的航向微速航进，如有可能，为救助船/艇创造一个下风位置。需要注意的是，在遇险船螺旋桨停转及排出流平息前，救助船/艇不要驶靠大船。救助船/艇要以约30°角从遇险船后方追上，逐渐调整船速与遇险船同步，调整航向平行靠向遇险船的人员离船点。傍靠期间，救助船/艇不得过于靠近遇险船的尾部，注意应对遇险船螺旋桨滑流对救助船/艇的影响。

对于失控随风漂移大型遇险船，救助船/艇可根据遇险船的漂移姿态，使艇艏处于顶风方向，并据此确定驶靠遇险船的方向。若遇险船漂移姿态不利于傍靠，条件适合时可考虑要求遇险船抛锚或拖锚，然后用驶靠锚泊船方法傍靠。

对于已锚泊的大型遇险船，无论遇险船艏向是随风、随流，还是风流不和，救助船/艇均应从遇险船艉部方向驶近，但若遇险船不是艏正顶风，救助船/艇可选择从遇险船下风舷侧傍靠。

救助船/艇傍靠就位后，使用过舷设备将遇险人员转移到救助船/艇上。救助船/艇应使本船甲板或上层建筑平面与大型遇险船离船点高度相近的部位相靠，尽可能在水平方向转移人员。大型遇险船人员离船的方式有很多，可利用升降舷梯、引航员梯、克令吊和担架、可吊式救生筏、吊货网，以及客船配置的救生滑道或滑梯等。遇险人员转移完毕后，救助船/艇转动以艉侧部顶住大船，使船艏逐渐偏开大船，偏开一定角度后，缓慢加速，待艉部清爽后，进车迅速驶离大船。

2) 救助船/艇触靠大型遇险船艇转移人员技术

若海况环境不适于傍靠遇险船，救助船/艇可以利用浪群间较平静的间隙，以艏侧或艉侧适当部位和角度短时间接近遇险船离船点位置触靠遇险船，快速接人离开。触靠最好选择遇险船舷侧平缓且不受浪击处，避开遇险船艏艉凹进部分。救助过程可能需要救助船/艇在待转移人员离船点停留几分钟，救助船/艇不要系任何缆于遇险船，但应在触靠点备妥灵便型碰垫，待人员转移完毕，救助船/艇应迅速驶离。通常，三用拖船以艉侧触靠接近较易操纵，接人后可进车迅速驶离；救助快艇以艏侧或舷侧触靠，接人后逐渐改变航向偏开遇险船的艏向，缓慢加速直至清爽。需要注意的是，触靠只适于转移少量人员，且需要待救人员具有独立登船的行动能力。

3) 担架转移遇险人员技术

利用担架从一艘船向另一艘船转移伤病人员时，应尽量利用遇险船本船的担架。若条件允许，担架需配备漂浮装置和系有安全绳的柔性浮具，以防意外浸水；若担架未配备漂浮装置，可以给伤病人员穿上防浸救生服或在担架上放置防浸救生服。需要注意的是，尽量避免把伤病人员绑在担架上，以防担架在水中侧倾致使伤病人员面部朝下。

4) 释放救生艇/筏或其他浮具转移遇险人员技术

当救助船/艇无法接近遇险船时，若海况允许，可采用释放救生艇/筏或其他浮具转移遇险人员的技术。处在上风的遇险船可在下风舷放出救生艇/筏，或使用柔性浮具漂送至下风的救助船/艇。救助船/艇在遇险船下风方向顶风等候时应避开遇险船的漂移路径，接近救生艇/筏将人救起。相比遇险船释放救生艇/筏，救助船/艇释放救生艇/筏需要放出和收回两个过程，时间更长。采用救生艇/筏转移遇险人员时，被转移人员穿着适当的个人救生装具，不得超载。如果无法将救生筏收上船，可根据具体情况考虑拖着它或将人员救上船后抛弃。

若海况不允许，无法释放救生艇/筏，可采用释放其他浮具转移遇险人员的技术。救助船/艇可传送缆绳给遇险船，或者遇险船在上风传递缆绳给救助船/

艇，遇险船在缆绳上系救生圈或防浸救生服，由救助船/艇将遇险人员从水面拉至救助船/艇。

5) 船载快速救助艇转移遇险人员技术

在风浪中，当大型救助船/艇难以靠近大型遇险船转移人员时，可采用船载快速救助艇转移遇险人员技术。小型救助艇有较强的弹性护舷，并具有体形小、操纵灵便的优势，可近距离地保持在适于接人的位置将人从遇险船接下。

2. 从水上转移陆上遇险人员技术

针对发生在遮蔽水域或码头，伤病人员急需通过水上转移，或者发生在无遮挡或充满危险的地点，比如需要营救被涨潮隔断在浅滩或礁石上的人员、被风浪吹送到危险岸边而无法从陆上营救的人员、被困在孤立危险地点的人员等，通常需要从水上转移遇险人员。

救援人员到达现场后，救援指挥员应结合现场情况评估是否已经与遇险人员建立通信联系；是否存在紧急危险、体温过低、受伤、饥饿、缺水等情况；可否空投紧急维生、保暖、保护、救生物品；转移人员有哪些风险，如海况、是否对救生人员产生二次伤害、地理危险等；本船是否有安全转移人员的能力，如是否有船员、快速救助艇、救生筏或救生浮具等；如果需要等候直升机或等候环境条件改善或其他更适合的救助单位到来后再转移人员，会有何后果；是否存在其他转移人员的方法等。然后，选择合适的救助转移技术。

1) 使用快速救助艇转移技术

实施救助前，选择一块海上及陆上都无障碍且受波浪扰动最小的登陆区，接近登陆区后停留观察所选择区域海浪的运动规律，选择合适的驶进角度，既能方便驾驶员看到登陆区，又能避免船艉正向受浪。海浪相对较小时及时驶靠岸边，接下遇险人员。救助期间需要注意救助艇停住时易失控；遇险人员登艇时救助艇可能触滩；在转移过程中，所有人员必须穿密封救生服或救生衣。

2) 漂送救生筏转移技术

实施救助前，选择合适的释放救生筏地点，利用风、流驱使救生筏漂向海滩。送出救生筏前，可根据风的情况和人员登筏的便利情况考虑救生筏顶是否处于充气状态。如果现场条件不允许救生筏自行漂向岸边，可以使用抛绳器发送引绳、引缆，或用小漂浮物带漂浮缆的方式向岸边送一根引缆。释放救生筏时应将救生筏筏体充气，并连接足够的可送至海岸的缆绳。从救生筏向救助船/艇上转移人员非常困难，尤其当海面不平静时。救助船/艇上需配备易于操控的把柄，以便遇险人员由筏上船。

3. 救生艇/筏上人员转移技术

1) 全封闭式救生艇/筏上人员转移技术

为给遭遇突发险情的弃船遇险者提供良好的生存平台，许多船舶选择配备全封闭式救生艇/筏。然而，由于全封闭式救生艇/筏浮性较好，在海上极为动荡活跃，加之其处于封闭状态，从救生艇/筏向救助船/艇转移人员变得异常困难复杂。通常，从救生艇/筏向外转移遇险人员前，要评估立即转移人员是否安全和必要；是否需要等待天气和海况好转，或者是否需要使用其他救助方式；直接拖带救生艇/筏是否安全和适当。诸多救援实例表明，幸存者在救生艇/筏内比较安全，但在恶劣海况下，救助船/艇靠拢救生艇/筏时的撞击将严重威胁救生艇/筏内人员的安全。

2) 开敞式救生艇或普通气胀救生筏上人员转移技术

对于开敞式救生艇或普通气胀救生筏，如果条件允许，应尽快转移遇险人员到救助船/艇。通常，从救生艇/筏下风驶近后，将救生艇/筏置于救助船舷旁，保持两船同速漂移，递送一根缆绳给救生艇/筏作为艏缆，利用艏缆和顶风作用使救生艇/筏自然靠拢救助船舷旁。救助船调整艏缆长度使救生艇/筏贴靠在干舷较低的营救区舷旁，如有需要还可为救生艇/筏系带艉缆。如果救助船干舷较高，应放出软梯等可供登船人员临时落脚的设备。

对于操纵性能好的救助船/艇，也可从救生艇/筏的上风接近，快要接近时转为偏侧受风漂靠救生艇/筏，使救生艇/筏位于本船下风的遮浪区而减小跳荡。救生艇/筏处于下风遮浪区时，既可主动驶靠救助船/艇舷旁，也可原地收起海锚，由救助船/艇投缆拉靠营救区域。

4. 失火船上遇险人员转移技术

营救失火船的任务极其困难危险，因此对失火船救助需遵循如下原则：①优先营救船上人员；②防止失火船危及他船或第三方；③减少失火船的财产损失。

实施救助时，首先从船上或水中营救处境最危险的人员，清点遇险船的人员数量。如果火势很小，可以派遣一名合理穿戴防护服、携带必要防护装具及通信工具的救助人员登船搜救遇险人员。为转移失火船遇险人员，如需接近失火船，应从失火船上风接近，尽可能利用船头对船头快速转移人员。若条件允许，应要求失火船的全体船员在船头重新编组，尽可能一次完成接人作业。若无法实施船头对船头接人，应当建议起火船上的船员穿上密封救生服或防护服跳到水里，从水中将其救起。

对处于狭窄区域而可能危及其他船舶或构造物，或阻塞航道的失火船，可先将其拖带至安全区域，再扑灭火灾。

3.6.5　翻扣船水下人命救助技术

1. 翻扣船浮态稳定技术

对于小型船舶，翻扣后剩余浮力小，在风浪、擦碰等外力影响下容易出现浮态失衡侧翻而危及被困人员和救助人员的生命安全，必须进行可靠的捆绑固定以策安全。

捆绑固定翻扣船的方法主要包括：两船联合捆绑，将翻扣船置于两艘救助船之间，两艘救助船分别带缆，合力将翻扣船托在水面上；单船捆绑，将翻扣船绞到救助船舷侧，进行带缆捆绑。两船联合捆绑作业复杂，翻扣船的平衡效果好，救助船的单船负荷小；单船捆绑作业相对简单快捷。

捆绑作业时，大型救助船不能直接去靠翻扣的小船，应该在适当的距离把船停住，用小艇带缆，将翻扣船绞到救助船的舷侧，防止兴波、擦碰等破坏翻扣船的平衡。同时，要估算救助船的排水量，计算捆绑翻扣船的绳索、属具的安全负荷，分析翻扣船一旦浮力丧失对救助船横倾的影响程度。捆绑缆绳的布置方式既要保证提供足够的抬升力，确保翻扣船舱内空气泄漏时不会出现明显下沉，又要保证翻扣船纵向、横向受力平衡，以防倾覆，还要充分考虑实施的便捷程度，缆绳和属具不能过于笨重，以压缩捆绑作业所需要的时间。完成捆绑后，救助作业期间仍然要连续监视翻扣船的浮态和附近船舶的通航情况，防止翻扣船的浮态发生异常变化。

当需要潜水员水下带缆时，潜水员带缆作业前应尽可能清除障碍，防止翻扣船周围的杂物，特别是网具与潜水员发生纠缠。同时，要注意避开救助船与翻扣船之间的危险区域。

对于大型船舶，翻扣后剩余浮力较大且独立分舱较多，或者翻扣船处于稳定的搁浅状态，可预期的外力不会引发下沉、侧翻等危险，可以直接采取行动救助舱内被困人员。

2. 被困人员的生命维持技术

探寻到舱内被困人员后必须及时采取措施维持被困人员的生命，以延长有效救助时间，防止被困人员在救助作业期间由于低温、缺氧、恐惧等死亡。

对于舱室内残余空气较少的翻扣船，潜水员到达现场后应及时向舱内输送新鲜空气。但是，向舱内供气应要适量，以防翻扣船发生起浮、侧翻等危险。

救助作业期间，应经常用敲打船底、通过海底门喊话等手段，与舱内被困人员保持联系，消除他们的恐惧心理，激励他们的求生意志。

当遇到潜水员能够进舱，但无法立即将被困人员带出水面的情况，应尽可能帮助被困人员脱离海水的浸泡，及时补给淡水、食物、手电和保温用品等物资，安抚他们耐心等待。

3. 潜水员进舱救助技术

1) 进舱通道安全清理技术

船舶翻扣后，经常出现甲板上的绳索、网具散布，舱内杂物往低处滚落堵塞梯道的现象。潜水员进舱前必须先清理好通道，以防进舱后被杂物堵在舱内，无法退出。清除这些障碍，必须由外而内，循序渐进。潜水员第一次进舱应携带导向绳，先清除进舱入口的外围渔网，再打开舱门并加以固定，然后彻底清除通道内的杂物，确保潜水员在后续作业中有一条安全、通畅的往返通道。

2) 被困人员安全出舱技术

找到被困人员后，不能急着向外救人，要先观察他们的精神状态，稳定被困人员的情绪，教会他们使用潜水装具，再分批次带他们下潜出舱。在带被困人员出舱的过程中，潜水员要时刻关注被困人员的情绪和举动，防止被困人员惊慌中给潜水员造成危险和麻烦。

3.6.6　油品泄漏应急处置技术

1. 水面油污救助抛锚布场技术

救助船到达现场后先观察现场风向、水流，以及污染物种类、数量、漂移等情况，对救助方案进行针对性调整。若有污染源需要封堵，则根据污染源封堵方案对泄漏破洞或裂缝进行封堵处理，防控污染扩大；若污染呈带状漂移，且无污染源需要处理，则可以不进行抛锚布场而进行漂流作业。这种情况对施工驳船的机动性要求较高。

2. 水面油污清除技术

1) 人力回收油污技术

通过人工作业将溢油聚集、回收、处理的工作量尽管巨大，但是最有效、最彻底的污染物处置方法。先使用围油栏把溢油聚集起来，再组织人员撇舀或使用吸油棉等吸附溢油，回收吸附材料并运回岸基后进行最后的处理。水交换滞缓海域适宜用吸油材料来回收溢油。

2) 机械回收油污技术

对于有一定厚度的油层，通过油污回收系统和相关设备，将油污进行聚集、回收、处理。该方法必须有足够大作业甲板的船舶作为工作平台，动用设备多、工作量大，成本比较高，但对污染的清除彻底有效，是国内外专业清污队伍清污的首选方法。它需要使用围油栏先把溢油聚集起来，再使用撇油器将溢油回收至受污船舶，最后运回岸基后进行处理。

3) 水面油污化学消融技术

通过化学分散剂(消油剂)将水面油污混合在水体中或降沉到水底，再经过较长时间让水生物去降解、清除。消油剂分为常规型和浓缩型两种，主要区别在于活性物含量的高低。一般消油剂的用量为溢油的 20%～30%(常规型)或 10%～20%(浓缩型)。先用围油栏把溢油聚集起来，再喷洒消油剂使溢油沉降。消油剂一般适用于油层厚度小于 0.5cm、稀释能力强，且邻近没有环境敏感区、水温在 15℃左右的开阔海域。

4) 水面油污现场焚烧技术

通过聚集、点燃、焚烧水面溢油的方式来处置溢油。受污油的种类、性能、防火围油栏、周围环境等因素的制约，使用的机会和概率比较小，国外有记载的屈指可数，国内尚无记录。使用时需要使用防火围油栏先把溢油聚集起来，再进行焚烧。

5) 水面油污生物修补技术

通过食油菌的培养、繁殖来消除油污染。生物降解法机理复杂，成本昂贵，大多停留在理论研究层面。

3.6.7　非油危化品泄漏处置技术

不溶或难溶于水的液态有毒化学品品种繁多、性能各异。似油类有毒化学品液体的清除可以仿照油污清除方法清除，其他品种可以查阅其性能、生产厂家及消除方法，再根据实际情况有针对性地采取处置方法，使用相应的设备和材料。

1. 危化品泄漏探测技术

检测是危化品事故应急救援的关键环节，当前常用的危化品泄漏检测装备通常只能检测单一气体或几种气体。即便多种气体检测仪也只能对常见的几种有毒、有害气体进行检测，而水上运输危化品的种类众多，发生重大危化品泄漏事故时救援人员获取危化品的种类、性质及潜在危险性的难度较大。

2. 管系裂缝带压封堵技术

管系裂缝带压封堵作业前，要根据气体毒性、易燃易爆性、气象条件、泄漏部位的大小、罐体内压力等评估作业风险。对于泄漏环境封闭、通风条件差、无风、高温、低气压、有雷雨、易燃易爆性高、剧毒等区域，不得进行堵漏作业；对于泄漏环境暴露在甲板上、有较大的风，且危化品爆炸极限下限较高、泄漏范围较窄的情况才能采取堵漏作业。

作业船舶主机和辅机应有烟囱火星熄灭装置，在遇险船上风位置缓慢接近遇险船，尽量不要突加负荷，并且应避免正上风位置，防止主辅机、锅炉、炉灶黑烟飘至泄漏点。同时，作业船舶要提前布置好舷边碰垫，防止风浪作用导致两船直接贴靠产生的风险。

在救助作业过程中，作业船舶应提前开启船上可燃气体监控系统或其他手持式气体检测仪，从上风处接近，检测危化品船周围危化品的气体浓度，如有报警随时撤离。上述检测活动可由无人机或直升机执行。无人机对泄漏区域进行实时监测，并将监测数据实时发给指挥船。封堵作业前，作业船舶对遇险船进行全船喷淋作业，减少静电荷积聚，切记喷水前应观察甲板面是否有金属物品，防止其滚动产生火花。组建二人作业小组，根据气体毒性和易燃易爆的特性确定防护类型。作业人员要着安全帽、防静电防护服和鞋、碳纤维空气罐，一人携带专用堵漏工具，另一人携带小型喷雾水管掩护及协助，作业人员应采取上风接近泄漏点，作业时脸部不要面对喷射口，如遇喷射方向与风向不一致，堵漏人员要迂回到两者夹角最大处区域。对携带工具、装备的要求是避免金属外漏，防止人员跌倒、物品掉落引起火花，因此堵漏工具及装备金属部分需要进行镀塑或包扎橡胶、塑料等防护处理。

3.6.8 破损船舶快速封堵技术

破损船舶快速封堵技术适用于破损不严重、有可行封堵方法、有足够作业时间及作业环境的破损遇险船的救助。

1. 船体破洞封堵技术

1) 水线下船体破洞封堵技术

对于小型洞(76mm)，可采用木塞堵。孔大时，圆形和方形木塞混用，堵后用油麻丝堵塞。小于堵漏板的破口可用堵漏板或堵漏箱堵塞；大于堵漏板的破口先用堵漏毯堵住控制其压力，再做水泥型箱，灌进调好的水泥浆，破口处敷设钢筋或铁丝网，型箱侧壁装引流管，水泥凝固后再用木塞塞住。

2) 水线上船体破洞封堵技术

水线上船体破洞在舷内外都可堵塞，但从外向里堵比较可靠。小的破口，各种器材均可使用；大的破口，可用床垫和撑柱进行撑堵。

2. 船体裂缝封堵技术

封堵裂缝时不能直接用木塞或木楔打入，以免裂缝扩展，最好用堵漏螺杆加垫板，或在裂缝两端打止裂孔，再用木塞堵住。当情况许可时，可采用机舱的电焊设备进行焊补或用黏合剂粘补等方法。

3. 舱壁支撑技术

货舱破损进水后，水位越高，压力越大。为了防止舱壁压裂，应在邻舱舱壁处用垫木、垫板、支柱、木楔等进行支撑。支撑点应撑在水位的 1/3～1/2 高度处，使用垫板、垫木分散应力，支撑力应与舱壁垂直。

3.6.9 水下危化品处理技术

水下危化品处理技术是指对沉入水底，装有不溶、难溶于水的液态油料或其他有毒化学品容器的处置技术，通常是将容器内物品抽出并转移至安全地点再进行处理。

1. 水下勘测技术

虽然水下环境救助的紧迫性相对较弱，但是水下环境错综复杂，遇险船的状态受水流、汛期、恶劣天气等因素的影响经常发生变化，所以在清污之前，通常先进行现场勘测，了解水下真实情况。勘测人员随船携带潜水装具和生命支持设备、遇险船寻找定位工具(旁侧声呐、浅层剖析仪、鱼群探测仪、GPS 定位仪)和其他测量工具(测深仪、流速仪、水砣、量角器等)赴现场勘测。勘测报告必须客观、真实地了解遇险船(容器)的确切位置、实际状态(艏向、倾斜、倾差、破损、淤埋、泄漏等)、水底泥质、周围环境、现场水文(潮汐类型、流速、流向)及天气、勘测作业时间等与清污作业相关的要素，以及其他需要报告的事项。

2. 水下防爆铰孔机开孔抽取技术

水下排污作业人员按照劳动防护要求着装，打开气体浓度测试仪对现场进行监测，发现异常或超标时应暂停作业并查明原因，排除后再继续作业。准备并调试相关施工设备，尤其是关键设备，以确保正式施工的连续。待到达遇险船(容器)处，确认其状态与勘测时是否有变化，如果变化明显则调整或修改施工方案，根据方案和遇险船图纸选择并确认开孔位置。每个污(货)物舱室排污孔位置一般在污(货)物层顶部附近。海水补充孔的位置必须在污物层以下，原则上应保证不会造成污(货)物泄漏，能够正常进水的任何位置，通常是在舱室的最低部位。高温高压蒸汽进气孔的位置有其特殊的要求，一般在污(货)物层底面以上 1/3 至 1/2 处。利用打磨器或铲刀清洁开孔位置的船体(容器)钢板，检查并确认密封垫层与钢板间的黏合效果完好，用铆钉钉或其他器械将法兰底板牢固固定在开孔位置，并在底板法兰上安装球阀。球阀开启状态下，在球阀外侧安装水下防爆铰孔机(可使用提升袋等来减轻潜水员的作业强度)及其液压动力油管。确认连接状态无误后开启球阀，操作铰孔机钻孔。完成铰孔后，退出绞刀，关闭球阀，卸下钻孔机液压动力油管和钻孔机。按程序依次钻妥蒸汽进气孔、排污孔和补给水进水孔，进水孔球阀可以不关。在排污孔球阀外侧法兰上安装排污泵，接妥液压动力油管，再将污(货)物输送管的一头与排污泵出口连接，另一头与接收污(货)物的舱室连接。在进气孔球阀外侧法兰上安装蒸汽输送管的一头，另一头连接蒸汽锅炉蒸汽出口。确认连接状态无误后，打开进气孔、进水孔球阀，视情况可开启排污孔球阀，启动蒸汽锅炉，对污(货)物进行加热。待污(货)物可以轻松排出时，甲板人员开启液压动力站，调控输出压力，驱动水下液压排污泵，开始抽出污(货)物。在污染物抽出过程中，全时安排人员值班，检查并记录相关情况，直至泵出水时暂停。

然而，在实际排污操作中，排污孔位置不一定在污(货)物层的顶部，通常需要对舱室进行扫舱，即经进水孔向舱里压入空气，将污(货)物层顶部下压至排污孔及以下，再次启动排污泵即可将污物排净。完成排污后，关闭排污孔球阀，卸下污(货)物输送管、排污泵动力油管、排污泵，关闭进气孔球阀，卸下蒸汽输送管。

作业期间需特别关注现场施工驳船(作业平台)的锚固情况；潜水作业的安全情况；接污(货)物驳船的防碰及其接污舱室的接纳情况，及时更换接纳舱室；主要设备特别是蒸汽锅炉的运行情况；污(货)物泄漏的可能及其预防。

3.6.10　船舶脱浅技术

搁浅是指船舶搁坐于浅滩、礁石或其他水下障碍物上。搁浅后容易发生船舶破损进水、倾斜，乃至侧翻等危险，也可能引发环境污染等次生事故，因此对搁浅船舶应及时施救。

1. 利用潮高脱浅技术

利用潮高脱浅技术是搁坐船舶脱浅的首选方法。该技术适用于现场有潮差且遇险船不在最高潮位时搁坐，尤其是低潮至半潮搁浅的所有遇险船。

2. 遇险船用车舵脱浅技术

遇险船用车舵脱浅技术适用于车舵完好，且具备使用车舵的水深和环境的所有船舶，是一种便捷、高效的常用脱浅方法。

3. 拖船拖带脱浅技术

拖船拖带脱浅技术适用于搁浅不太严重，且周围具有允许拖船进行作业的水深和环境，是一种简洁、高效的遇险船脱浅方法。

4. 工作锚绞拖脱浅技术

工作锚绞拖脱浅技术适用于遇险船搁浅严重、自身缺少动力、现场底质相对较硬、坡度相对平坦、能保证工作锚受力的遇险船脱浅。

5. 货、油、水卸/抛载脱浅技术

货、油、水卸/抛载脱浅技术适用于搁浅严重、自身重载、具备载货移位设备和作业环境的遇险船脱浅，可明显减小搁坐力，改善浮态和保护遇险船强度，使用广泛。

6. 移载与压载脱浅技术

移载与压载脱浅技术适用于一端搁浅另一端漂浮的触礁搁浅船舶的脱浅，且遇险船舶强度许可，满足移载和压载条件，同时具备移载、压载设备，拥有便于移载与压载作业的环境。

7. 浮吊、驳船或浮筒抬浮脱浅技术

浮吊、驳船或浮筒抬浮脱浅技术适用于搁浅严重，尤其是较高潮位搁浅的轻载船，方便外力组织、满足外来设备作业环境的遇险船脱浅。

8. 封堵抽水脱浅技术

封堵抽水脱浅技术适用于由船体破损进水导致吃水增加而搁浅，且船体损坏程度可封堵，现场具备作业条件的船舶脱浅。

在救助实践中，通常需要综合使用上述技术方法才能完成脱浅船舶的救助。具体脱浅救助操作要点如下。

(1) 固定船位。当救助船到达现场后，为防止遇险船在风浪和潮流作用下的磋底、打横、移位、搁浅加剧和破损加大，必须在救助船到达后第一时间对遇险船进行船位固定。通常在决定船位的船首或船尾、水流或风向的上游、下游适当位置抛固位锚。锚的大小和锚链、锚钢缆的长度均应保证固位需要。当锚抓力不够时可以考虑抛串联/并联锚，或采用锚链与锚钢缆组合式连接锚和船体，需要时也可以考虑向压载舱、货舱注入压载水的方式来固定船位，待脱浅时再将压载水排出。在选择抛锚点，决定锚链、锚钢缆长度时，应充分考虑航道的许可、出浅需求等因素。注压载水固定船位时，要充分考虑遇险船的强度，一般按先压深舱再考虑货舱的顺序。

(2) 船位固定后，根据抛锚布场方案组织工程驳船进点开展救助工作，并采取有效的防碰撞措施。抛设脱浅工作锚时要注意锚、锚链、锚钢缆及遇险船船

体固定点的连接必须安全可靠,特别是船体固定点的抗拉强度必须满足绞拖力的设定。

(3) 按照救助方案,拖船及其他施工驳船到达后,要有序对遇险船载货进行移载。其间必须严格按照移载方案的进度执行,随时检查吃水变化并与方案预计吃水情况进行对照,如有意外要及时分析原因并调整计划。同时,要根据接货船驳的抗风浪能力采取有效的防碰撞措施。采取压载固定船位时,必须根据卸载进度增加相应数量的压载水,以策安全。

(4) 封堵抽水。按照方案和相关工艺对遇险船破损舱室进行封堵,如果破损在机舱部位,应在抽水前将防腐洗舱药剂送达现场,以防止机舱设备出水后被氧化腐蚀。

(5) 脱浅实施前,必须先评估各种脱浅方法的实施效果,分析每种方法实际分担脱浅力的大小,评价脱浅实施的可行性,以确定最佳脱浅方案。脱浅期间务必谨慎操作并注意船体可能发生的各种变化,出现异常要及时排查原因,排除后(或依然处于可控状态)方可继续作业。

针对油船、液化气船和易燃易爆化学品船的脱浅作业,要注意应由专业人员在现场建立防静电操作程序;现场避免使用钢缆进行绞拖作业,应使用强力尼龙缆;卸货输送管路应光滑,最好走直线管路方式;施工现场配备气体测试仪和大功率轴流风机进行强排风;施工人员应穿防静电工作服和工作鞋,禁止穿着化纤料服装;对无惰性气体的货油舱压载时,应尽量满舱进行,防止油污水因摇晃生成静电,有条件时宜对油舱补充惰性气体;严禁在甲板上吸烟和明火作业,加强甲板巡查,防止火情发生;配备足够适用的消防力量。

3.6.11　船舶浮态调整技术

1. 无破损船舶浮态调整技术

对于船体无破损,但不具备拖航条件的船舶可参考表 3.39 处理。

表 3.39　船体无破损时浮态调整技术

序号	类型	解决技术方法
1	没有储备浮力	考虑现场卸载或增加浮筒等抬浮手段,保证遇险船有足够的储备浮力,并能安全拖抵至避难港口,以便于采取进一步的救助措施
2	吃水差异常(包括大角度倾斜)	先考虑调载水、油的可能性,若无该可能性,则考虑卸载或增加浮筒等抬浮手段
3	稳性未达到要求	先考虑抽排舱内进水,增加浮力和减少自由液面的影响;将甲板或上层货物往下移载至舱内,降低重心高度,再考虑卸载或增加浮筒等抬浮手段

续表

序号	类型	解决技术方法
4	船舶强度未满足要求	先考虑油水调载的可能性，再考虑调载、卸货或增加浮筒等抬浮手段
5	不具备拖缆系柱条件	若艏楼甲板破损可改为在艏部系柱，拖力点强度不够，可采用串联系柱、分散拖力
6	舵、螺旋桨未满足拖航条件	若船体外部舵系受损，应临时固定舵叶；拖航时应固定螺旋桨
7	破口对拖航有碍	针对破口实际情况采取堵漏措施，以减小拖航阻力
8	拖航中进水状态有恶化	针对进水原因，采取临时措施，控制进水，如采用浮筒、浮吊船等

2. 破损船舶浮态调整技术

一些老旧船舶经常由于船体裂缝、锈蚀渗水、舱壁锈蚀穿孔、甲板及其通舱附属物漏水等引发舱室进水，致使浮力损失、稳性失常。针对这类浮态异常的船舶，通常可以用大型泵组排水，直至其进水量处于可控、船舶安全的状态，再将其拖到就近港口修复。

3. 破损船快速调载与卸载技术

调载或卸载是破损船浮态调整常用的技术方法，即遇险船在具有一定储备浮力和稳性的前提下，通过调载或卸载使遇险船的横倾与纵倾恢复至适航状态。

1) 油、水的调载与卸载技术

若遇险船船体破损问题已解决，管系故障已排除，可利用船上油舱驳运系统对存油进行调载；利用船上压载水驳运系统对压载水进行调载或排载；利用船上货舱污水抽排系统排放舱内进水；利用救助用潜水泵抽排压载水，直至遇险船浮态恢复到适航状态。

2) 货物的调载与移载技术

若采取调载、排载油水措施之后船舶浮态仍未达到要求，可对货物采取调载与移载措施。

(1) 可溶性货物的调载与转载技术。对于散装可溶性货物，可用抓斗配合高压水枪等工具将其调成浆状，用泥浆泵之类的机械传送转载；对于有包装可溶性货物，可在泥浆泵吸口周围挖一个坑，派人下舱割开包装，用高压水枪将货物冲成浆状，再由泥浆泵将货物排出舷外。

(2) 不可溶性货物的调载与卸载技术。对于有起货设备的遇险船，则应予以充分利用。其间要全面考虑船舶稳性、船舶强度、对货物的绑扎固定、绑扎材料准备、舱内作业人员安全等问题。

(3) 单边甲板货物的船舶扶正措施。对于现存单边甲板货物符合抛货条件或者可在海面进行回收的遇险船，在充分计算评估倾倒货物后的横倾角及由此可能产生的其他安全问题后，可以采取措施将这些单边甲板货物卸入海中。符合海面回收条件的，可在遇险船周围的海面上预先拦起围栏，以便回收上述倾倒货物。

(4) 滚装货遇险船的卸载作业。通常，受滚装船总体设计和所载货物性质的影响，滚装船卸载作业困难较大，滚装货遇险船卸载作业时应高度警惕，要用尽可能大的平板驳船作为受货船；不能采用两艘滚装船尾接尾系泊方式进行卸载作业，应在两船中间插入一艘平板驳船作为埠船、受货船。

3.6.12　船舶拖带技术

拖带救助是以救助拖船拖带遇险船舶脱离危险，通过保全遇险船舶来挽救船上人命的救助方式，既是一种重要的人命救助方式，也是减少财产损失、减轻海难对海洋环境危害的主要方式。

1. 拖力点的选择技术

为有效实施拖带，选择合适的拖力点非常重要。选择拖力点，要综合考虑被拖船的结构强度和拖带力度，除了驳船等经常需拖带的船舶和新造危化品船外，一般都没有固定的拖力点，应考虑在其船头选择具有足够强度的位置实施接拖。

1) 有固定拖力点和固定配套拖具船舶的拖力点选择技术

需要经常拖带的驳船等一般都在其船头配有固定的拖具，包括拖力点、龙须缆和三角板、短缆和回收缆等。接拖这类船舶相对简单，仅需将被拖船的短缆引上拖船船尾，或将主拖缆引到被拖船的船头，即可进行接拖。

2) 渔船拖力点选择技术

渔船通常是木质结构，总体强度和动力较弱，一般可用一条尼龙缆连接。与被拖渔船协商后，在其船头找较坚固的拖力点，如锚机架；若感觉其强度不足，有被拖散的可能时，应考虑尽量将其他缆桩用于锚缆连接，将船头缆桩的受力分散到其他缆桩或居住建筑层。

拖带渔船时，应控制好拖带速度和拖力大小，尤其在起拖时，防止渔船船体任何拖力点受损；拖航途中还应要求实时观察渔船的受力情况和强度情况，保持与拖船的联系。

3) 一般货船拖力点选择技术

当拖带救助货船时，应尽量从被拖船船头两边的导缆孔引进龙须缆围桩接拖。此时，注意尽量使用龙须链或链缆混合，在导缆孔处用防磨效果较好的链条，两个导缆孔间距越大，拖航中偏荡越容易控制，船组的操纵性能越好。系缆时，在导缆孔和缆桩等缆链接触部位，应做好缆的包扎和润滑，并且龙须缆的夹角(三角板处)应不大于 60°。若缆桩强度不够或其后方还有其他缆桩,可在前缆桩围 2 个 8 字,再分到后缆桩,也可连接其他系泊缆,将两缆桩连接。若无后方缆桩,也可将龙须缆的尾端绕过锚机基座后连接,或者与锚链连接,甚至在可能时将被拖船的锚松到拖船的后甲板,解掉锚后接拖锚链。

4) 无动力船舶或恶劣海况下船舶拖力点选择技术

当救助无动力船舶或大风浪等紧急情况需要接拖时,考虑被拖船无法安全快速地将拖具绞上被拖船船头进行接拖和布置拖具,一般采用送单条高强度缆接拖,被拖船将缆绳围桩,但是高强度缆耐磨性较差,应特别注意做好防磨措施。若被拖船有足够的动力收绞,也可在高强度缆前增加一段短链。接拖单缆拖航中,被拖船通常偏荡剧烈,应控制拖力和航速顶风滞航,确保拖缆不断以待天气许可时重新接拖。

2. 应急拖具布置技术

当长距离拖航遇险船时,通常需要在被拖船布置应急拖具,尤其是无人船舶。布置应急拖具应注意固定妥当拖力点,导缆孔处做好防磨措施。应急拖缆可选择钢丝绳或尼龙缆,在中段用小麻绳绑扎固定妥当。为便于接拖,应急拖缆的尾端应连接 1 条末端带有浮子、长约 20m 的浮水引缆。

3. 接拖技术

合适的接拖方式是保证拖航任务顺利实施的前提,拖救指挥人员要根据拖航任务的距离、被拖船的状况、现场风浪情况、航行海域的特点等因素选择合适的接拖方式。

1) 在锚泊船上游抛锚接拖技术

该技术适用于在预期作业期间内水流方向基本稳定、风浪不太大、被拖船锚泊时偏荡不太大的情况。采用该技术对拖船的操纵性能要求较低,对被拖船配合的要求也较低,安全性较大,但是接拖过程耗时相对较长。

2) 在锚泊船上游接辅助缆接拖技术

若预估起拖后两条辅助缆能有效控制被拖船,可在锚泊船上游接辅助缆接拖。该技术要求拖船操纵性能好,可在风浪中较好地控制船位;被拖船偏荡不大或处于未抛锚状态。采用该技术能较快地控制被拖船的动态,对接拖时间无限制,但对拖船船长操纵能力要求较高。

3) 傍靠锚泊船接拖技术

该技术适用于在港口内或风浪较小水域、残余动力无法收绞拖具的被拖船。傍靠锚泊船接拖便于快速将应急拖具等送上被拖船,但需要拖船操作性能好、作业水域宽阔,或有港作拖船的协助。同时,在被拖船的下风侧、拖船尾顶风操纵时，后甲板的作业风险大，缆绳绞缠螺旋桨的风险较高。

4) 傍拖被拖船拖带技术

该技术仅适用于在港内或风浪较小的水域，否则易撞坏船体并发生断缆、断拖。实施傍拖被拖船拖带时，系泊的包头缆、包艉缆等应尽量收紧，车前缆应有足够强度，必要时可要求港作拖船协助。

5) 从其他拖船接拖技术

特殊情况下，可能需要从其他拖船处接拖，或将被拖船交给其他拖船续航，此时需采用从其他拖船接拖技术。该技术要求"拖船 1"操纵性能较好，被拖船本身自带拖具，接拖水域较宽，风浪不太大，从而确保被拖船始终保持在拖船的控制状态下，但是两拖船在交接作业期间距离较近，若其中一艘拖船操纵不当，可能发生碰撞。

6) 拖船无法控制在锚泊船上风侧时的接拖技术

在接拖过程中，有时拖船的操纵性能较差或风浪太大会使拖船无法保持在锚泊船的上风侧。此时，接拖遇险船需要一片广阔的水域，且被拖船本身有动力，船头的锚机、绞盘可用。接拖过程中由于船尾顶流，应重点预防尼龙缆绞缠螺旋桨，尽量保持缆绳受力拉紧。同时，由于船尾顶浪，后甲板工作环境较差，应做好安全防护。

4. 解拖技术

解拖是拖带救援过程中关键的一环，解拖前慢车逐渐收短拖缆，控制船组到达解拖位置。待完成解拖准备后，停车或降低到维持船位的最低航速，利用被拖船的惯性保持拖具松弛。将三角板或拖缆的连接卸扣绞上后甲板，用打制器固定，使连接环(卸扣)松弛，拆除连接卸扣；或者，被拖船将拖具绞紧，使连接卸扣松弛，拆除连接卸扣；或者直接将围桩的缆绳解开。打开制动器或脱开拖钩等，使拖具解除，完成解拖动作。拖船和被拖船分别回收拖具，并注意控制船位，拖船慢速离开现场。

解拖操作要选择水域较宽、通航密度小的开阔水域，以减少周围通航环境对解拖工作的影响。若预期解拖操作时间较长，应尽量避免在顺风流的情况下作业。解拖过程中应注意观察船位，尽量保持拖船对地微速/低速向前以保证拖缆保持在船的后方，安排专人密切观察拖缆情况，发现拖缆较松弛时适当收短拖缆，减小拖缆在水中的长度，以防绞缠螺旋桨。当拖缆松弛，可能已有部分拖缆进入船底或发生绞缠螺旋桨事故时，应脱开主机离合器；当缆绳在一舷松弛聚集时，若需操纵主机控制船位，应将靠近缆绳一舷的螺旋桨离合器脱开。未完成拖缆回收前不得抛锚或倒车(后退)。

3.6.13　冰困船舶救助技术

通常，我国北部海域在每年 1、2 月份会出现严重的冰情。大面积不动冰和浮冰对航行于该海域的船舶构成不小的威胁，极易发生冰困等险情。

1. 冰区拖带救助技术

当在厚冰区靠近遇险船实施带缆救助作业时，要用船艏接近遇险船将厚冰破开，然后根据情况适时调整船位，使船艉紧贴遇险船后退，将余下的冰挤开。若遇险船没有抛锚，应靠其上风流侧，防止破开冰后其向下风流漂移撞向救助船；若遇险船抛锚，应靠其下风流侧，防止锚链和船首摆动影响救助船。厚冰区靠遇险船作业时可不带缆，冰区无涌浪，拖船尾部在冰和风流作用下紧贴遇险船。

当在冰区拖带救助起拖时，速度要低，救助中拖缆长度和拖带速度要适宜，拖力点强度、拖缆强度要满足要求，拖航中被拖船要顺着拖船航迹前进，保持安全距离。冰层较厚时采取慢速拖带，对于薄冰可根据情况加快速度。冰区拖带救助最好在白天进行，便于看到海面冰情，规避大块厚冰，选择薄冰区或冰缝航行。

2. 冰区编队航行技术

船舶在冰区航行，尤其是极地地区，船舶无法避免与海冰的相互作用。海冰是船舶航行于冰区的主要障碍。船舶与海冰直接碰撞可能将影响船体的结构安全。鉴于此，实施冰区编队航行技术，低冰级船舶在破冰船的援助下穿越冰区，是常见的冰区船舶作业模式，可有效保障冰区航行的安全与效率。

3. 冰情精准预报技术

海冰是制约冰区通航最主要的因素，可对船体结构、导航、航速等造成严重影响，无论是海冰的密集度、厚度、覆盖范围估计，还是海冰的运动预测，都能给冰区航行提供参考与指导。然而，受极地风、洋流等因素的影响，北极航线实际冰况与气象预报冰况存在较大误差，因此需要开展极地海冰基本物理和工程力学性质的研究，借助工程尺度的海冰数值模拟，研发基于海冰实船监测的海冰要素检测系统；同时，充分发挥气象、交通等多部门的综合协同优势，收集分析极地航行过程中水文、气象、航道、冰情等环境信息，揭示极地海冰变化机制，研发冰情感知、监测和精准预报技术。

3.6.14　船舶消防灭火技术

不同物质燃烧的特征各异，扑灭不同的火灾应采用针对性灭火技术。若不了解火的特征而盲目采取行动，不仅不能及时灭火，还可能导致火灾蔓延扩大，造成更大的损失。

1. 船舶机器处所火灾救助技术

对于机器处所火灾的救助，现场指挥组织消防人员直接扑救火灾，包括消防人员登船利用机器处所内的消防器材进行现场施救，铺设消防水带进行灭火，或使用消防炮等进行灭火。若现场扑救无效或火势蔓延无法控制，现场指挥立即报告总指挥。总指挥根据现场指挥的报告可下达封舱命令，组织现场人员撤离，进行封舱作业，关闭水密门、防火门、通风筒、机舱天窗等，并派遣探火员穿戴消防防护装备进入机器处所搜寻抢救被困人员，待确认人员全部撤离火灾现场后，释放 CO_2 灭火剂，对失火处所围壁进行冷却、监护。火势得到控制后，派人进入机器处所探火，确认火灾被扑灭。

2. 船舶客船客区火灾救助技术

对于客船客区火灾的救助，现场指挥应立即组织遇险人员转移到专业救助船上，利用消防器材对现场进行隔离控制；切断现场电源，同时关闭门窗、防火门、水密门和通风系统；派遣探火人员穿戴消防防护装备进入失火部位搜寻抢救被困人员；铺设消防水带扑灭火灾，使用消防炮进行外围冷却。火势得到控制后，派人进入现场探火，确认火灾被扑灭。

3. 船舶起居服务处所火灾救助技术

对于起居服务处所火灾的救助，现场指挥应组织指挥各组人员探明火源并搜寻被困人员；使用消防炮冷却和灭火，控制火势蔓延；控制和撤离易燃物品；铺设消防水龙登船实施灭火；进入火场，利用消防水龙或高效 F-500 灭火剂对起火部位进行扑救。火势得到控制后，派人进入现场探火，确认火灾被扑灭。

4. 船舶滚装汽车舱火灾救助技术

对于滚装汽车舱火灾的救助，现场指挥组织指挥各组人员用消防炮对起火部位进行扑救；启动水幕系统进行自我保护；铺设消防水带，使用喷雾水枪进行控制、冷却，并根据现场情况，转移遇险人员，探明火源及起火原因，控制周围以防火势蔓延，密切监视船体稳定性，向总指挥汇报求援，等待救助时机。若火势蔓延无法控制，总指挥应启动实施新的灭火救助方案，在火区周围部署多艘船舶实施强力灭火。火势得到控制后，派人进入现场探火，确认火灾被扑灭。

5. 船舶干货舱火灾救助技术

对于干货舱火灾的救助，现场指挥应根据货物性质，组织人员正确选用灭火剂对着火部位进行扑救；使用消防炮进行外围冷却，控制火势蔓延。若化学品失火，现场人员必须按化学品的要求穿戴防护用品。若火势蔓延至无法控制，现场指挥应组织人员撤离现场；关闭失火货舱舱盖、货舱通风系统及电源；用消防炮对失火货舱的甲板、舱口围壁进行冷却；密切关注相邻货舱，对邻近失火舱舱壁进行冷却。现场指挥根据现场情况及时报告总指挥请求采取封舱灭火措施，总指挥根据火灾现场情况启动对外 CO_2 灭火系统，释放灭火剂；对货舱围壁进行冷却、监护。火势得到控制后，派人进入现场探火，确认火灾被扑灭。

6. 船舶液货舱火灾救助技术

对于液货舱火灾的救助，现场指挥接到总指挥指令后，根据货物性质组织人员实施灭火。化学品火灾现场人员必须按化学品的要求穿戴防护用品。

针对油舱火灾，应关闭相关的阀门、透气阀，铺设消防水带，冷却甲板。针对液化气舱火灾，应关闭货物管道上的所有阀门、所有水密门，以及除封闭循环外的所有通风装置；穿戴消防员装备，在水雾的保护下，关闭处于火场中可切断溢漏气源的阀门；用足量的水冷却失火货舱及附近区域，对漏出的液化气进行有控制的燃烧。

现场指挥根据现场灭火情况及时向总指挥报告，请求开启适当的灭火系统，如使用高效 F-500 灭火剂、泡沫炮对着火区域实施灭火。对于液化气舱火灾应确认液化气溢漏被阻止后再开启适当的灭火系统。灭火期间现场指挥及时汇总现场灭火情况，适时调整灭火决策。

7. 船舶甲板区域火灾救助技术

对于甲板区域火灾的救助，现场指挥根据货物性质，组织人员正确选用灭火剂对着火区域进行扑救；关闭着火区域货舱舱盖、通风系统及电源；使用消防水龙、消防炮对着火区域甲板、舱口围壁等进行冷却、灭火。化学品火灾现场人员应按化学品要求穿戴防护用品。灭火期间现场指挥及时汇总现场灭火情况，适时调整灭火决策。

8. 船舶物料间火灾救助技术

对于物料间火灾的救助，现场指挥立即组织消防人员关闭门、窗、通风系统，切断电源；控制和撤离易燃物品，使用消防炮冷却相邻的围壁，利用消防水龙、泡沫枪或高效 F-500 灭火剂等扑救。若发现有被困或受伤人员，现场指挥及时派人携带抢救器材将他们抢救转移至救助船。

若火势无法控制，现场指挥要及时向总指挥报告，并请求启动 CO_2 灭火系统。得到许可并确认封舱无泄漏孔洞后，现场指挥启动固定式灭火系统，释放灭火剂，并对相邻围壁进行冷却、监护。火势得到控制后,派人进入现场探火,确认火灾被扑灭。

3.6.15 水下搜寻识别定位技术

1. 沉船/沉物现场勘测技术

1) 沉船概位确定技术

通常,测量工作船抵达调查所知的沉船现场,可以借助周围水域的某些特征找寻沉船。在水流较急的内河和有较强海流的海区,沉船阻挡水流会引起明显的圆镜状涡流、细碎的浪花、回流及该水域水色异样等现象,据此也可以判断沉船位置。若水面无明显特征,可根据调查中所报沉船沉没位置的经纬度,采用旁视声呐、磁探仪、ROV 或深潜器等来协助寻找沉船。此外,向渔民了解沉船概位也是比较常用的方法。

2) 沉船扫索与定位技术

确定沉船概位后,可采用扫索法找到沉船,即派出工作艇挂拖多抓锚来回拖曳设法钩住沉船。在广阔水域扫索时,拖曳船只功率要大,扫索钢丝绳或尼龙绳要长。扫索作业应避免在强流、大浪的情况下作业,扫索前,先在沉船概位处敷设浮标作为假定沉船船位,并以此为中心,由小到大,由近到远,逐区扫索。

扫索到沉船后,需尽快完成对沉船的定位。在沿海地区,可利用山岭等显著目标,采取两个方位交叉法或三标两夹角的定位法,使用罗经和六分仪来测定,确定其经纬度并标在海图上。在茫茫汪洋之中,无线电测向仪、劳兰、GPS 等助航仪器是常用的定位方法,同时也可采用六分仪确定船位,但是该方法得到的数据误差很大,需反复测量并校正才能确定。

3) 工场布置技术

测量工程船锚泊位置的选择是影响潜水操作的重要因素,不合理的锚泊位置不仅会给潜水作业带来诸多不便,还可能危及潜水人员的安全。在测量工程船吃水深、沉船面上有障碍物或安全水深不够等情况下,测量工程船不应过于接近沉船,并采取相应的防范措施。在受潮流影响的海域布置测量工程船时,必须在涨落两个方向都抛锚以防测量工程船随水流移位,否则不得勉强潜水,尤其在勘测比较复杂的沉船时更应注意。当在靠近深海或多岛屿的海域作业时,潮水受地形影响会产生旋转性流向,测量工程船锚泊时应在前后左右处抛设 4~6 只锚以防其随水流移位,并在潜水员完成系标作业之后进一步增加锚,以使测量工程船更稳定和适应水下探摸与度量的需要。布置工场所抛设的锚,一般不用工程船本身的锚和锚链,而使用霍尔锚和钢丝缆代替。锚的重量、数量及抛设的远近视水深、流速、风压等情况决定,其中主锚总是抛在流速最强的方向。在风浪较大或水流特急的情况下应特别注意锚的拉力,并准备一定数量的备用锚,防止意外或由于对某一方向流压估计不足而发生走锚。

4) 探摸与测量技术

探摸与测量是勘测沉船潜水作业的两个主要部分，按以往积累的经验教训，先探摸后测量较为有利。经过详细探摸之后可清晰认识沉船轮廓，避免出现测量差错，提高度量的准确性。测量的主要内容包括确定沉船类型、沉船主尺度及其上层建筑等尺度、纵横倾、淤陷情况、沉船上的主要点与水面距离、沉船腐蚀度和海属物滋生情况、沉船装载情况、沉船方位，以及沉船四周情况等。

确定沉船类型时，若具有沉船资料，或船只沉没不久，只需潜水员进行目测或水下探摸，验证现有资料；若无资料则要详细地观察和探摸，尽可能查看船壳上的船名或取下刻有船名的船钟。

测量沉船主尺度及其上层建筑尺度时，短距离测量使用测量绳。距离较远时可用双股绞合的塑包电缆，其伸缩性较小。切忌用白棕绳、尼龙绳等伸缩性大的绳缆。测量垂向尺度时，可采用气压电子式测深仪。

测量船舶纵横倾时，一般用艏艉端距水面的距离和艏艉端的船深估算；船舶横倾一般用左舷及右舷甲板距水面(船中部)的距离估算。用水深差来估计倾斜度不够准确，也不会发现沉船的变形，因此还应用水下测度仪测量。测横倾时，应在船甲板的纵中心线上或舱口、上层建筑等处安放测度仪。测纵倾时，应在船的中部甲板上或舱口上安放测度仪，也可用艏艉部测船的纵倾结合舷弧来修正。此外，艏艉甲板距水面的深度也是验证测度仪所测纵倾的依据。

测量淤陷情况时，测出船内淤泥及船外泥面在左右舷距主甲板的高度，可知道船内淤积、船外淤陷等情况。由于沉船处易产生旋涡而在沉船处形成一深凹，因此在测沉船船旁四周泥面的水深时，也要测舷外海底水深，以得到更准确的淤陷和海底情况。

测量沉船主要点与水面的距离时，若沉船正坐海底，则要测出桅顶、驾驶台顶等与水面的距离；若沉船侧沉，则要测出侧沉船旁最高点与水面距离。

测沉船腐蚀度时，要先择点铲除海属物后再用超声测厚仪测量，若锈蚀程度不大或估计锈蚀程度不妨碍施工，一般由潜水员用锤击方式试探其锈蚀程度并估算强度。

2. 深水低照度高清成像技术

针对深水环境中照度低、成像困难的特性，研究深水环境和光信号衰减特性，开发深水多功能低照度高清成像技术具有重要的现实意义。重点攻关亮度和清晰度、色彩均衡化和对比度的水下图像增强算法及其硬件模块，实时获取水下去噪声后的高清图像，设计特性表征向量，充分利用目标与背景样本，探讨水下目标识别算法，实现对深水目标的低照度实时探测和识别。

3. 深水搜救目标智能识别技术

目前，救捞系统的大深度搜救设备基本都依赖进口设备，国产化进程缓慢。针对深水潜航器水下探测过程中海量数据实时处理的要求，研发实时嵌入式数据采集、处理一体化技术具有重要的现实意义。同时，基于海底地貌地形数据，研究水下目标智能识别、匹配与分类技术，开发数据自动交会收敛的黑匣子声信标精确定位技术，从而实现深水目标的智能识别。

4. 深水搜救协同一体化作业技术

深水搜救通常是多种救助装备的协同作业，针对各种水面、水下载体同时作业中的相互配合和协同控制要求，构建系统协同自组织网络、数据交换技术标准可以有效提升深海搜救作业的效率。加强基于深拖系统、ROV、AUV 等多级载体任意组网的协同作业技术，探索卫星通信、无线、光纤和水声等异构通信网络的融合互联技术，形成无人船与深潜器协同作业的智能导航、精密定位与控制能力，从而实现深水搜救协同一体化救援作业，提升深水救援作业效率与水平。

3.6.16 水下搜救装备收放技术

水下搜救装备的布放系统主要由门形架、缓冲对接保护装置、释放回收装置、钢缆绞车、液压系统、操作控制系统等组成。

1. 搜救装备吊放升降补偿技术

波浪是影响大深度水下搜寻装备作业效率的关键因素之一，因此需要开展吊放升沉补偿技术研发，重点关注升沉补偿功能配置论证、技术性能分析、负载特性分析、运行海况适应性与使用安全性评估等技术的研究，将风浪补偿技术融入母船液压系统，对潜水器起吊钢缆进行恒张力控制，缓解母船和水下机器人升沉运动中钢缆及受力构件所承受的冲击力，提升水下搜救设备收放系统的可靠性和安全性。

2. 搜救装备机械式自动收放技术

研发大深度搜救装备的机械式自动释放回收装置，保障深水探测机器人的自动释放，可以有效弱化深水探测机器人释放时对潜水员的依赖性，提升深水探测设备释放和回收的安全性及高效性。

3. 缓冲对接保护技术

在风、浪、流的影响下，海上收放大深度搜救装备时极易造成设备碰撞或人员伤亡事故，研发带缓冲保护功能的专用对接装备，控制深水搜救装备的收放吊臂摆动过程中保持相对稳定，从而消除母船摇晃对设备和人员安全的威胁。

3.6.17　饱和潜水作业技术

饱和潜水作业技术是当今最先进的人工潜水技术，是一个国家海洋作业能力的重要标志，承载着国家利益，是国家综合实力的重要体现。世界发达国家非常重视饱和潜水搜救技术的研发，美、英、俄、德、法、日等国已普遍掌握了 500m 饱和潜水技术。在 2018 年国家重点研发计划项目"大深度饱和潜水安全劳动强度及巡回潜水能力生理研究"的支持下，上海打捞局牵头开展了 500m 深度潜水员生理问题与出潜技术的研发攻关。

针对大深度饱和潜水，为克服深水压力大、温度低等不利因素，确保多频次人员更换，保持连续作业，一方面，要加快饱和潜水工作母船作业支持技术、专用工具作业技术、辅助装备作业技术等装备技术的研发；另一方面，要针对潜水员作业需求，加强水下精密接头插拔、深水切割、穿引钢丝、进舱搜寻、设备操作等精准作业技术的研究与应用。

3.6.18　饱和潜水健康保障技术

1. 饱和潜水安全加压技术

饱和潜水超过一定深度会引发较为严重的高压神经综合征，发病状态类似癫痫，若不及时采取措施，将危及潜水员生命。目前，上海打捞局已掌握 300m 深水氦氧混合气配比，摸索出了一套安全高效的深潜水加压方法。随着对 500m 深潜水安全加减压技术研究的深入，上海打捞局通过借助生理监测技术手段，实时监测加压潜水员脑电、肌电生理异常，及时发现预警高压神经综合征，正逐步突破 500m 饱和潜水加压技术。

2. 饱和潜水安全减压技术

虽然我国已提出研发 500m 饱和潜水成套技术，但救捞系统深潜水科研水平、技术装备、实战能力和保障机制与技术领先国家相比还存在较大的差距，可供借鉴的 500m 饱和潜水安全减压实践案例缺乏，单纯依赖理论分析比选减压方案仍然存在不小的风险。今后，可考虑引入人体气泡精准监测技术，及时发现减压过程中气泡集聚异常情况，分析潜在的规律，推进大深度饱和潜水安全减压技术的突破。

3. 饱和潜水劳动强度测定技术

相比 300m，500m 深水下的潜水员呼吸气体密度更大，呼吸阻力增大会消耗更多的体能，可用于水下作业的剩余体能更少。因此，对 500m 饱和潜水过程中潜水员剩余体能的精准测定至关重要，这也是 500m 饱和潜水技术研发工作中的重要一环。

4. 临床处置与医学保障技术

针对 500m 饱和潜水作业典型风险，需要制订相应的医疗处置预案，及时观测潜水员生理异常、处置早期病症，重点研发潜水员生理心理健康疏导方法，形成生理心理健康指导与干预规程，保障潜水员身心健康。

3.6.19　饱和潜水舱室升级技术

饱和潜水系统由潜水钟及收放系统、居住舱、过渡舱、高压转接舱、逃生舱等组成。针对救捞系统在研的 500m 饱和潜水系统，根据水下实际情况明确各舱室结构形式、主要尺寸和功能要求至关重要。

1. 舱室氦氧混合气配比技术

研究发现，氦气对由大深度饱和潜水引起的可危及潜水作业人员生命安全的高压神经综合征具有明显的缓释作用，但是氦气注入过多会消耗更大的体力。精准控制舱室氦氧混合气的配比是保障潜水人员生命安全的重要技术举措，配置舱室区间智能控气装置可使舱室内氦氧混合气均匀分布。

2. 舱室环境智能控制技术

潜水生理医学研究发现，在高压氦氧环境下，人体对温度、湿度波动特别敏感。为保障潜水人员的生理需求，提升潜水人员的水下作业能力，要加强舱室环境智能控制技术的研发，重点强化对外循环式环境控制设备的冷、热水管及其流量调节原理的研究，结合水下高压、低温的环境条件，研制智能化舱室环境控制设备。

3. 高压逃生舱系统集成技术

500m 深水环境可对人体造成严重的不可逆伤害，为确保潜水人员的生命安全，重点加强高压逃生舱、生命支持系统和逃生舱之间的管路、电气系统集成技术的研发，开发一套各控制系统设计方案、安装调试方案和使用维护方案，对提升大深度饱和潜水作业的安全性具有重要的作业。

3.6.20　沉船/沉物打捞技术

沉船打捞技术主要包括封舱抽水打捞、封舱充气抽水打捞、船舶抬撬打捞、浮筒打捞、起重船打捞等。通常，打捞之前必须开展现场勘测，以便制订合理的打捞方案。

1. 封舱抽水打捞技术

封舱抽水打捞是应用最早、使用最广泛的一种打捞沉船的方法。该方法要求船体锈蚀不能太严重，否则船体强度不足以承受封舱抽水后的水压。封舱分为密封式和沉井式两种。

1) 密封式封舱技术

密封式封舱是常用的封舱方法，是指用厚木板或木枋将舱口、门窗、通道或破洞等进行封补。封补时木材和木材并接处，木材与舱口、门窗等结合处须用化纤绒布、毛毯等包裹废旧腈纶棉胎作为防漏填料。对于风斗等大通风口，通常用木板做封底，用弯钩螺栓钩住封舱底板后用混凝土浇筑。对于普通沉船破洞，可用钢板加强，按洞形绘制样板，开好螺孔，封板边缘用水下黏结剂粘上防漏垫料，加工完成后吊到破洞处安装。对于尺寸较大的沉船破洞，可用钢筋混凝土封补，先在破洞外用木枋排列封补，然后在破洞内放置木箱壳，在箱壳内加装钢筋混凝土。

2) 沉井式封舱技术

该技术也称沉箱封舱技术，一般适用于甲板在水面以下 1m 左右的沉船。构筑沉井时，先在水面上构建井圈，井圈通常为钢质，下部加压铁，底部用棉胎、绒布或闭孔泡沫塑料等制成软垫以便保障井圈与甲板的水密性。井圈的尺寸应使其能刚好套于舱口外，由潜水员协助套入舱口，用弯钩螺栓将其旋牢于舱口上。

2. 浮筒打捞救助技术

1) 浮筒直接打捞技术

用浮筒将沉船不停歇抬浮出水的方法称为浮筒直接打捞法，多用于沉船处水深不超过沉船长度 1/3 的水域。浮筒直接打捞过程中平行起浮的难度较大，抬浮时一般不采取首尾同时起浮。具体方法是先将浮筒安放、绑扎妥当，然后一端起浮并浮定来增加起浮的稳性，最后全部浮定，起浮过程中控制纵倾角宜在 15°以内，且沉船上浮过程的速度越慢越好，沉船离开海底后由于黏着力消失，浮筒舱内气体膨胀，沉船上浮速度将加快，应控制速度不超过 3m/s。

2) 浮筒逐步打捞技术

对于一次性上浮纵倾太大的沉船，可采取浮筒逐步打捞技术，先在沉船前、后上方安放、绑扎妥浮筒，浮筒一端先起浮出水即停止上浮，然后另一端也起浮。两端控制浮筒全露出水面，在控制浮筒吊浮的情况下拖沉船搁滩，收短控制浮筒千斤，直至能用浮筒直接打捞技术起浮。

3) 浮筒折线打捞技术

若沉船处水较深不宜采用浮筒直接打捞技术和浮筒逐步打捞技术，则可采用浮筒折线打捞技术，根据水深和沉船长度的相对关系，采取合理的浮筒布设方式，使沉船在原地成之字形的折线起浮。起浮时，先使沉船两端最上层的控制浮筒出水，使沉船呈半漂浮状态上升。在最后起浮阶段，在控制浮筒上各系一根拖缆，以便于沉船上升时控制浮筒，使其免于搁在沉船上或与沉船互相碰撞。该技术是原地起浮，比浮筒逐步打捞技术节省时间，但是在风浪的影响下，上下层控制浮筒易互相碰撞。

4) 浮筒沉放技术

沉放浮筒通常应选择在平潮慢流的时段，并在沉船两舷同时进行。沉放浮筒时先将浮筒缆孔内的船底钢缆全部适当绞紧，然后将船底钢缆后端的留缆钢丝绳绕在打捞工程船缆桩上。打开浮筒的放气阀，让海水从海底阀进入浮筒体内。浮筒放气进水下沉过程中应先将中间浮力舱的气放尽，以控制浮筒的前后平衡。当浮筒吃水增加至干舷剩下 0.5m 左右时，操作两端浮力舱阀门，关闭放气阀，打开充气阀，操作人员撤离浮筒，在打捞工程船上操控浮筒放气进水下沉。在此期间，操作人员要密切关注浮筒留缆、船底钢缆留缆、浮筒带缆的松紧情况，及时调控放气量，控制浮筒两端同步下沉。当浮筒下沉到顶部没水时关闭全部放气阀，均匀松出浮筒留缆和带缆，使浮筒依靠自身重量自行下沉至海底。待浮筒沉放到海底后，通过标志绳观察打捞浮筒的深度和位置。若深度不符合要求，可将浮筒内余气全部放尽；若位置不符合要求，则通过留缆、带缆采用甲板机械动力进行调整。

5) 大风浪条件下浮筒处置技术

大风浪来临时，如果浮筒尚未安放到位，则工程船队应拖走浮筒避风，或把浮筒接好大钢缆沉于深水中，待风浪过后再充气上浮。对于热带风暴，无论浮筒是否沉放，都应把浮筒拖走避风，以防浮筒被水流冲动；若浮筒已沉放到沉船边，来不及解脱，深水条件下风浪对浮筒的冲击较小，可给浮筒充 1/4～1/2 的气体，以减少浮筒与沉船间的滑动和碰撞。

3. 起重船打捞技术

起重船打捞技术是指利用起重船起吊沉船的打捞技术。相比于其他打捞技术，它具有打捞工程进度快、操作方便、沉船起浮易控制的优势。起重船打捞作业前，必须充分考虑施工中可能遇到的风、流、浪对起重船的影响，计算确定抛锚布场方案，尤其要考虑沉船起吊离开海底后，水流对沉船的流压力传递至浮吊船造成的影响。锚重和锚缆长度要满足要求，以防走锚。起重船起吊时应使沉船船底钢缆受力均匀，挂钩作业时可采用钩头平衡缆或加装平衡滑车。起重船起吊时，应选择海况条件相对良好时进行，并控制沉船两端的船底钢缆向外夹角不能太大。多艘起重船联合起吊一艘沉船时，必须统一指挥。特别是配置船底钢缆时，应保证钢缆有足够的安全强度，在海上作业时钢缆安全系数不小于 5，在港内作业时钢缆安全系数不小于 4。起重船吊着沉船移位时，整个航程水域水深必须满足最大吃水深度要求，以免出现擦底现象。

第4章　水上应急救援装备技术保障能力评估

　　水上应急救援装备技术保障能力评估主要对装备技术体系的体系结构和体系组成是否合理、是否满足执行水上应急救援使命任务的需求、是否适应未来装备发展需要等问题进行评估，并根据评估结果提出针对性优化建议。

　　评估结果的科学性与可靠性，不仅在于评估方法的选择，更重要的是评估参数必须严格与评估的价值类型匹配。因此，开展水上应急救援装备技术保障能力评估必须精准掌握我国水上应急救援装备技术建设现状，基于前文构建的水上应急救援装备技术体系开展水上应急救援装备技术保障能力评估可为获得较为科学可靠的评估结果奠定坚实的基础。

4.1　评估方法简介

　　针对我国水上应急救援装备技术保障能力的评估主要采用层次分析(analytic hierarchy process，AHP)法和模糊综合评判(fuzzy comprehensive evaluation，FCE)法。层次分析法可以将定性分析与定量分析结合在一起，通过建立层次分析目标，以两两比较的方式，充分利用专家智慧，将专家的定性判断定量化处理，构造判断矩阵，得出不同层次目标的评估权重值。模糊综合评判法在层次分析法得出权重值的基础上，运用多级模糊综合评判法对我国水上应急救援装备技术保障能力进行综合评估。

4.1.1　层次分析法

　　20世纪70年代，美国运筹学家匹茨堡大学Saaty提出层次分析法。它是一种将定性与定量分析相结合的方法，基于严密的数学运算，将复杂、难以量化的定性问题进行定量化处理，能够科学检验人们主观判断的一致性程度，从而确保计算结果的科学性、准确性。

　　层次分析法大致分为四个步骤：一是找出研究对象的主要影响因素，对其进行分类和整理，根据各个因素的隶属关系建立层次结构模型；二是构造两两比较的判断矩阵；三是根据一定的标准，采用某种算法求出各个因素的权重值；四是进行一致性检验。

4.1.2　模糊综合评判法

模糊综合评判法主要用来解决一些较为模糊且难以量化的问题。该方法以模糊数学的隶属度理论为基础，通过确定隶属函数，实现定性评估向定量评估的转化。由于水上应急救援装备技术保障能力分析问题较为复杂，涉及因素较多，无法以确定的数据对能力进行直接评估，因此只能通过较为模糊性的评估词语，如"很好""较好""一般"进行粗略的评判。运用模糊综合评判法建立评估因素权重与分值的隶属关系，并采用隶属度最大原则能够较好地解决这类问题，从而得到科学的评判结果。

模糊综合评判法的操作主要分为六步：一是确定评估对象的因素论域；二是确定评语等级论域；三是建立模糊关系矩阵；四是确定评估因素的权向量；五是合成模糊综合评估结果向量；六是对模糊综合评估结果向量进行分析。

4.2　评估指标体系构建

4.2.1　指标体系选取原则

在选取评估指标体系时，为了科学地评估我国水上应急救援装备技术保障能力，应遵循如下原则。

1. 系统性原则

水上应急救援装备技术保障系统本身是一个结构非常复杂的系统，相关利益方之间错综交叉，不但涉及通航保障本身的问题，而且涉及相关国家或地区的政治、军事等问题，因此水上应急救援装备技术保障是一项内容量较大的系统工程。在构架评估指标体系的过程中，必须系统厘清水上应急救援装备技术保障能力的核心要素，同时注意指标的内在逻辑关系，使其成为一个有机的统一整体。

2. 真实性原则

能力评估指标的选取应遵循真实性原则。水上应急救援装备技术保障能力需要构建一级指标与二级指标。这些指标对于有效提升我国水上应急救援能力起着非常重要的作用，因此指标的选取和指标的权重值都必须真实有效，不可主观捏造，这要求关于水上应急救援装备技术保障能力的打分调查问卷必须客观、真实、有效，如实邀请行业多个相关专家进行打分，确保最终能力指标量化出来的权重值具有可参考性。

3. 独立性原则

在构建评估指标体系时，要充分理解每一项能力评估的二级指标，保证各指标相互独立，没有重复或者交叉重叠，防止各指标之间的关系模糊不清，影响整个指标体系的科学性，导致对我国水上应急救援装备技术保障能力评估结果缺乏合理性与参考性。

4.2.2 构建评估指标体系

结合对我国水上应急救援装备技术保障能力的构成要素分析，并查阅借鉴相关学者的研究成果，初步拟定了我国水上应急救援装备技术保障能力二级评估指标体系。通过到救捞系统内各救助局和打捞局、海事部门，以及航海保障中心等地进行实地调研，并制定我国水上应急救援装备技术保障能力评估指标专家打分推荐表(附录 B)，经专家打分推荐，对初步构建的指标体系进行适当增减与调整，最终确定出我国水上应急救援装备技术保障能力评估指标体系，包括 5 个一级指标，27 个二级指标，具体如表 4.1 所示。

表 4.1　我国水上应急救援装备技术保障能力评估指标体系

目标层	一级指标层 P	二级指标层 Q
水上应急救援装备技术保障能力	通信监控能力 p_1	北斗及搜救卫星应用 q_{11}
		信息传输共享能力 q_{12}
		救捞岸基通信基础设施建设 q_{13}
		船载/手持通信终端设备建设 q_{14}
		国际合作机制 q_{15}
		通信监控技术研发能力 q_{16}
	飞行救助能力 p_2	飞机机队建设 q_{21}
		飞行救助队伍建设 q_{22}
		飞机救助技术 q_{23}
		飞行救助技术研发能力 q_{24}
		飞行救助国际交流与合作 q_{25}
	水面救助能力 p_3	救助船舶性能结构 q_{31}
		各型救助船舶配置数量 q_{32}
		多部门协同救助能力 q_{33}
		水面救助人才队伍建设 q_{34}
		水面救助国际交流与合作 q_{35}

续表

目标层	一级指标层 P	二级指标层 Q
水上应急救援装备技术保障能力	水下救助能力 p_4	水下搜寻探测能力 q_{41}
		沉船打捞船舶性能结构 q_{42}
		各型沉船打捞船舶配置 q_{43}
		水下作业装备配置 q_{44}
		潜水救助船舶及设备 q_{45}
		水下救助人才队伍建设 q_{46}
		水下救助国际交流与合作 q_{47}
	岸基支持能力 p_5	机场及飞行配套设施建设 q_{51}
		沿海/内河综合基地建设 q_{52}
		沿海/内河基地建设 q_{53}
		沿海/内河溢油应急库建设 q_{54}

4.2.3　确定评估指标权重

根据评估指标体系层次结构，构建判断矩阵，通过对特定层次中 n 个元素的相对重要度逐一比较判断，建立对应的重要度判断矩阵 A，即

$$A = (a_{ij})_{n \times n} = \begin{bmatrix} a_{11} & a_{12} & \cdots & a_{1n} \\ a_{21} & a_{22} & \cdots & a_{2n} \\ \vdots & \vdots & & \vdots \\ a_{n1} & a_{n2} & \cdots & a_{nn} \end{bmatrix} \tag{4.1}$$

式中，A 为评估指标重要度判断矩阵；a_{ij} 为指标 i 相对 j 的重要度度量值。

在层次分析法中引入 1～9 标度法对判断矩阵 A 中的 a_{ij} 进行赋值，可将专家根据经验智慧作出的定性判断定量化，判断矩阵标度 a_{ij} 的含义由专家回答 i 相对 j 的关系所得，如表 4.2 所示。

表 4.2　判断矩阵标度及其含义

标度 a_{ij}	含义
1	i 和 j 两个因素相比，i 与 j 同样重要
3	i 和 j 两个因素相比，i 比 j 稍微重要
5	i 和 j 两个因素相比，i 比 j 明显重要
7	i 和 j 两个因素相比，i 比 j 强烈重要

标度 a_{ij}	含义
9	i 和 j 两个因素相比，i 比 j 极端重要
2，4，6，8	i 和 j 两个因素重要性的比较结果处于上述结果中间
倒数[①]	i 和 j 两个因素相比，j 与 i 比较的判断 $a_{ji} = 1/a_{ij}$

注：①上述 2～7 行结果的倒数。

判断矩阵标度值满足如下条件，即

$$\begin{cases} a_{ij} > 0 \\ a_{ji} = 1/a_{ij} \\ a_{ii} = 1 \end{cases} \tag{4.2}$$

基于 1～9 标度法，通过征求专家意见构建指标相对重要性判断矩阵。

目标层对应指标重要度判断矩阵 P，即

$$P = \begin{bmatrix} 1 & a_{12} & \cdots & a_{1n} \\ a_{21} & 1 & \cdots & a_{2n} \\ \vdots & \vdots & & \vdots \\ a_{n1} & a_{n2} & \cdots & 1 \end{bmatrix}, \quad n = 5 \tag{4.3}$$

一级指标层对应指标重要度判断矩阵 $Q_1 \sim Q_5$ 表达式与目标层对应指标重要度判断矩阵 P 相同。

求解各级指标重要度判断矩阵，分别得出对应的特征向量和最大特征值。

目标层对应指标重要度判断矩阵 P 对应的特征向量 W 及最大特征值 $\lambda_{\max}$ 一般通过幂法、和法和方根法获取。

目标层对应指标重要度判断矩阵各行元素的积 M_i 为

$$M_i = \prod_{j=1}^{n} a_{ij}, \quad i = 1, 2, \cdots, n \tag{4.4}$$

计算 M_i 的 n 次方根，即

$$\overline{W}_i = \sqrt[n]{M_i} \tag{4.5}$$

归一化处理可得

$$W_i = \frac{\overline{W}_i}{\displaystyle\sum_{i=1}^{n} \overline{W}_i}, \quad i = 1, 2, \cdots, n \tag{4.6}$$

则经归一化处理后得到的特征向量 $W = [W_1, W_2, \cdots, W_n]^{\mathrm{T}}$ 为判断矩阵 P 的权重向量。

求解最大特征值 $\lambda_{\max}$ 为

$$\lambda_{\max} = \sum_{i=1}^{n} \frac{PW_i}{nW_i} \tag{4.7}$$

式中，PW_i 表示向量 PW 的第 i 个元素。

由于层次分析法需要将专家的定性判断进行定量化转换，专家通过主观判断的方式，得出的比较判断矩阵中 A_i 和 A_j 的相对重要性比值与实际的比值存在一定的误差，判断矩阵 A 是否是一致性矩阵直接关乎评估结果的准确性与科学性。因此，开展判断矩阵 A 的一致性检验十分必要，具体步骤如下。

计算一致性指标 C.I.，即

$$\text{C.I.} = \frac{\lambda_{\max}(A) - n}{n - 1} \tag{4.8}$$

式中，n 为判断矩阵的阶数。

求解一致性比例 C.R.，即

$$\text{C.R.} = \frac{\text{C.I.}}{\text{R.I.}} \tag{4.9}$$

式中，R.I.为多次重复进行随机判断矩阵特征值的计算后取算术平均数得到。

$1 \sim 9$ 阶判断矩阵的随机一致性指标值如表 4.3 所示。C.R.是判断矩阵一致性检验的指标，若 C.R.<0.1，通常认为判断矩阵的一致性是可以接受的。

表 4.3　判断矩阵的随机一致性指标值

指标	阶数								
	1	2	3	4	5	6	7	8	9
R.I.	0	0	0.58	0.96	1.12	1.24	1.32	1.41	1.45

同理，可完成各个一级指标层对应指标重要度判断矩阵的计算。

4.3　评估模型构建

水上应急救援装备技术保障能力模糊综合评判是应用模糊关系合成的原理，基于多个因素对被评估对象隶属等级状况进行综合评估。模糊综合评判模型构建分为四个步骤：一是确定评估因素及评语集；二是构造指标判断矩阵；三是构建多层次模糊综合评估模型；四是评估模型计算及结果分析。

4.3.1　确定评估因素及评语集

水上应急救援装备技术保障能力评估因素集：$P = \{p_1, p_2, p_3, p_4, p_5\} = \{$通

信监控能力，飞行救助能力，水面救助能力，水下救助能力，岸基支持能力｝

通信监控能力评估因素集：$Q_1 = \{q_{11}, q_{12}, q_{13}, q_{14}, q_{15}, q_{16}\}$

飞行救助能力评估因素集：$Q_2 = \{q_{21}, q_{22}, q_{23}, q_{24}, q_{25}\}$

水面救助能力评估因素集：$Q_3 = \{q_{31}, q_{32}, q_{33}, q_{34}, q_{35}\}$

水下救助能力评估因素集：$Q_4 = \{q_{41}, q_{42}, q_{43}, q_{44}, q_{45}, q_{46}, q_{47}\}$

岸基支持能力评估因素集：$Q_5 = \{q_{51}, q_{52}, q_{53}, q_{54}\}$

水上应急救援装备技术保障能力评语集：$Y = \{y_1, y_2, y_3, y_4, y_5\} = \{$极好，较好，中等，较差，极差$\}$，等级划分标准如表 4.4 所示。

表 4.4　水上应急救援装备技术保障能力等级划分标准

评估定级	分值区间
极好	(0.8, 1]
较好	(0.6, 0.8]
中等	(0.4, 0.6]
较差	(0.2, 0.4]
极差	[0, 0.2]

4.3.2　构造指标判断矩阵

各层评估指标的隶属度矩阵是各个指标对应各评估等级的赋值矩阵，根据水上应急救援装备技术发展现状，结合美国、英国、日本等国家在水上应急救援装备技术发展方面的最新进展、我国水上交通的战略部署、水上活动现状，以及水上突发险情及应急救援概况，系统梳理分析相关数据，并广泛邀请交通运输部、交通运输部科学研究院、交通运输部救捞系统各大救助局和打捞局、武汉长江航道救助打捞局等单位涉及地基基地保障、海基救助打捞、空基飞行救助、天基通信监控四大领域的相关专家参与评估打分，建立各指标的评估隶属度矩阵 R，即

$$R = \begin{bmatrix} r_{11} & r_{12} & \cdots & r_{1m} \\ r_{21} & r_{22} & \cdots & r_{2m} \\ \vdots & \vdots & & \vdots \\ r_{n1} & r_{n2} & \cdots & r_{nm} \end{bmatrix}, \quad 0 \leqslant r_{ij} \leqslant 1 \tag{4.10}$$

式中，r_{ij} 为任意一个评估因素集中第 i 个因素对应 Y 中等级 y_j 的隶属关系，即

$$r_{ij} = \frac{y_{ij}}{\sum_{j=1}^{m} y_{ij}} \tag{4.11}$$

式中，y_{ij} 为任意一个评估因素集中对第 i 个因素打分的等级为 y_j 的个数；$\sum_{j=1}^{m} y_{ij}$ 为任意一个评估因素集中对第 i 个因素打分的总数。

构建一级指标层对应指标判断矩阵 X，即

$$X_i = W_{Qi} R_{Qi} = \begin{bmatrix} x_{i1} & x_{i2} & \cdots & x_{im} \end{bmatrix}, \quad i = 1, 2, \cdots, 5 \tag{4.12}$$

式中，W_{Qi} 为一级指标层对应指标的指标权重向量；R_{Qi} 为一级指标层对应指标的指标隶属度矩阵。

构建目标层对应指标的判断矩阵 B，即

$$B = W_P X = \begin{bmatrix} b_1 & b_2 & \cdots & b_m \end{bmatrix} \tag{4.13}$$

式中，W_P 为目标层对应指标的组合权重向量。

4.3.3　多层次模糊综合评估模型

水上应急救援装备技术保障能力评估模型 Z 为

$$Z = BY = \begin{bmatrix} b_1 & b_2 & \cdots & b_m \end{bmatrix} \begin{bmatrix} y_1 & y_2 & \cdots & y_m \end{bmatrix}^{\mathrm{T}} \tag{4.14}$$

式中，Y 为保障能力评语集的评分区间中值，$Y = [0.9\ 0.7\ 0.5\ 0.3\ 0.1]$。

基于综合评估结果，参照表 4.4 即可确定水上应急救援装备技术保障能力等级，以及对应的一级指标综合评分。

4.3.4　评估模型计算及结果分析

1. 数据来源及分析

1) 评估指标权重确定

通过邀请水上应急救援领域的 20 位专家学者，按照附录 C 对设定的评估指标权重进行打分，取各位专家对各个指标权重建议分值的算术平均值，再针对各个指标进行两两比较。参照表 4.2，采用四舍五入法，得出各级指标的判断矩阵如式(4.15)~式(4.20)所示。

目标层对应指标的重要度判断矩阵 P 为

$$P=\begin{bmatrix} 1 & 1 & 1/2 & 1 & 1/2 \\ 1 & 1 & 1/2 & 1 & 1/2 \\ 2 & 2 & 1 & 2 & 1 \\ 1 & 1 & 1/2 & 1 & 1/2 \\ 2 & 2 & 1 & 2 & 1 \end{bmatrix} \tag{4.15}$$

一级指标通信监控能力对应指标的重要度判断矩阵 Q_1 为

$$Q_1=\begin{bmatrix} 1 & 2 & 1 & 2 & 5 & 3 \\ 1/2 & 1 & 1/2 & 1 & 2 & 1 \\ 1 & 2 & 1 & 2 & 5 & 3 \\ 1/2 & 1 & 1/2 & 1 & 2 & 1 \\ 1/5 & 1/2 & 1/5 & 1/2 & 1 & 1/2 \\ 1/3 & 1 & 1/3 & 1 & 2 & 1 \end{bmatrix} \tag{4.16}$$

一级指标飞行救助能力对应指标的重要度判断矩阵 Q_2 为

$$Q_2=\begin{bmatrix} 1 & 2 & 1 & 2 & 4 \\ 1/2 & 1 & 1/2 & 1 & 2 \\ 1 & 2 & 1 & 3 & 5 \\ 1/2 & 1 & 1/3 & 1 & 2 \\ 1/4 & 1/2 & 1/5 & 1/2 & 1 \end{bmatrix} \tag{4.17}$$

一级指标水面救助能力对应指标的重要度判断矩阵 Q_3 为

$$Q_3=\begin{bmatrix} 1 & 2 & 2 & 2 & 5 \\ 1/2 & 1 & 1 & 1 & 3 \\ 1/2 & 1 & 1 & 1 & 3 \\ 1/2 & 1 & 1 & 1 & 2 \\ 1/5 & 1/3 & 1/3 & 1/2 & 1 \end{bmatrix} \tag{4.18}$$

一级指标水下救助能力对应指标的重要度判断矩阵 Q_4 为

$$Q_4=\begin{bmatrix} 1 & 1 & 1 & 2 & 2 & 2 & 5 \\ 1 & 1 & 1 & 1 & 1 & 1 & 3 \\ 1 & 1 & 1 & 1 & 1 & 1 & 4 \\ 1/2 & 1 & 1 & 1 & 1 & 1 & 3 \\ 1/2 & 1 & 1 & 1 & 1 & 1 & 3 \\ 1/2 & 1 & 1 & 1 & 1 & 1 & 3 \\ 1/5 & 1/3 & 1/4 & 1/3 & 1/3 & 1/3 & 1 \end{bmatrix} \tag{4.19}$$

一级指标岸基支持能力对应指标的重要度判断矩阵 Q_5 为

$$Q_5 = \begin{bmatrix} 1 & 3 & 2 & 2 \\ 1/3 & 1 & 1/2 & 1/2 \\ 1/2 & 2 & 1 & 1 \\ 1/2 & 2 & 1 & 1 \end{bmatrix} \tag{4.20}$$

对于目标层对应指标的重要度判断矩阵 P，特征向量 $W_P = (0.143, 0.143, 0.286, 0.143, 0.286)$；最大特征值 $\lambda_{P\max} = 5$；对判断矩阵进行一致性检验，计算得出 C.I. = 0、C.R. = 0。C.R.<0.1，通过一致性检验。

对于一级指标通信监控能力对应指标的重要度判断矩阵 Q_1，特征向量 $W_{Q1} = (0.285, 0.129, 0.285, 0.129, 0.060, 0.112)$；最大特征值 $\lambda_{Q1\max} = 6.026$；对判断矩阵进行一致性检验，计算得出 C.I. = 0.005、C.R. = 0.004。C.R.<0.1，通过一致性检验。

对于一级指标飞行救助能力对应指标的重要度判断矩阵 Q_2，特征向量 $W_{Q2} = (0.300, 0.150, 0.340, 0.138, 0.072)$；最大特征值 $\lambda_{Q2\max} = 5.019$；对判断矩阵进行一致性检验，计算得出 C.I. = 0.005、C.R. = 0.004。C.R.<0.1，通过一致性检验。

对于一级指标水面救助能力对应指标的重要度判断矩阵 Q_3，特征向量 $W_{Q3} = (0.369, 0.191, 0.191, 0.176, 0.072)$；最大特征值 $\lambda_{Q3\max} = 5.018$；对判断矩阵进行一致性检验，计算得出 C.I. = 0.004、C.R. = 0.004。C.R.<0.1，通过一致性检验。

对于一级指标水下救助能力对应指标的重要度判断矩阵 Q_4，特征向量 $W_{Q4} = (0.223, 0.154, 0.160, 0.139, 0.139, 0.139, 0.046)$；最大特征值 $\lambda_{Q4\max} = 7.074$；对判断矩阵进行一致性检验，计算得出 C.I. = 0.012、C.R. = 0.009。C.R.<0.1，通过一致性检验。

对于一级指标岸基支持能力对应指标的重要度判断矩阵 Q_5，特征向量 $W_{Q5} = (0.423, 0.122, 0.227, 0.227)$；最大特征值 $\lambda_{Q5\max} = 4.010$；对判断矩阵进行一致性检验，计算得出 C.I. = 0.003、C.R. = 0.003。C.R.<0.1，通过一致性检验。

综上，可以得出水上应急装备技术保障能力评估指标权重值，如表 4.5 所示。

表 4.5　水上应急装备技术保障能力评估指标权重值

一级指标层	综合权重值	二级指标层	综合权重值
		q_{11}	0.285
		q_{12}	0.129
		q_{13}	0.285
p_1	0.143	q_{14}	0.129
		q_{15}	0.060
		q_{16}	0.112

一级指标层	综合权重值	二级指标层	综合权重值
		q_{21}	0.300
		q_{22}	0.150
p_2	0.143	q_{23}	0.340
		q_{24}	0.138
		q_{25}	0.072
		q_{31}	0.369
		q_{32}	0.191
p_3	0.286	q_{33}	0.191
		q_{34}	0.176
		q_{35}	0.072
		q_{41}	0.223
		q_{42}	0.154
		q_{43}	0.160
p_4	0.143	q_{44}	0.139
		q_{45}	0.139
		q_{46}	0.139
		q_{47}	0.046
		q_{51}	0.423
p_5	0.286	q_{52}	0.122
		q_{53}	0.227
		q_{54}	0.227

2) 指标评估隶属度矩阵

通过邀请水上应急救援领域的 20 位专家学者，按照附录 D 对各个评估的保障能力进行打分，针对特定的评估指标，计算每个专家给出的评分等级，再计算隶属等级的专家数。参照式(4.11)，得出各级指标的评估隶属度矩阵如式 (4.21)～式(4.26)所示。

目标层对应指标的评估隶属度矩阵 R_P 为

$$R_P = \frac{1}{20}\begin{bmatrix} 0 & 3 & 15 & 2 & 0 \\ 0 & 5 & 12 & 3 & 0 \\ 1 & 15 & 4 & 0 & 0 \\ 0 & 10 & 8 & 2 & 0 \\ 0 & 10 & 6 & 4 & 0 \end{bmatrix} \tag{4.21}$$

一级指标通信监控能力对应指标的评估隶属度矩阵 R_{Q1} 为

$$R_{Q1} = \frac{1}{20} \begin{bmatrix} 0 & 7 & 10 & 3 & 0 \\ 0 & 3 & 10 & 7 & 0 \\ 0 & 6 & 9 & 5 & 0 \\ 0 & 0 & 10 & 10 & 0 \\ 0 & 2 & 10 & 8 & 0 \\ 0 & 5 & 8 & 5 & 2 \end{bmatrix} \tag{4.22}$$

一级指标飞行救助能力对应指标的评估隶属度矩阵 R_{Q2} 为

$$R_{Q2} = \frac{1}{20} \begin{bmatrix} 0 & 8 & 10 & 2 & 0 \\ 0 & 10 & 7 & 3 & 0 \\ 0 & 8 & 8 & 4 & 0 \\ 0 & 2 & 10 & 8 & 0 \\ 0 & 1 & 9 & 10 & 0 \end{bmatrix} \tag{4.23}$$

一级指标水面救助能力对应指标的评估隶属度矩阵 R_{Q3} 为

$$R_{Q3} = \frac{1}{20} \begin{bmatrix} 2 & 12 & 6 & 0 & 0 \\ 0 & 10 & 8 & 2 & 0 \\ 0 & 5 & 10 & 5 & 0 \\ 0 & 8 & 8 & 4 & 0 \\ 0 & 2 & 8 & 8 & 2 \end{bmatrix} \tag{4.24}$$

一级指标水下救助能力对应指标的评估隶属度矩阵 R_{Q4} 为

$$R_{Q4} = \frac{1}{20} \begin{bmatrix} 2 & 5 & 10 & 3 & 0 \\ 0 & 5 & 10 & 5 & 0 \\ 0 & 5 & 12 & 3 & 0 \\ 0 & 2 & 15 & 3 & 0 \\ 0 & 6 & 12 & 2 & 0 \\ 0 & 2 & 15 & 3 & 0 \\ 0 & 1 & 10 & 6 & 3 \end{bmatrix} \tag{4.25}$$

一级指标岸基支持能力对应指标的评估隶属度矩阵 R_{Q5} 为

$$R_{Q5} = \frac{1}{20} \begin{bmatrix} 0 & 8 & 10 & 2 & 0 \\ 0 & 6 & 12 & 2 & 0 \\ 0 & 10 & 8 & 2 & 0 \\ 0 & 2 & 10 & 6 & 2 \end{bmatrix} \tag{4.26}$$

2. 评估结果

一级指标对应评估指标的判断矩阵分别为

$$X_{Q1} = W_{Q1}R_{Q1} = [0 \ 0.2386 \ 0.4746 \ 0.2757 \ 0.0112]$$

$$X_{Q2} = W_{Q2}R_{Q2} = [0 \ 0.2404 \ 0.4399 \ 0.2117 \ 0]$$

$$X_{Q3} = W_{Q3}R_{Q3} = [0.0369 \ 0.4423 \ 0.3818 \ 0.1309 \ 0.0072]$$

$$X_{Q4} = W_{Q4}R_{Q4} = [0.0223 \ 0.2061 \ 0.5994 \ 0.1654 \ 0.0069]$$

$$X_{Q5} = W_{Q5}R_{Q5} = [0 \ 0.3420 \ 0.4890 \ 0.1453 \ 0.0227]$$

由式(4.13)可得，目标层对应指标的判断矩阵 $B = [0.0137 \ 0.3223 \ 0.4655$ $0.1723 \ 0.0111]$。

由式(4.14)可得，我国水上应急救援装备技术保障能力评估综合得分为0.5235分，相对于五个等级的隶属度(0.0137, 0.3223, 0.4655, 0.1723, 0.0111)，按照表 4.4 所示的判断准则处于"中等"水平，表明我国水上应急救援装备技术只能基本保障中央管辖水域和国际搜救责任区的突发险情应急救援任务，距离全面保障我国水上突发险情的应急救援及应对未来高海况下群体性人命救助、大规模溢油应急处置、大吨位沉船打捞等还存在一定的差距。

此外，如表 4.6 所示，一级评估指标通信监控能力、飞行救助能力、水面救助能力、水下救助能力、岸基支持能力的综合得分分别为0.4881、0.4517、0.5737、0.5144、0.5298，按照表 4.4 所示的判断准则均处于"中等"水平，表明我国在通信监控能力、飞行救助能力、水面救助能力、水下救助能力、岸基支持能力建设方面还有待进一步加强。

表 4.6　我国水上应急救援装备技术保障能力评估结果

一级指标	等级					综合评分
	极好	较好	中等	较差	极差	
通信监控能力	0	0.2386	0.4746	0.2757	0.0112	0.4881
飞行救助能力	0	0.2404	0.4399	0.2117	0	0.4517
水面救助能力	0.0369	0.4423	0.3818	0.1309	0.0072	0.5737
水下救助能力	0.0223	0.2061	0.5994	0.1654	0.0069	0.5144
岸基支持能力	0	0.3420	0.4890	0.1453	0.0227	0.5298

第5章　水上应急救援装备技术发展趋势研判

目前，我国应急处置能力的提升多由重大事故倒逼推进，水上应急救援领域也不例外，缺乏一个自上而下的体系化指导文件，倒逼式推进必然导致"补丁式"发展，"补丁式"发展理念虽然能够在短期内取得一定的成效，但不能真正地从全局出发统筹规划，无法破解"被牵着鼻子走"的被动发展局面。基于水上应急救援装备技术体系，以全域思维开展水上应急救援装备技术发展趋势研判，系统布局水上应急装备技术研发是解决问题的关键，具有重要的科学意义和指导价值。

5.1　水上应急救援装备技术发展趋势研判理论方法

5.1.1　装备技术发展研判方法选择

德尔菲法、文献计量法、头脑风暴法等是常用的装备技术未来发展信息的获取与处理方法。这些方法各有优缺点，适用于不同情形装备技术发展趋势的研判。其中，德尔菲法又称专家规定程序调查法，主要由调查者拟定调查表，按照既定程序，以信函的方式向专家发放征询调查问卷，不同专家之间互不见面，匿名交流意见，经过反复征集与反馈，专家意见将逐渐集中，从而获得符合实际的研判意见。该方法可为不同专家提供良好的匿名交流平台，保障专家研判的独立性和研判结果的客观性。文献计量法是指借助中国知网、Engineering Village、Web of Science 等文献检索平台，对国内外相关研究成果进行统计分析，从而得到装备技术发展状况、特点和趋势的一种定量方法，具有客观性、量化性、系统性和直观性的特点。头脑风暴法是指通过召开专家研讨会，不同专家互相交流经验看法，不断诱发创造性思维，相互启发补充，产生思维共振，从而得出全面、系统的装备技术发展趋势分析方案的一种方法。可以看出，这些分析方法的优缺点非常明显，单独采用任何一种分析方法都具有一定的局限性。因此，可以结合各种方法的特点，综合采用德尔菲法、文献计量法和头脑风暴法开展水上应急救援装备技术发展分析，即首先通过文献计量法和现场调研分析装备技术发展现状、需求、趋势等，然后制定专家调查问卷，采用德尔菲法进行发展意见融合分析，得到一个专家意见较为集中、客观的综合发展方案，最后邀请行业专家研讨，以便得到更加符合实际的研判结果。

5.1.2　装备技术发展研判的关键技术

1. 装备技术调查指标体系设计

装备技术发展趋势研判的德尔菲调查指标体系的合理与否是决定研判结果是否科学合理的重要基础。为精准把控装备技术发展现状，科学预测其未来发展，研判其在未来水上应急救援能力建设方面可能发挥的重要作用，提出合理的装备技术发展目标及重点任务，以便为未来装备技术的发展提供决策参考，装备技术发展趋势研判指标体系设计需遵循如下原则。

(1) 完备性原则。装备技术发展趋势研判是一个由多层次、多要素构成的复杂系统，涉及发展趋势、研究现状、重要意义、发展路径等多种特征要素。因此，装备技术发展趋势研判指标体系要具有足够的涵盖面，尽可能将相关的主要要素囊括在内，以系统、全面、真实地反映装备技术发展的全貌和各个层面的基本特征。但装备技术发展趋势研判指标体系又不是各指标的简单堆砌和松散集合，必须根据各指标间的内在逻辑关系进行系统整合与集成，形成一个多层次、分类的指标系统。

(2) 科学性原则。科学性是指设计的各项指标能够反映装备技术的本质和特点，突出被评价对象的特征；指标的概念要明确，含义要清晰，尽可能避免或减少主观判断，难以量化的评标因素应采用定性与定量相结合的方法来设置；指标体系内部各指标之间应协调统一，指标体系的层次和结构应合理。

(3) 独立性原则。建立多维指标群的突出问题是需要充分考虑各项指标间的相互关系，严防不同指标交叉重复。在指标体系中，同一层次的指标应尽量克服概念交叉或范围相交，并使数据处理简化。不同层次间的指标实际上是一种包含关系，即上一层次的指标覆盖下一层次的若干指标，而下一层次指标则是对上一层次指标的细化。

(4) 可比性原则。重点领域和关键装备技术的选择在一定程度上取决于所选的比较标准。量化评价指标体系的设计旨在进行横向或纵向比较，客观真实地反映不同装备技术的特征，因此所选的指标应反映评价对象的共性特征，并具有横向和纵向的可比性。

(5) 可行性原则。可行性是指指标体系应具有较强的可操作性。从理论上讲，可以设计出一个尽可能全面的指标体系，对备选关键装备技术做出全方位、立体化、多层次、多视角的评价。在实际操作中，还必须考虑评价的可行性和指标数据的可获取性，有些指标虽然很合适，但基础数据无法得到，缺乏可操作性。

如图 5.1 所示，基于我国当前水上应急救援能力建设现状，严格按照研判指标体系设计原则，可将装备技术发展研判指标体系分为两级，第一级由装备技术发展现状、我国未来发展等 5 大指标组成，每个一级指标又可细化为若干二级指标，每个二级指标的研判参数可结合当前水上应急救援实际需求确定。

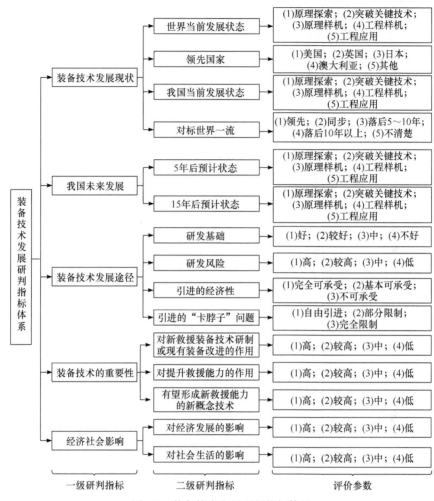

图 5.1　装备技术发展研判指标体系

2. 装备技术调查专家选择方法

　　装备技术的发展不但要满足当下及未来救捞一线作业的需求，还要考虑支撑环境、经济投入等外部环境的影响，更要遵循科技发展的内在规律。德尔菲法对专家依赖度很高，得到的装备技术建设现状及未来发展趋势研判结果受专家判断的科学性与否影响较大。因此，专家选择至关重要。选择专家时需重点关注专家所从事的工作、阅历等因素，选择时应满足专业性、分布性、规模化的原则，专业技术、政策研究、装备技术管理、装备技术研发等方面的专家都需要考虑。预选的专家可根据职称、类别、单位性质等属性构建专家数据库，如表 5.1 所示。

表 5.1　装备技术发展趋势研判专家数据库示意图

属性 专家	职称				类别			单位性质			
	院士	正高	副高	其他	管理人员	科研 人员	一线作 业人员	政府 部门	科研 院所	生产 企业	救捞 队伍
专家 1	√					√	√				
专家 2		√				√				√	
...											

　　为筛选比较合理的专家组，可根据表 5.1 构建专家选择模型，按照专家属性对预选的专家进行打分排序。

　　设定专家职称属性 W_z 为

$$W_z = [w_z^1 \quad w_z^2 \quad w_z^3 \quad w_z^4] \tag{5.1}$$

式中，w_z^1、w_z^2、w_z^3、w_z^4 分别表示是否是院士、正高、副高和其他(是取 1，否取 0)。

　　设职称属性赋值为 K_z，院士、正高、副高、其他的分值分别为 10、6、3、1，即

$$K_z = \begin{bmatrix} k_z^1 & k_z^2 & k_z^3 & k_z^4 \end{bmatrix}^{\mathrm{T}} = \begin{bmatrix} 10 & 6 & 3 & 1 \end{bmatrix}^{\mathrm{T}} \tag{5.2}$$

则职称属性对应的分值为 $W_z K_z$。

　　设专家类别属性 W_l 为

$$W_l = \begin{bmatrix} w_l^1 & w_l^2 & w_l^3 \end{bmatrix}^{\mathrm{T}} \tag{5.3}$$

式中，w_l^1、w_l^2、w_l^3 分别表示是否是管理人员、科研人员和一线作业人员(是取 1，否取 0)；类别属性是多选项，如专家 1，$W_l = [1\,0\,1]$。

　　设类别属性的赋值为 K_l，管理类、科研类、一线作业类的分值分别为 2、2、1，即

$$K_l = \begin{bmatrix} k_l^1 & k_l^2 & k_l^3 \end{bmatrix}^{\mathrm{T}} = \begin{bmatrix} 2 & 2 & 1 \end{bmatrix}^{\mathrm{T}} \tag{5.4}$$

则类别属性对应的分值为 $W_l K_l$。

　　通过对专家职称和类别属性设置比重 R_z 和 $R_l(R_z + R_l = 1)$，可得专家职称属性和类别属性的综合考量得分 W，即

$$W = R_z W_z K_z + R_l W_l K_l \tag{5.5}$$

　　为保障专家组既能对装备技术发展本身，又能对装备技术的战略需求、救援实践需求、经济效益等情况进行精准把握，政府部门、科研院所、生产企业、救捞队伍的专家应保持合适的比例。根据各个专家的综合考量得分，对不同领域专家进行排序，按照不同领域专家占比要求，遴选出符合要求的专家，建装备技术分析专家组。

5.2　水上应急救援装备技术发展分析

本节基于对我国水上专业救捞队伍、相关高校和交通运输部等单位的现场调研和国内外相关研究成果的分析,以突发险情应急救援需求为导向,将支撑人命救助、环境救助、财产救助和应急抢险打捞四大使命任务的通信监控、飞行救助、救助船舶、溢油处置、深海搜寻探测、打捞船舶和深潜水 7 大类关键装备技术进行细化,制定了水上应急救援装备技术发展调查问卷。经过对 20 余位相关领域专家意见的 4 轮征集与反馈,以及相关专家的集体研讨,最终遴选出如图 5.2 所示的涵盖通信监控能力、飞行救助能力、水面救助能力、应急抢险打捞能力和支撑保障能力 5 个方面、17 种当前我国亟须重点发展的水上应急救援关键装备技术。

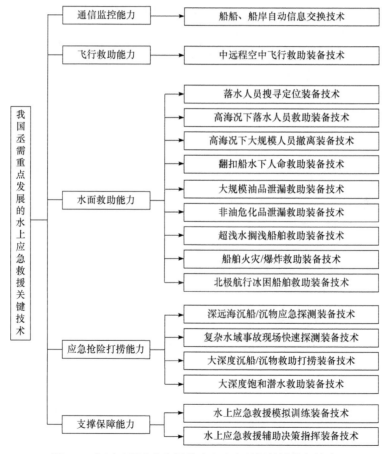

图 5.2　我国亟须重点发展的水上应急救援关键装备技术

5.2.1　船船、船岸自动信息交换技术

通信监控是监控沿海离岸海域、长江干线船舶动态信息的重要手段，突发险情时可为所有参与任务的机构，以及现场的救助飞机、救助船舶之间进行即时信息共享提供渠道，能显著提升应急搜救能力。世界各海洋大国都非常重视水上通信监控系统的建设，例如美国海岸警卫队拥有 12 个 VTS 中心，建立了 200 多个 AIS 接收站，可有效监控离岸 50n mile 的水域。近年来，我国也在通信监控系统建设方面投入了不少的人力、物力，有效提升了水上突发险情的应急救援能力。

1. 装备技术发展现状

目前，救捞系统骨干通信网络保障体系初步形成，各级单位之间沟通交流和信息共享能力得到提升。交通运输部救捞局与各救助局(含飞行队)、打捞局之间建立了网速为 2Mbit/s 的专线链路，用于承载视频会议、现场图像传输、核心业务系统访问等功能。各救助局救助处、主要救助基地均安装了 VHF 通信系统，并通过通信基础设施改造，增强通信效果。救助船舶上安装了海事卫星 C 站、F 站、FB 站、VSAT 船载设备、VHF 和 AIS 船台。船载局域网在 1940kW 级以上救助船舶得到普及建设。救助船舶上安装了 AIS 船载终端设备，通过海事系统接入 AIS 船舶动态监控终端，实现了对救捞船舶的位置监控。

沿海和长江干线实施了 VHF 通信系统新建、改建工程，更新改造了天津、广州、三亚海岸电台、中国籍国际航行船舶远程识别与跟踪(long range identification and tracking of ships，LRIT)系统和长江航运通信网，安全通信系统对中央管辖水域和国际搜救责任区的覆盖更加全面。沿海和长江干线新建、改建 VTS 雷达站 109 座，实施了沿海、长江干线 CCTV 补点工程和渤海水域综合监控监视系统工程，使沿海重点水域和内河重要航段监控系统布局更加完善，船舶动态监控管理与服务更加实时、高效、协同。

2. 面临的挑战

(1) 离岸中远程海域通信能力不足。相比庞大的救助通信监控需求，交通运输部救捞系统通信及信息化网络基础设施不够完善，救捞专网尚未全面覆盖各级救助机构；离岸通信能力不足，离岸中远距离海域船岸、机岸、船机之间的语音沟通和数据传输难以有效保证的问题依然凸显。

(2) 长江干线监管系统感知手段相对传统，智能化水平较低，数据互联互通和相互支持不够。长江干线水域常年航行的运输船舶约为 7 万艘，船舶用户在日常生产、生活或突发险情应急沟通过程中，有大量信息在船岸间、船船间传输，用户对宽带网络应用的需求越来越迫切。

3. 未来发展的方向目标

(1) 通信监控方面。在 2025 年之前，完成通信监控系统对我国沿海水域、内河水域的有效覆盖；至 2035 年，完成对我国沿海水域、内河水域及国际搜救责任海域的全面覆盖，在离岸 100n mile 以内水域和内河重要航段形成多重覆盖。

(2) 船舶动态监控方面。在 2025 年之前，基本实现船舶动态信息全过程、全要素精准感知和有效辨识，全面掌控沿海离岸 25n mile 以内的 1000 总吨以上船舶的动态信息，对沿海重要航路感知识别率达到 80%；至 2035 年，全面掌控沿海离岸 25n mile 以内的 200 总吨以上船舶动态信息，对沿海重要航路感知识别率达到 100%，对国际航路和水上战略要道感知识别率达到 70%。

4. 未来发展的核心任务

(1) 完善水上安全通信系统覆盖。升级完善沿海、长江干线和其他内河重点航段的 VHF 通信系统，基本实现连续覆盖沿海近岸水域和中央事权内河水域；更新改造沿海中高频海岸电台，实现沿海 MF 重点覆盖、HF 交叉覆盖，加强对北极航道等高纬度地区的水域覆盖；沿海交通通信网覆盖近岸重点水域；建设长江、西江干线多方式融合的应急通信系统，提高长江、西江干线船岸安全通信能力。

(2) 提升船舶交通管理系统综合功能。完善沿海主要港口和内河重要航段 VTS 系统布局，适时开展现有系统的升级改造和联网工作，实现沿海和内河重点水域的全面覆盖；升级改造岸基 AIS，推动建设星基 AIS，提高 AIS 覆盖和融合水平；完善沿海及长江干线视频监控站点布局，升级改造现有视频监控系统，提升智能化分析水平。

5. 技术路线

船船、船岸自动信息交换技术发展图谱如图 5.3 所示。

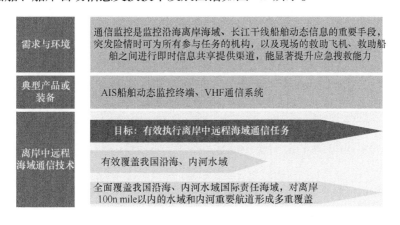

图 5.3　船船、船岸自动信息交换技术发展图谱

5.2.2　中远程空中飞行救助装备技术

我国水上救助的主要设施是各种救助船舶和救助直升机。救助船舶虽然在海上救助过程中发挥了重要作用，但是航速慢、受海况影响大的特点导致其在远距离、大风浪情况下的海难救助效果不佳。救助直升机视野宽广，受海况影响较小，可以在救助船舶不能作业的场合实施救助，在美国、日本等发达国家都得到广泛的应用[40]。海空协同立体救助技术即综合运用救助航空器和救助船舶实施海难救援，发挥二者优点与特长，对海难事故进行应急响应，及时救助突发事件中的落水人员或伤者。

通常，直升机可参与的救助作业主要有：①利用目视、雷达或红外线探测，对遇险目标实施快速搜寻；②释放搜寻救助基点浮标；③引导水面救助船艇；④释放救生员、急救医师；⑤救助水面或船上的遇险人员；⑥用救生吊篮、担架或吊带吊救遇险人员；⑦转移或救助遇险人员和救助人员；⑧移送排水泵、灭火工具等救助设备；⑨对失火船投放灭火剂；⑩空投或吊放救生设备、救生物品；⑪提供救助现场夜间照明；⑫协助救助船舶带缆；⑬执行各种巡逻巡视、指挥、拍摄等任务。

救助直升机最初被应用于战场搜索救生和战场救护，后来在民用领域的抢险救灾和医疗救护中开始广泛应用。救助直升机的特殊飞行性能和用途，使其可抵达其他交通工具无法到达的地方，能迅速而高效地开展救援工作。使用直升机、无人机实施海上救助，具有行动迅捷、机动性强、受天气海况影响小、视野开阔搜寻范围大、救助成功率高等特点，是海上人命救助最高效的手段之一。

随着海上交通运输业、滨海旅游业、捕捞养殖业等涉海产业日益繁荣，涉海活动更加频繁，人员更加密集，海上各类紧急突发事件、险情和海难事故时有发生，给海上搜救工作提出了严峻的挑战，同时给海空协同立体救助技术的发展带来重大机遇。

1. 装备技术发展现状

美国海岸警备队(United States Coast Guard，USCG)作为负责沿海水域及内河航道的水上安全、遇难船只及飞机的救助、环境控制等任务的武装部队，拥有世界上最先进的海上航空救助技术。截至 2019 年底，美国海岸警备队设有航空基地 26 处，拥有各型固定翼飞机和螺旋翼直升机 201 架(固定翼飞机 55 架、螺旋翼直升机 146 架)，可开展短程、中程、远程海上救助任务[5]。海难救助业务是日本海上保安厅的三大主司业务之一，主要包括海难救助、海洋环境保护和海上防灾。截至 2017 年 4 月，日本海上保安厅设有航空飞行基地 12 处，拥有包括固定翼飞机和螺旋翼直升机 74 架(固定翼飞机 26 架、螺旋翼直升机 48 架)，可开展短程、中程、远程海上救助任务[41]。

我国于 2003 年引入 2 架 S-76C+型海上专业救助直升机，进入海空联合搜救的新时期。目前，救捞系统下辖 3 个救助局、4 个救助飞行队，设有 8 处救助飞行基地，拥有各类型直升机 20 架。S-76C+是世界上比较先进的直升机，配置有强光搜索灯、红外成像仪、自动悬停系统、电动绞车系统、对空对海电台等设备，可在 10 级风和 9m 浪高情况下开展海上救援。EC225 大型救助直升机可搭乘 24 名乘客或外挂 3.8t 载荷，配备先进的驾驶和通信设备，装有雷达、防冰和除冰系统、水上迫降浮筒、机载救生筏等装备，具备全天候飞行的能力，具有速度快、航程远、功率大、抗风能力强等特点。虽然国内直升机海上救援体系已经初具雏形，但是由于我国具有漫长的海岸线和广阔的海洋面积，救援设备和救援能力明显不足。

2. 面临的挑战

(1) 广阔海疆与救助装备技术之间的矛盾亟待解决。我国海岸线长度约 1.8 万 km，管辖海域约 300 万 km²，无论是救助直升机配置数量，还是救助飞行基地设置均明显不足。统计发现，中国、美国、日本每万千米海岸线配置救助直升机数分别为 10.1 架、89.1 架、21.1 架，我国约占美国的 11.3%、日本的 47.9%；中国、美国、日本每万平方千米水域配置救助直升机数分别为 0.07 架、0.45 架、0.18 架，我国约占美国的 15.6%、日本的 38.9%；中国、美国、日本每万千米海岸线配置救助飞行基地数分别为 4.04 个、11.46 个、3.43 个，我国约占美国的 35.3%、日本的 117.8%；中国、美国、日本每万平方千米水域配置救助飞行基地数分别为 0.027 个、0.058 个、0.030 个，我国约占美国的 46.6%、日本的 90%[5]。

(2) 中远程救助装备技术亟待补充完善。目前，救捞系统现有的大中型救助直升机救助能力主要集中在 50n mile 以内。由于可执行 100n mile 范围内救援任务的大型救助直升机分别部署在北海第一救助飞行队和南海第一救助飞行队，针对 50～200n mile 的救助任务救助效率较低，依靠现有救助直升机，需要采取转场等方式。同时，四个救助飞行队均未配置固定翼飞机，对于发生在 200n mile 以外的突发事件的直升机救助能力严重不足。

(3) 航空救助装备技术国产进程进展缓慢。四个救助飞行队现有的大中型救助直升机多依赖进口，单价不菲。然而，受限于当前国内经济发展水平，无法根据海上救援的实际需求配置必要数量和型号的海上救援航空器。这无形中制约了救助航空器的总体布局与飞行队的整体发展。

3. 未来发展的方向目标

立足水上应急救援的长远发展，进一步推进航空救援装备技术的科学、高效发展，提升救捞系统的快速反应能力与水平，建立符合救捞科技自身发展规律的救捞科技管理与创新研发体系，完善海上航空器救援体系，提升内陆深水应急救援快速反应能力。

(1) 救助航空器全天候救助能力建设方面。在 2025 年前，实现救助飞机能够有效执行夜间救援任务；至 2035 年，救助飞机能够 24 小时有效开展离岸 200n mile 以内及内河重要航段的救助任务。

(2) 飞行救助力量建设方面。在 2025 年前，救助飞机可执行一般海况下沿海及内河重要航段的救援任务；至 2035 年，沿海重点水域航空救援力量应急到达时间不超过 2 小时。

(3) 救助直升机国产化方面。在 2025 年前，深化军民融合及国际合作，建设 1～2 个救助直升机军民融合试点基地，或引入 1～2 家合资救助直升机制造公司；至 2035 年，实现国产救助直升机的量化生产。

4. 未来发展的核心任务

(1) 完善飞行基地布局。进一步优化机场和临时起降点布局，加快推进沿海和内河重要航段救助机场等救助飞行基地建设。

(2) 优化救助装备配置。根据全天候值班待命需要，综合选择性能优越、运行经济、覆盖面大的救助直升机，推动大中型救助直升机、中远程固定翼飞机等救助航空器装备入列，保障每个飞行救助基地具备 24 小时执行救援任务的能力。同时，为大型救捞船舶配备舰载直升机或可回收的无人飞行器，在沿海增加固定翼搜寻飞机。针对中远距离救捞任务，并利用舰载直升机扩大搜寻范围，提高搜救效率。

(3) 强化先进技术引进。积极从国家层面寻求政策支持，深入推进军民融合和技术引进；积极与西科斯基等美欧先进直升机制造商合作，共建合资公司，加速救助直升机国产化进程。

5. 技术路线图

中远程空中飞行救助装备技术发展图谱如图 5.4 所示。

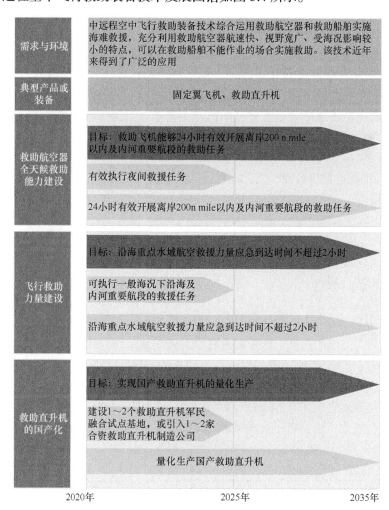

图 5.4　中远程空中飞行救助装备技术发展图谱

5.2.3　落水人员搜寻定位装备技术

船舶遭受碰撞、搁浅、火灾、恶劣气象等各种突发状况时极易出现险情或事故。尤其是在海上，受气象、洋流和海况的影响，险情或事故落水人员呈动态分布，且在海上漂浮轨迹毫无规律可循，这给搜寻工作带来很大困难[41-44]。此外，特殊的海上低温环境、海洋生物的伤害使落水人员伤亡的概率很大，加之海上救援机制、体系的不完善，以及缺乏性能优良的救生装备等，都给世界各国在开展海上救援工作带来了不少困难[45-47]。因此，越早发现目标，遇险人员的生存概率就越大。

1. 装备技术发展现状

在进行海上搜寻救护时，所使用的救助船舶和直升机多按相关规定进行开展，并且搜寻基点的确定尤为重要。

在验算失事点以及搜寻基点时，要充分考虑海风、洋流、潮汐的作用，借用当今的大数据处理来提升搜救推算的准确率，并确定最佳的搜寻方式。

因为海上的不确定因素太多，所以相关落水人员被搜救的成功率还是相对较低的。随着北斗定位、电子激发手电等技术的进步，搜救的成功率有所提升。

1) 搜寻方面

(1) 救助船舶搜寻技术。救助船舶搜寻是当前常用的搜寻手段，主要搜寻方式包括船扩展方形搜寻、单船扇形搜寻、平行搜寻(二船、三船、四船协作)、海空立体搜寻等。海上救助过程一般采用扇形搜寻方式，搜寻半径约为 5n mile[48]。

(2) 无人机搜寻技术。无人机具有机动灵活、覆盖范围广的特点，不但可以进入人类无法或不易抵达的区域，还能快速准确地定位目标，并传输高清视频图像给救助母船，在岛礁、浅水区作用巨大，搜寻效果也远超一般的救助单位。目前，国内外都在积极尝试采用无人机搜寻技术开展海上落水人员搜寻救助工作。例如，马耳他使用无人机在地中海展开遇险人员搜寻定位工作，有效提升了救援效率[49]。2015 年，英国 Martek Aviation 公司研发的 ViDAR 无人机搜救系统采用可 180° 旋转的高清相机阵列将单次扫描范围扩大了 80 倍，同时可自动侦测海上肉眼无法看见的目标，包括小艇及落水人员。美国、英国等将该系统装载在"扫描鹰"无人机上，用于对海上目标的搜索。"扫描鹰"本身具有较为出色的续航能力，也具备一定的抗风能力，可在 6 级海况下执行海上搜救任务，装载 ViDAR 系统后能够以 11km/h 的速度持续工作 12h，单次海上搜索面积可达 4.6 万 km²。近年来，我国的大疆无人机在海上搜寻方面也取得长足的进展。早在 2013 年，美国海军太平洋舰队就用大疆无人机开展海上搜救任务[50]。2017 年，西藏纳木错湖出现人员落水险情，在 6 级以上风况下，直升机无法悬停救援，救援队采用悟 1、精灵 4 无人机对湖面区域进行人员搜寻并成功解救落水人员。从当前的技术来看，无人机由于抗风能力较差，多在海况良好的时候配合搜救艇应用。

(3) 救助直升机搜寻技术。救助直升机最大的特点就在于其飞行高度和救助船舶相比具有更广阔的搜救视野，可以对目标船只进行及时的搜索。海上搜救直升机都配置了相应的搜救仪，以及明确搜救范围的软件。在海上救援的过程中，救助直升机可以针对海上 5～20n mile 展开勘察搜寻，解救遇险者。

2) 定位方面

海上落水人员的搜寻是我们救助的重点，但是制约因素较多，精度也很难满足需求，救助船上的近距离搜寻设备在宽广的大海上作用有限。目前常用的水上求救定位设备主要包括两类。一是无线电信号类。最常用的是紧急定位示位标。由于该类设备具有体积大、重量大、携带不方便、作用距离短的特点，通常安装在远洋货船上，不太适用于个体遇险人员。二是采用火焰信号、烟雾信号类、信号弹类、浮灯类、海水染色类、反光带，以及各种组合信号类。其优点是携带方便、使用简单；缺点是不能主动将其自身位置告诉搜救方，发烟等作用时间短，使用时受外界因素影响较大，不利于迅速、准确地确定和搜救遇难船舶和人员[51]。

近年来，随着科技的发展，为弥补传统定位技术的不足，相继涌现一些新型定位技术，并在水上救助中发挥积极作用。MOB-A1S 是一款独特的个人便携式遇险示位与报警装备，造价相对低廉，接收范围为 3～5n mile，可连续工作 48h。随着我国北斗导航系统的发展，该类设备的普及度将会更高。目前，我国的大部分专业救助船舶已经为自己的船员配置了 MOB-A1S 设备，以快速搜寻定位在执行救援任务过程中落水的救援人员，提升救援人员自身的安全性[52]。

2. 面临的挑战

(1) 落水人员分布广泛，搜寻难度大。一方面，受风向、海流(河流)、海潮等影响，落水人员通常呈动态分布。尤其是在海上，落水人员一天可漂浮几十海里，漂流方向不定、漂流轨迹多样(呈 Z 字形、S 形，甚至无规律可循)，搜寻方向难以确定。另一方面，由于落水人员在水中往往只露出头部，在气象条件平稳、能见度好的情况下，靠肉眼观察通常也只能搜寻 600～700m，在夜间更差，很难发现落水人员，搜寻难度大。例如，2015 年，载有 454 人的"东方之星"旅游客船遭遇罕见强对流天气发生沉没，沉船事件发生后，交通运输部门、解放军、武警部队和公安干警、沿江省市等调集动员了大批专业搜救人员、解放军、武警和消防救援人员，以及沿江地区群众，采取空中巡航、水面搜救、水下搜救、进舱搜救和全流域搜救相结合的方式，在事发地及下游水域开展全方位、立体式、拉网式搜寻近 13 天，即便投入如此巨大的救援力量，搜救效果仍不理想，仅 12 人获救。

(2) 个人定位装备配置率低，无法实现突发状况下对落水人员的定位。受科技发展水平的限制，目前对 MOB-AIS 等个人定位设备的研发有待进一步加强，这也导致我国 MOB-AIS 等个人定位设备的配置率低下，无法满足有效应对突发事件的应急处置需求。

3. 未来发展的方向目标

(1) 无人机协同搜救能力提升方面。在 2025 年前，建成 1～2 个无人机搜寻试点基地，具备一般海况下无人机搜寻能力；至 2035 年，在救捞系统全面推广无人机搜寻技术，具备救助船、无人机群救助直升机全天候协同搜寻能力。

(2) 船员个人定位装置推广方面。在 2025 年前，完成对我国救助船舶船员个人定位设备的配置；至 2035 年，全面完成对我国所有船员个人定位设备的配置。

4. 未来发展的核心任务

(1) 加快推进无人机搜寻试点工作，稳步掌握无人机水上搜寻技术要点，提高无人机功能配置，加装搜索设备，改进搜寻感知手段，提升抗风能力、续航能力等。

(2) 加快无人机、救助直升机搜寻队伍建设，形成救助船、无人机群、救助直升机协同搜寻技术，提升海上人员搜寻能力和搜寻效率。

(3) 全力推进船舶船员个人定位设备的普及，改进定位设备的信号传输距离，提升其续航能力和信号强度。

5. 技术路线图

落水人员搜寻定位装备技术发展图谱如图 5.5 所示。

需求与环境	船舶遭受碰撞、火灾、恶劣气象等突发险情时极易导致人员落水。尤其是在海上，受气象、洋流和海况的影响，落水人员漂浮轨迹毫无规律，这给搜寻工作带来很大困难。此外，特殊的海上低温环境、海洋生物的伤害使落水人员伤亡的概率很大，因此，越早发现目标，遇险人员的生存概率就越高
典型产品或装备	定位装置、救助直升机
无人机协同搜救能力提升	目标：可有效执行落水人员无人机搜寻任务 建成1～2个无人机搜寻试点基地，具备一般海况下无人机搜寻能力 在救捞系统全面推广无人机搜寻技术，具备救助船、无人机群救助直升机全天候协同搜寻能力

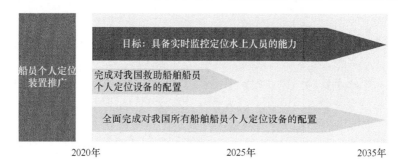

图 5.5　落水人员搜寻定位装备技术发展图谱

5.2.4　高海况下落水人员救助装备技术

最大限度保人性命是落水人员救助技术的根本目标。人员落水后都会紧张焦虑，尤其是在海上，海浪拍打还会使落水人员意识模糊，甚至休克溺亡。当落水人员体温降到 35℃时，持续的寒冷会使其意识模糊，甚至消失，加之人在水中身体热量的散失速度也是空气中的数倍，失温快，死亡风险很高，所以缩短待救时间及救助时间，是挽回落水人员生命、提高救生效率的关键。

1. 救援技术发展现状

目前，针对落水人命救助技术，内河和海上有所不同。相比海上，内河水面环境相对较好，当发现落水人员时，一般派遣冲锋舟或橡皮艇前往救援。在海上，当发现落水人员时，救助船可用救生捞网、救助吊篮、救助艇救援，直升机可用专人索降救援[53, 54]。

在高海况下，救助艇无法使用，人命救助多通过救助船来完成。救助船首先靠近落水人员，然后通过救生设备把人拉上船。目前，我国大型海洋救助船能够在 9 级海况(风力 12 级、浪高 14m)下出动，6 级海况(风力 9 级、浪高 6m)下实施有效人命救助。然而，由于螺旋桨对落水人员的威胁极大，为防止对落水人员造成二次伤害，目前救助船救援都是在船侧低压区开展。当需要营救的落水人员很多时，需要大量使用救生攀爬网、救生圈串等救生设备。但是，救助船船体笨拙，加之高海况下风浪摇摆剧烈，落水人员的掌控性较差，极易出现二次伤害事故，因此使用该救援技术时通常需十分谨慎。

救生捞网是常见的救生器材，我国的大型救助船均配置有各种救生捞网。救生捞网具有张开面积大、结构牢固的特点，可在两舷安装使用，既可撑吊又可以攀爬，还能当捞网使用。然而，救生捞网救助技术在使用过程中也存在诸多不足。一方面，如果网面布设位置不当，则存在救生捞网及其救护的落水人员被船舶螺旋桨吸入的风险。另一方面，在高海况下，若不能灵活操纵吊杆，网具可能撞击落水人员造成二次伤害，同时大风浪中救生捞网翻滚磕碰也在所难免。

救助吊篮可分为软网吊篮和硬框架吊篮。软网吊篮主要适用于吊救神志清醒尚能游动的落水者，救人时将液压折臂吊或伸缩吊放至水中，待救人员进入篮内，起吊收进。相比于软网吊篮，硬框架吊篮适用范围更广，主要是利用自重沉入水中，操纵吊篮至待救者下方起吊将人救起。相比于救生捞网，救助吊篮作用范围小，但是救助吊篮可利用吊臂灵活调整位置，比捞网更方便。然而，在高海况下，若不能灵活操纵吊臂，吊篮的硬框架可能对待救人员造成二次伤害，同时大风浪中救生吊篮翻滚磕碰也在所难免。

此外，海上人命救助过程中的救生担架使用也比较广泛，救生担架的收放特征与硬框架吊篮比较相似，高海况下的适用性较差，容易对待救人员造成二次伤害。

释放救助艇/筏进行营救是海上常见的营救方式，该技术不但方便快捷，还可以进入浅水区域实施营救。然而，救助艇救助技术多是在气象海况平和时采用，高海况下，该技术实施的危险性较大。一是救助艇收放危险程度较高。当风浪较大时，救助船舶摇晃幅度很大，救助艇收放时将会随母船摇摆，人员极易被甩出艇外落水。同时，救助艇与艇架或船体碰撞时，将产生巨大的额外弹力，吊艇的钢丝若无法承受救援时的总拉力，可能出现钢丝绷断的现象，后果不堪设想。二是救助艇水面救援风险较高。在一定风浪下，救助艇很难有效地进行稳固作业，靠近落水人员时，为避免挤压落水人员，像缆绳、救生环、桨、艇篙等工具都要谨慎使用。同时，若救助艇受力过偏，将有侧翻的风险。加之救助艇较小，抗风浪能力很差，极易侧翻。

直升机可采用索降救援技术，即当直升机达到救援现场后，开展现场勘查，并由绞车手放下救生员或吊篮等专用救助救护设备，将落水人员救起，使用该技术可以尽早到达救助现场，有效缓解落水者的恐慌心理，提升遇险者生存的可能性。同时，该技术受海浪风险影响较小，目前我国救助直升机可在 10 级风和 9m 浪高情况下进行海上救助，有效提升救援效率。

为弥补传统救生技术的不足，遥控救生圈等新型救援设备及技术不断涌现，并在救助中发挥积极作用。采用遥控救生圈救助技术，救生装备可以在施救人员不入水的前提下，把救生圈自动递送到落水人员手上，并将落水人员牵引到救援人员附近。然而，该设备的设计构想主要聚焦在浅水区、堤坝区、岛礁碎石区等有限的距离内辅助救援[55]。

2. 面临的挑战

(1) 海上情况复杂，落水人员生存能力有限。落水人员需要与恶劣海况抗争，通常极度疲劳。落水人员若缺乏漂浮救生器材，则容易导致淹溺；若缺乏足够的食品和淡水，则很难在海上维持生存；若在低温海水中浸泡，则容易造成冻僵。研究发现，落水人员浸泡在海水中，若无防寒措施，在一定的水温条件下人体能耐受的时间有限，否则就有生命危险。一般说来，当水温为 18～20℃时，人在海水中能耐受的时间约为 3h；当水温为 16～18℃时，人在海水中能耐受的时间约为 1h；当水温为 13～16℃时，人在海水中能耐受的时间约为 40min；当水温为 10～13℃时，人在海水中能耐受的时间约为 20min；当海水温度低于 15℃时，若落水人员得不到救援，将在 1～6h 死亡[56]。此外，鲨鱼、海蛇等海洋生物也是威胁落水人员生命的重要因素。

(2) 气象、海况等因素是制约落水人命救助效率的关键因素。海难事故发生时往往气象恶劣、海况复杂，难以组织力量出海施救，或现有救援装备技术难以有效开展救援工作，救助成功率不高。例如 1999 年，载有 302 人的我国"大舜"号滚装船在 9 级海况下倾覆沉没，285 人遇难；2008 年，载有 862 人的菲律宾"群星公主"号渡轮遭遇台风沉没，810 余人遇难；2014 年，载有 476 人的韩国"岁月"号客轮意外进水沉没，295 人遇难。虽然上述三起特大沉船事故发生后均投入了各方救援力量，但事发现场要么风高浪急，要么暗流汹涌，迫使救援活动数度中断或进展缓慢，救援效果很不理想。究其缘由，气象环境、海况条件是影响落水人员救捞成功率的关键因素。

3. 未来发展的方向目标

(1) 落水人员体温保持方面。在 2025 年前，研发设计超感知、自适应智能救生衣，可根据需要自行调节温度；至 2035 年，全面推广超感知、自适应智能救生衣。

(2) 智能化救助装备方面。在 2025 年前，遥控智能救生圈能够自主识别遇险人员；至 2035 年，遥控智能救生圈可在一般海况下自主开展救援工作。

4. 未来发展的核心任务

(1) 优化救生装备配置。按照适用不同季节、不同海况的救生服配置原则，加快协调相关厂家对保温救生衣的研发。

(2) 完善无人智能救援技术。一方面，在救生圈加装人脸识别摄像头，通过人脸识别目标温度、面部表情与特征，自主判断救助目标；另一方面，加装基于北斗或 GPS 导航的返航路径自动规划程序，实现智能救生圈可自主规划路线返航。

5. 技术路线图

高海况下落水人员救助装备技术图谱如图 5.6 所示。

图 5.6　高海况下落水人员救助装备技术图谱

5.2.5　高海况下大规模人员撤离装备技术

　　我国海上交通运输繁忙，海难事故频发。船舶一旦发生海难事故，迅速有效地采取救助措施，对保障海上人命安全具有重要意义。然而，受天气、现场海域地理环境等多方面因素的影响，海难救助遇险人员的伤亡情况很大程度上取决于救助人员采取的救助方法[57]。

　　(1) 天气海况。在大风浪条件下进行的海上救助占海上救助数量的一半以上，风力达到 8 级及以上和海面出现 3～4m 及以上高的浪涌就是大风浪环境[57]，救助船舶在大风浪作用下会发生激烈颠簸和摇摆，甲板容易上浪，使甲板积水，造成甲板湿滑，作业困难，甚至人员伤亡、设备损坏。另外，低的能见度会对船舶靠近辨认救助目标产生困难，从而对救助作业产生极其不利的影响和风险。

　　(2) 救助作业的地理环境。如船舶搁浅事故绝大多数发生在受限水域，尤其是浅滩和暗礁密布的海域属于搁浅发生的高发地，因此在救助位于浅滩或暗礁的船舶时，必须考虑救助船舶可能在此区域遇到的危险。一般情况下，救助指挥员需要考虑运用吨位吃水较小的救助船靠近，这样就会使救助设备产生局限性，必然对救助作业造成影响。另外，养殖区也是错综复杂的海域，航道狭窄，养殖架移动，绳索网具繁多，极易缠绕救助船舶螺旋桨。

1. 装备技术发展现状

海上群体性伤病/被困人员转移通常可采用救助船旁靠遇险船、救助直升机索降转运、气胀式救生滑道、释放灵便型救生快艇或快速救助艇、拖带遇险船至安全水域等方式。

(1) 救助船直接靠遇难船。在风浪较小的情况下，可采取靠船救人，救助船直接靠遇难船是接救遇险人员最迅速最直接的方式。大风浪中转移遇险人员是人命救助的难点，救助船与失火船都摇摆厉害，两船并靠碰撞严重，转移人员非常不安全，极易造成船体破损进水。

(2) 直升机转运作业。在救助拖轮和遇险船只、平台、岛礁等之间进行转运作业是直升机海上救助常见的作业项目，如将伤员转运至地方医院进行治疗，将被困人员转运至救助船上。

(3) 救生滑道救人。目前，大多数客滚船配备救生滑道，在风浪不太大的情况下，最安全的接人办法是由救生滑道滑入救助船。救助船停靠在救生滑道末端的平台旁边，及时接救滑出的人员。如果客滚船没有配备救生滑道，可采取放下数条缆绳，人员顺缆绳滑到救助船的办法。

(4) 灵便型救生快艇和快速救助艇救人。在海上风浪太大无法靠船，人员处于紧迫危险中时，直升机在飞行条件允许时转运人员是最安全可靠的办法，但是如果遇险船上有数百人待救，直升机转运有所不及，可行的施救措施是使用灵便型救生快艇和快速救助艇接救人员。灵便型救生快艇或快速救助艇的首尾都设置安全绳索，可以摆渡到遇险船人员待救处。两船之间用安全绳索来回牵引灵便型救生快艇或快速救助艇运送遇险人员。

(5) 将遇险船拖带到安全水域。在恶劣海况下，救助船无法靠近遇险船接人时，若局势的发展对船舶和人员暂无威胁，附近又有安全水域，救助船可带上拖缆拖带遇险船进入安全水域后撤离人员。

2. 面临的挑战

(1) 海难救助时效要求高。海上船舶遭遇险情，特别是在恶劣气象海况下发生险情时，对救助的时效性要求非常高。以"东方之星"号客船为例，从遭遇险情到船舶倾覆仅 10min 左右的时间，给现场操作人员和岸基应急搜救机构的快速处置都提出了极高要求。

(2) 群体性人命救助难度大。随着客船大型化、高速化的发展，船载人员数量多，部分豪华邮船载客可达数千人，一旦船体安全性能遭到破坏，极易造成群死群伤事故。在实际救助过程中，一旦客船尤其是大型邮船发生遇险事故，因客船舱室结构复杂，房间和通道众多，未经专业培训的乘客很难在短时间内抵达指定集合区域或通过就近通道抵达舱外逃生；事故发生后，实际救助也大多依靠水面救助船艇或空中直升机转移遇险人员。救助船艇和直升机容量有限，施救水域空间也受限，遇到大规模人员救助时，救助力量往往没有足够的时间在船舶沉没前进行大规模人员转移。此外，一旦船舶沉没或者倾覆，由于遇险人员众多，大量乘客等人员滞留舱内，再加上船舶舱室、门窗众多，船舶结构容易变形，乘客很难通过自救出舱，只能依赖外部救助。救助人员在不熟悉遇险船舶结构、舱内杂物移位等因素的情况下，贸然进入舱室进行救助往往会造成次生危险。这都给救助工作带来极大的困难。

(3) 遇险人员自救组织欠佳。遇险船船员和乘客自身的危机应对能力在一定程度上影响最终的救助结果，高素质的船员队伍是保证客船安全营运的决定性因素之一，但大多数船员并没有应对大型事故的经历，客船船员整体素质参差不齐，在遇到突发险情时容易惊慌失措，无法正确判断事故发展的趋势，从而难以采取及时有效的应对措施，更难以有效组织乘客进行自救。再加上乘客不熟悉船舶突发事件的应对程序，无法按照船员或者主管机关的要求做好配合待救工作，在一定程度上也会影响救助成效。

3. 未来发展的方向目标

(1) 群体性人员转移能力建设方面。在 2025 年前，形成 1～2 个救助直升机编队与救助船船舶编队("机-船编队")协同救助试点工作基地，具备一般海况下群体性人员快速转移能力；至 2035 年，在救捞系统全面推广"机-船编队"协同救助技术，具备高海况下群体性伤病/被困人员转移能力。

(2) 大型邮轮自救装置建设方面。在 2025 年前，研发针对大型邮轮等船舶的安全逃生滑道装备及筏式人员转运平台技术；至 2035 年，针对大型邮轮等船舶全面推广安全逃生滑道装备及筏式人员转运平台技术。

4. 未来发展的核心任务

(1) 高强度变刚度梯度降速滑道设计与安全监控技术。通过分析人员运动速度与安全性的关联关系，建立最优撤离速度计算方法；利用高强度复合材料设计撤离滑道的柔性骨架，通过分段气压控制调节滑道各部位的结构刚度，根据最优撤离速度设计滑道下降速度曲线，利用材料选取与结构设计实现人员撤离速度控制；利用压力、红外传感器设计滑道人员监测网络，根据人员撤离最优时间间隔计算，通过光、声组合的方式对进入滑道的人员提示，根据人员监测信息对滑道出口处的上跃结构进行动态调节，提高人员撤离的安全性。

(2) 筏式人员转运平台稳定性控制与快速展开技术。根据客船类型与特点设计筏式转运平台几何尺度，基于滑道的倾角设计囊柱式滑道位姿保持结构，通过气压调节改变囊柱刚度实现滑道位姿稳定；设计柔性滑道与筏式转运平台的折叠方法，以展开速度优化为目标进行充气管路与充气方法设计，设计最优充气策略，并根据折叠后的几何尺度设计收纳箱的几何尺寸，设计快速释放机构的机械结构与操作方法。

5. 技术路线

高海况下群体性伤病/被困人员转移装备技术发展图谱如图 5.7 所示。

图 5.7　高海况下群体性伤病/被困人员转移装备技术发展图谱

5.2.6　翻扣船水下人命救助装备技术

船舶由碰撞、风浪、急流、缺乏稳性等造成的翻扣事件，是海上常见的重要险情。船舶翻扣事故往往是瞬间突发，船上人员来不及逃离，而被困在舱室内，低温、窒息、溺水等危险随时可能夺去他们的生命。对翻扣船舶实施人命救助，时效性强、技术难度大、作业风险高，因此救助成功率较低。随着海上专业救助力量的不断加强，针对翻扣船舶的人命救助，在救援技术及救援方法上通过实践不断有新的突破。

1. 装备技术发展现状

翻扣船救助决策前要详细查看翻扣船的相关情况，了解遇险船舶结构、性质，以及遇险人员状况等，并根据实际情况进行系统科学的分析，从而判断翻扣船当时和可能变化的浮态。总体来说，救助决策主要考虑两方面内容：一是在船舶浮态不稳时，首先要决定采取哪些措施来确保船舶的浮态稳定；二是根据现场实际情况决定救被困人员出舱方法。

1) 翻扣船稳定技术

统计发现，发生翻扣事故的船舶多为渔船和杆舷较低的运沙船，船舶尺度相对较小，在受到擦碰和风浪等外力作用后，容易发生浮态失衡而翻沉。针对此类险情的救助，必要时可考虑将遇险船进行捆绑和固定，以确保被困人员和救助队员的安全，常用的绑扎固定遇险船方法如下。

(1) 单船捆绑。用缆绳兜住遇险船船体，并慢慢将遇险船绞到救助船舷侧，进行绑扎固定。其特点是操作相对简单，平衡效果相对较差。采取该方法时要充分考虑开洞后，翻扣船对救助船的影响。

(2) 两船联合捆绑。将遇险船置于两艘救助船之间，并通过缆绳将遇险船兜住，合力将翻扣船托起稳住，避免浮态失稳。其特点是平衡效果相对较好，但是作业相对复杂。

当大型船舶翻扣时，其独立分舱较多，剩余浮力相对较大，密闭空间大，如遇险船处于搁浅状态，或浮态相对较稳定，在确保遇险船不会由外力作用而引起侧翻或者下沉等危险局面，也不会对遇险人员和救助人员造成危害时，无须固定这种翻扣船，可以直接采取措施救助遇险人员。

2) 救助被困人员出舱技术

目前救助被困人员出舱的方式主要有潜水员直接进舱救助和船底开洞救助两种方式。船底开洞根据遇险船材质的不同，又分为木质船开洞和钢质船开洞。钢质船开洞采用切割技术，木质船开洞一般用电锯。尽管船底开洞救助被困人员方便快捷，但是会造成遇险船浮态的变化，因此在开洞前要组织专家进行风险评估，确保符合作业条件后方可进行开洞作业。

2. 面临的挑战

(1) 救援决策过程中可供借鉴的经验少。由于遇险船所处环境不同，且船舶的船型、浮态，以及被困人员的处境状况等都存在一定差异，救助过程中很难找到相同的救助案例作为参照。

(2) 直接进舱救助将严重危及潜水员自身安全。潜水员从水下救助被困人员是实际救援中最常用的方法。然而，由于翻扣船所处的具体情况各异，船舶翻扣后甲板上的绳索、网具等在船舶周围密布，船舱内的杂物往低处滚落堵塞梯道和舱门倒置变形难以开启等原因，会增加救助过程的不确定性，不利于救援行动。

(3) 船底开孔实施难度大。船底开孔救助方法可以建立到达被困人员的最短通道，使救援行动更加快捷。然而，船底开孔不但会造成遇险船浮态的变化，若船舱内存在可燃气体还可能引起爆炸，因此开孔前需要先评估作业安全性。

(4) 浊水域视野差。在内河水域，水流速度快，水中泥沙较多，搜救人员在水下难以看清翻扣的船舶，多数是通过探摸来确定船体轮廓，给翻扣船内被困人员的救助带来不小的挑战。

3. 未来发展的方向目标

(1) 翻扣船内人员定位能力发展方面。在 2025 年前，实现防爆开孔装备与送氧装备的智能关联，取得翻扣船内人员智能定位技术的突破；至 2035 年，研发成套的智能开孔装备技术，研制 1～2 种翻扣船内人员智能定位装备。

(2) 浊水域环境增亮能力建设方面。在 2025 年前，实现浊水域环境增亮技术的突破，研制出基础设备样品；至 2035 年，各专业救捞队伍完成对浊水域环境增亮装备技术的全面推广。

4. 未来发展的核心任务

(1) 积极研发或引进翻扣船防爆开孔装备技术。受翻扣作用的影响，翻扣船舱内通常会集聚大量的可燃气体，尤其是铁质船，切割过程中产生的火花极易引发爆炸，造成二次事故。因此，可引入高压水射流切割技术、无火花切割技术来保障翻扣船舶的安全、快速开孔。

(2) 大力推进翻扣船内人员搜寻定位技术的研发。翻扣船内人员难以定位及浊水域可见度低下是当前我国面临的关键问题，一要加大科研投入，不断提升翻扣船内人员智能定位和浊水域增亮技术水平；二要积极吸收借鉴国外先进经验，大力拓展国际合作。

5. 技术路线

翻扣船水下人命救助装备技术发展图谱如图 5.8 所示。

| 需求与环境 | 船舶由碰撞、风浪、急流、缺乏稳性等造成的翻扣事件，是海上常见的重要险情之一。船舶翻扣事故往往是瞬间突发，船上人员来不及逃离，而被困在舱室内，低温、窒息、溺水等危险随时可能夺去他们的生命。对翻扣船舶实施人命救助，时效性强、技术难度大、作业风险高，救助成功率较低 |
| 典型产品或装备 | 防爆开孔机、破拆装备 |

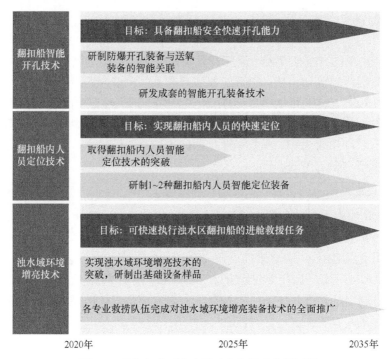

图 5.8　翻扣船水下人命救助装备技术发展图谱

5.2.7　大规模油品泄漏救助装备技术

石油烃类是众多水上污染物毒性最大的物质之一，尤其是在海上，石油泄漏事故已成为人类开发海洋过程中最典型、最严重的环境污染事故之一。1999 年 12 月，马其他"埃里卡"号油轮在法国西北部海域遭遇风暴而断裂沉没，2 万多吨重油泄入海中，造成约 7.5 万只海鸟死亡，并对当地渔业、旅游业、制盐业等产业打击严重。2010 年，美国墨西哥湾"深水地平线"钻井平台爆炸沉没，造成 11 人死亡，至少 2500km² 海面被石油覆盖，多种物种灭绝。2018 年，载有 13.6 万 t 凝析油的巴拿马籍油船"桑吉"轮发生碰撞事故，全船剧烈爆燃后沉没，造成油污泄漏，涉污海面超过 100km²。一次次水上危化品泄漏事故给人类赖以生存的环境造成了巨大的灾难，目前，石油烃类已被联合国环境规划署(United Nations Environment Programme，UNEP)列为重点监控对象之一。就我国而言，石油烃类污染的蔓延应对我国近年海洋生物资源大幅萎缩的情况负有不可推卸的责任[58]。

1. 装备技术发展现状

为应对海上危化品泄漏污染事故，国际海事组织制定了一系列的国际海洋环境污染防治公约。近年来，在《中华人民共和国海洋环境保护法》等法律法规的指导下，我国对以溢油为主的海上危化品治理也取得了一定的进展。目前，世界上石油泄漏处理方法主要包括物理处理技术、化学处理技术、生物处理技术。

1) 物理处理技术

物理处理技术主要装备包括溢油回收船、围油栏、吸油材料等。溢油回收船种类很多(表 5.2 和表 5.3)，其适用范围不完全相同，需根据溢油状况、海况、溢油回收船的功能等情况选用。然而，随海况和气象条件的变化，溢油回收船的回收能力变化较大，条件越恶劣，工作效率越低。围油栏具有滞油性好、随波性强、抗风浪、坚韧牢固、生物不易附着等性能，但是在高海况下，围油栏的工作效率也会大打折扣。相比于水上其他事故，溢油事故发生的频率较低，围油栏的风化老旧问题是其日常维护需要关注的重点。吸油材料具有亲油憎水性，可在其表面吸附石油，然后通过回收吸油材料方式回收石油，但是吸油材料作业机械化程度较低，难以满足大型油品泄漏事故救援的需要。

表 5.2　国外专用溢油回收船

船舶名称	收油能力/(m³/h)	收油舱容/m³	建造单位	适用水域
迷你猫 5	35	1	Mavi Deniz	内河/沿海
迷你猫 7	50	2	Mavi Deniz	内河/沿海
迷你猫 9	80	3	Mavi Deniz	内河/沿海
迷你猫 15	30	30	Mavi Deniz	内河/沿海
迷你猫 17	50	40	Mavi Deniz	内河/沿海
迷你猫 19	60	60	Mavi Deniz	内河/沿海
海马 22	100	120	Mavi Deniz	港口
海马 26	150	150	Mavi Deniz	港口
海马 30	200	200	Mavi Deniz	港口
Spillglop 180	100		Ecoceane	近海/冰区
Spillglop 250	100		Ecoceane	近海/冰区
Spillglop 460	150		Ecoceane	近海/冰区
OSRV 1050	350	1050	Damen	近海
海豚 40	2×100	250	Mavi Deniz	近海
海豚 50	2×200	400	Mavi Deniz	近海
海豚 60	2×300	800	Mavi Deniz	近海

表 5.3　国内专用溢油回收船

船舶名称	收油能力/(m³/h)	所在单位	适用水域
海特 311	60	长江海事局	内河
海巡 06866	60	江苏海事局	内河
三峡环保一号	60	三峡通航管理局	内河
海特 071	200	山东海事局	内河
海特 111	200	浙江海事局	内河
海特 191	200	广西海事局	内河
碧海 1 号	2×50	中海壳牌石油化工有限公司	近海
海洋石油 251	100	中海石油环保服务有限公司	近海
海洋石油 255/256	2×100	中海石油环保服务有限公司	近海
中油应急 101	2×100	中国石油海上应急救援响应中心	近海
中油应急 102	2×100	中国石油海上应急救援响应中心	近海
中油应急 103	2×100	中国石油海上应急救援响应中心	近海/B1 级冰区
日港清 1 号	2×100	山东日照港	港区
德漂号	400	交通运输部上海打捞局	沿海、近海
胜利 503/505	200	中国石化胜利油田分公司	近海

2) 化学处理技术

化学处理技术有传统化学处理技术和现代化学处理技术。传统化学处理技术为燃烧法，即通过燃烧将大量浮油在短时间内彻底烧净。但是，若采用该方法不完全燃烧会产生浓烟，其中包括大量芳烃，从而造成二次污染。现代化学处理技术指采用化学处理剂来改变水中溢油的存在形式，使其凝为油块为机械装置回收或乳化分散到海水中让其自然消除。该方法对恶劣海况、气象条件的适用性较强，化学处理剂包括乳化分散剂(消油剂)、凝油剂、集油剂、沉降剂等。

3) 生物处理技术

生物处理技术是通过人工选择、培育，甚至改良具有降解石油烃类的噬油微生物，然后将其投放到受污染海域，进行人工石油烃类生物降解。在自然环境中，细菌、真菌、酵母菌、霉菌都能参与烃类降解，而在海洋中细菌和酵母菌为石油烃类的主要降解者。微生物的降解速度与油的运动、分布、形态和体系中的溶解氧含量有关。处理水上溢油问题的生物处理技术主要包括生物强化法和生物刺激法。生物强化法是指利用围油栏将溢油区域围起来，使之聚集，并向其加入降解能力强的菌株制剂，将收集好的污油进行降解吸收。生物刺激法是指筛选石油污染环境中的原始菌株，通过外源添加生物表面活性剂或氮、磷等营养元素，提高生物降解速率，利用表面活性剂两性基团，增加水油的亲密性，促使石油以乳浊液形式分散于水中，进而增加微生物与石油的接触面积，促进污染物的降解[59]。

2. 面临的挑战

(1) 专业救捞队伍大型溢油救助装备配备不足。受现有溢油回收装置材料和选型的限制，传统溢油回收船在溢油回收过程中的作业面积较小，在应对大规模溢油事故时作业能力十分有限。然而，当前我国六大专业救捞队伍仅配备一艘大型专业溢油回收船，在发生重大溢油事故或大面积溢油时，溢油回收压力很大。

(2) 溢油事故多发易发水域专业溢油回收船覆盖不足。根据国际海事组织发布的《1990 年国际油污防备、反应和合作公约》，所有船舶、港口和近海装置都应具备油污应急计划。据调查，我国绝大多数港口现有码头的防污染设备未完全达到该标准要求，仅有少数油品码头配备专业溢油应急处置船[60]。

(3) 化学溢油处理技术造成的二次污染不容忽视。化学溢油处理技术具有见效快、操作简单的特点，对恶劣海况适应性强，可以快速、高效地处理较大面积、厚度小于 1mm 的薄油膜。但是，化学制剂的毒性不亚于溢油的危害，极易对海洋环境造成二次污染。

(4) 生物溢油处理技术的实用化程度有限。相比物理处理技术和化学处理技术，利用微生物来降解污染水域中的石油烃及浮油更具天然优势，具有经济、环保、无二次污染的特点，可以去除机械装置无法清除的薄油层，在化学药剂谨慎使用的条件下生物溢油处理技术的优越性更明显。但是，国内外在采用生物修复技术处置水上溢油方面的研究多处于试验阶段，距离大规模运用尚有不小的距离。

3. 未来发展的方向目标

(1) 大型溢油回收船配备方面。在 2025 年前，解决各大专业救捞队伍大型溢油回收船缺项问题；至 2035 年，实现全国各重点水域专业溢油回收船的全覆盖，离岸 50n mile 以内水域溢油清除能力不低于 1000t。

(2) 无人化、智能化溢出处置方面。在 2025 年前，深化推进溢油回收装备的研发，实现溢油回收装备的国产化；至 2035 年，实现溢油回收装备的智能化、一体化，以及水上溢油处置的无害化。

4. 未来发展的核心任务

(1) 加强各型专业溢油回收装备的研发与布局。专业溢油应急船舶是国际上公认的处理水上大规模溢油事故必不可少的关键设备。一方面，针对传统溢油回收船在溢油回收过程中智能化程度低、应急能力差、受风浪等环境影响大的特点，研发能根据风、浪、流、水深及周边环境等因素进行自动调整的溢油回收装备，降低对人工的依赖性，提升对环境的适应性；另一方面，结合我国海岸线、港口布置，以及内河航线特点，合理布局，在各大救捞队伍配备各型专业救助船，保证各重点水域专业溢油回收船的全覆盖。

(2) 加强溢油处置技术研发。恶劣海洋环境对专业溢油回收船的作业能力具有很大的制约作用，研发高海况下无害化溢油处置技术至关重要。其一，加大对物理性油水分离技术的研发，研制亲水憎油材料，通过物理原理实现油水快速分离；其二，加大生物溢油处置技术的投入，加速生物溢油处置技术转入实际应用阶段；其三，加大科研投入，推进化学溢油处置技术的革新，研发无害化学溢油处置材料。

5. 技术路线

大规模油品泄漏救助装备技术发展图谱如图 5.9 所示。

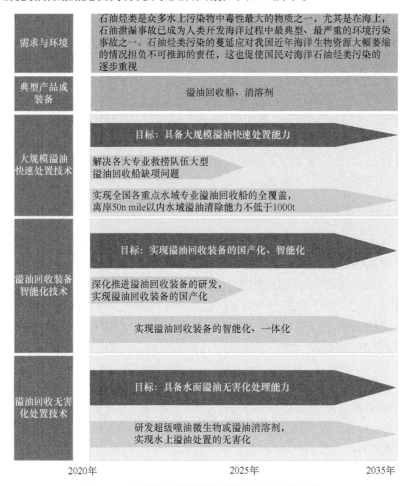

图 5.9　大规模油品泄漏救助装备技术发展图谱

5.2.8 非油危化品泄漏救助装备技术

近年来，全球危险化学品(以下简称"危化品")水上运输种类和数量的不断增加，已知的经过水路运输的危化品就达到 2000 余种，危化品的水运贸易量占比达到全球水运贸易总量的 50%[61]。由于危化品具有毒害、腐蚀、燃爆等特性，一旦发生事故，若得不到及时的救助，将对环境造成巨大的伤害或侵害。1997 年，"赣抚州油 001"轮触礁，导致 159.33t 纯苯漏入长江。2000 年，载有 6000t 剧毒化学品的意大利"耶沃力太阳"号货轮在法国北部沿海触礁沉没，造成 200t 苯乙烯泄漏。2001 年，载有 2300t 苯乙烯的韩国"大勇"轮与香港"大望"轮在长江口外的鸡骨礁附近相撞，导致 703t 苯乙烯泄漏。一次次水上危化品泄漏事故给人类赖以生存的环境造成了巨大的灾难，也迫使人们更加关注水上危化品的运输安全问题。

1. 装备技术发展现状

大多数散装液体化学品具有毒性、腐蚀性等危险特性，且密度和黏度范围均较大、压力高、对热敏感，需要由专门的散装液体化学品船运输，一旦发生泄漏事故，危化品泄漏入水中后可能出现浮于水面、沉于水底或溶解于水中等情况，有的物质还具有生物蓄积性、诱变性、持久性。鉴于危化品泄漏事故对海洋环境和人类健康的严重威胁，近年来，世界各国普遍重视危化品的水上运输安全管理，并制定相应的管理规定以应对运输过程中的安全风险。2000 年，国际海事组织(International Maritime Organization，IMO)制定《OPRC-HNS 议定书》，协调各国共同应对海上危化品泄漏事故的威胁。2002 年，欧洲的赫尔辛基委员会发布《HELCOM 手册》，用于指导海运事故的应急响应。我国也先后出台《危险化学品安全管理条例》《港口危险货物管理规定》《中华人民共和国船舶载运危险货物安全监督管理规定》等危化品安全管理规定。然而，目前国际上还没有形成十分理想的海上危化品泄漏处置装备技术[62]，"深海 01"是我国为数不多的可用于液化天然气(liquefied natural gas，LNG)等危险气体海上泄漏扩散的应急处置执法公务船，但我国救捞系统尚未配置专业危化品处置船，相关危化品泄漏救助的工作主要集中在危化品检测、危化品消防和堵漏。

2. 面临的挑战

(1) 危化品泄漏探测装备技术的探测能力不足。我国作为全球危化品生产大国和消费大国，每年发生水上危化品运输事故数十起，涉及 50~60 种危化品[61]。检测是危化品事故应急救援的关键环节，当前常用的危化品泄漏检测装备通常只能检测单一气体或多种气体，即便是多种气体检测仪也只能对常见的几种有毒、有害气体进行检测，而水上运输危化品的种类众多，发生重大危化品泄漏事故时，救援人员获取危化品种类、性质、潜在危险性的难度较大。

(2) 危化品回收处置船的空白亟待填补。当发生水上危化品泄漏事故时，危化品回收处置船可以快速响应，赶往现场布放防扩散围栏、转移危化品、开展应急通信等，从而有效地遏制事故的恶化。虽然我国专业水上救捞队伍建设在"十三五"期间也取得了突飞猛进的发展，但是相对而言，我国在危化品泄漏救援方面的投入还远远不够，尚没有关于危化品回收处置船服役的报道。

(3) 危化品信息数据库亟待建立。船载危化品泄漏应急救援工作具有复杂性、危险性、专业性的特点，掌握泄漏危化品的种类、性质、潜在的危险性(爆炸、中毒)等因素至关重要。然而，从事危化品运输的工作人员中，如船员、装卸管理人员、申报人员对所装运危化品的危险性知之甚少，泄漏事故发生后救援人员无法及时掌握危化品信息，这无形中加大了危化品泄漏事故救援的难度。

3. 未来发展的方向目标

(1) 水上危化品运输信息实时共享方面。在 2025 年前，建立我国沿海及内河各大港口危化品信息数据库；至 2035 年，完成包含全球水上运输涉及危化品的信息数据库的建设。

(2) 专业危化品应急处置装备技术建设方面。在 2025 年前，研发针对水上应急救援的多种气体检测仪，实现我国各大重点港口专业危化品回收处置船的全覆盖；至 2035 年，全面推广便捷精准的智能多种气体检测仪，实现全国各重点水域专业危化品回收处置船的全覆盖。

4. 未来发展的核心任务

(1) 加强各型专业危化品应急救助装备的研发与布局。危化品泄漏应急救助装备主要包括危化品检测装备、控制装备、清除装备、应急人员个人防护装备等。一方面，由于不同类型的危化品性质各异，应急救助过程中对救助装备的要求较高，为提高装备利用效率，需要根据危化品的性质，研发具有多重适用性的个人防护设备、危化品控制与清除装备；另一方面，结合我国海岸线、港口布置，以及内河航线特点，需要合理布局，在各大救捞队伍配备各型专业危化品泄漏救助船，保证全国各重点水域危化品回收处置船的全覆盖。

(2) 加强水上运输涉及危化品信息数据库的建设。针对从事危化品运输的工作人员文化素质不高的的现状，加强对水上运输涉及危化品信息数据库的建设至关重要。其一，加大对危化品运输船的管控登记，充分利用大数据完成对危化品运输船的载货能力，以及危化品的性质、潜在危害、应急救援要点等信息的记录。其二，加强对危化品船实时监控能力建设，并做好危化品运输船载货信息数据的共享，保障救援人员能够及时准确地掌握事故船舶泄漏危化品的详细信息。

5. 技术路线

非油危化品泄漏救助装备技术发展图谱如图 5.10 所示。

图 5.10　非油危化品泄漏救助装备技术发展图谱

5.2.9　超浅水搁浅船舶救助装备技术

搁浅是指船舶搁置在浅滩上。船舶搁浅是发生率较高的水上事故之一。船舶搁浅后若救助不及时，在恶劣海况下随时可能发生二次事故，产生如下危险状况：①在浪涌起伏作用下，搁浅船舶船底与海底发生连续碰击产生墩底，从而损坏船壳，甚至导致船体断裂；②在潮汐升降及风、流、浪的作用下，搁浅船舶容易发生进一步搁浅而造成更严重的高位搁浅；③船体一端搁浅时，在风、流、浪的作用下，船体以搁浅处为支点发生转动，导致船体打横；④如果船舶搁在坡度较大的浅滩，且潮差也大，落潮时会加剧船体浮力的丧失，导致船体发生倾斜，或是迎流舷侧海底泥沙被水流淘挖成槽，也会导致船体倾斜，严重时可使船舶倾覆。这对人员、财产与环境安全都会形成严重威胁。鉴于此，研究搁浅船舶救助装备技术具有重要的现实意义和实用价值。

1. 装备技术发展现状

通常，发生搁浅事故后，船舶应该首先立足于自力脱浅。如果船舶受损严重或可供脱浅的拉力不足以自力脱浅时，应立即请求外援。当前，常用的搁浅船舶救助技术方法主要包括自力脱浅法和他船协助脱浅法[63]。

自力脱浅可采用待涨水时利用主机脱浅、移动物体调整船舶吃水脱浅、绞锚脱浅和卸载脱浅等方式。待涨水时利用主机脱浅的方式是指在水位较低时搁浅，船体损伤又较轻微，尾部有足够水深，且预告是涨水时，可待水位涨到一定程度时利用本船倒车脱浅。移动物体调整船舶吃水脱浅的方式是指船舶的一端或一舷搁浅，而另一端或另一舷有足够的水深，就可以采取移动船用货物、旅客、压舱水等方式，减轻搁浅一端(或一舷)的压力，再用车舵使船脱浅。绞锚脱浅的方式是指将锚抛入水中后，通过绞锚产生方向稳定的持续拉力。搁浅程度较轻时，可采用小船将搁浅船锚、链运抛到合适的位置，然后搁浅船逐渐开启锚机施绞，以使船脱浅。卸载脱浅的方式是指搁浅船舶无力脱浅或船体因破损而丧失浮力过多时，通过卸载减少船舶吃水以便船舶脱浅。

他船协助脱浅可采用拖船拖带脱浅、利用浮力出浅等方式。拖船拖带脱浅时，若水深足够，救助船直接驶靠搁浅船，并卸去搁浅船上的部分货物，继而带缆拖带；若水深不足，用小船接送拖缆，或抛锚、撇缆接缆就绪后，救助船起锚起拖。利用浮力出浅主要包括利用他船浮力出浅、利用绞关绞力出浅、利用气囊出浅等方式。

2. 面临的挑战

我国沿海地区是台风多发区，每年大约有 7 个台风在我国登陆。台风的影响巨大，不但能在海上形成较大风浪，还会在内陆江河形成流域性大洪水，巨浪或大洪水可能将船舶推至岸上或超浅水区搁浅，给救援工作带来极大的不便。目前，国内外在超浅水救援方面尚未形成成熟有效的救援技术。

3. 未来发展的方向目标

未来需要重点研发超浅水搁浅船舶快速脱浅装备技术。在 2025 年前，形成超浅水搁浅船舶救助理念，研发易于操作的超浅水搁浅船舶救助装备模型；至 2035 年，研发成套的超浅水搁浅船舶救助装备技术。

4. 未来发展的核心任务

以拖船拖带脱浅与浮力脱浅为出发点，充分考虑海/江/河岸、滩涂等复杂陆基环境，加强多领域的交叉，强化技术移植，重点研发以气囊或履带为承载载体、能适应复杂陆基环境的抬浮设备，自行或配合其他设备实现大吨位搁浅船舶快速转移的救助装备。

5. 技术路线

超浅水搁浅船舶救助装备技术发展图谱如图 5.11 所示。

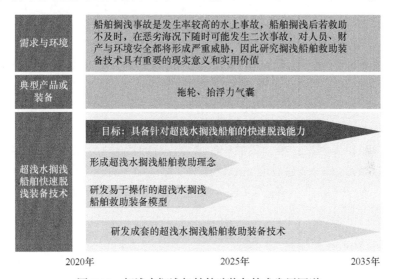

图 5.11　超浅水搁浅船舶救助装备技术发展图谱

5.2.10　船舶火灾/爆炸救助装备技术

近年来，船舶火灾频次及造成的财产损失和人员伤亡都呈上升趋势。虽然种类多样、用途各异导致船舶结构设计千差万别，但是从消防灭火的角度看，各类船舶具有明显的共性特征。

(1) 船舶内部结构复杂。为满足船舶运行设计，以及船员工作、生活要求，各个舱室、机器设备分布在船舶各层甲板的不同位置，船舱内部通道狭小，各类管道、电缆纵横交错，船体建筑结构紧凑复杂。

(2) 燃油储量大。船舶的燃油储量是各类交通运输工具中最大的，主要以汽油、柴油、重油等作为主机、辅机及其他机器设备的供能燃料，并大量使用润滑油。

(3) 热传导性强。现代船舶通常由钢结构建造，热传导性能强，一旦发生火灾，极易引燃周围的可燃物，加剧火势蔓延。同时，钢质结构遇高温强度降低，引发膨胀变形而失去承重力。

(4) 火灾荷载大。现代船舶舱室内部装修设计广泛使用胶合板、聚氯乙烯板、聚氨酯泡沫塑料，以及家具、地毯、床铺等可燃材料。

(5) 船舶载客(货)量大。船舶因其经济性，是客、货运载量最大的交通工具。

鉴于上述因素，船舶火灾/爆炸事故具有如下特点。

(1) 扑灭难度大。行驶中的船舶一旦发生火灾/爆炸很难扑灭，尤其是在海上，茫茫海域很难遇到同行船舶，即便遇到邻船，也很难在风浪中靠近开展救助。对于靠泊码头的船舶，受限于船体空间小、走廊等通道较窄、船只载容量大等因素，发生火灾/爆炸事故后消防人员也很难在陌生复杂的环境内快速开展救助。

(2) 损失大。由于船舶载客(货)量大、造价高，一旦发生火灾/爆炸将损失巨大。

(3) 伤亡大。船舱内部空间狭小、结构复杂，发生火灾/爆炸险情后人员难以快速逃出。

(4) 极易诱发二次污染，船舶载油量大，有的货运船运载危险化学物质，发生火灾/爆炸后，油、危险物质、燃烧物质等污染物将流入水中引起水体污染。

因此，研究船舶火灾/爆炸救助风险，探讨火灾/爆炸事故船舶救助装备技术对最大限度地减小财产损失和人员伤亡，提升航行安全具有重要的指导意义。

1. 装备技术发展现状

目前，常用的水上消防灭火与火情监控设备主要包括大排量消防炮、泡沫炮、高效 F-500 灭火剂、水幕保护系统、船用光电跟踪监视系统等[64]。

消防炮由炮体、消防管系、泵站和电机组成，具有单位时间内出水量大、作用距离远的特点，是专业救助船舶主要配置的消防灭火设施，被广泛安装在各型救助船舶顶甲板上。具备 FIFI-II 级对外消防灭火能力救助船舶的消防炮射程可达190m，兼备直流喷射和开花喷射两种功能。

泡沫炮通过将海水与高倍泡沫剂按一定比例混合，经过泡沫炮喷出后与空气混合形成泡沫，喷洒到燃烧物表面来隔绝空气，从而达到灭火效果。泡沫炮射程约为 100m，可用于远距离扑救甲、乙、丙类液体火灾，广泛装配在各型救助船舶上。

高效 F-500 灭火剂是一种高效泡沫灭火剂，具有快速降温、灭火，消除烟雾，降低爆炸风险，抑制复燃，无毒无害无腐蚀，可生物降解的特点，可长期保存。F-500 灭火剂能有效扑灭大型立体流淌混合火，可用于扑灭 A 类火、B 类火、C 类火、部分 D 类火，以及大型油火，对易燃易爆液体具有较好的控制能力。目前，救助船舶使用该灭火剂时主要进行近距离消防灭火。

水幕保护系统是指在布设在需保护甲板表面或船舷上的、从消防管系统引出的支管上安装若干个具有定向射水功能的喷头，利用压力水自喷头射出伞状水雾形成的水幕防护墙阻挡辐射热穿透，阻断可燃气体通过，以保护救助消防人员和设备持续有效地作业。

船用光电跟踪监视系统是针对水面搜寻、险情监控、实时跟踪记录的电子设备，具备红外热成像功能，可在 3n mile 范围内完全漆黑的环境中呈现彩色或黑白成像，有利于救援人员制订较为合适的船舶火灾/爆炸救助方案，提高救助效率和成功率。

2. 面临的挑战

(1) 大型油轮火灾/爆炸救助效率低。大型油轮一旦发生火灾，发生爆炸或二次爆炸的可能性大，燃烧猛烈，救助的难度、危险性均极大。仅依靠几艘消防船展开救助根本就是杯水车薪，国内外针对这类大型船只火灾/爆炸事故的救助，通常采取以救人为主的原则，对于灭火只是监视和一些控制性的施救措施。

(2) 智能化、无人化救助装备技术配置率较低。燃烧会产生大量的浓烟和有毒气体，救助船舶在实施救助时，特别是在救助油船、危化品船时，需时刻警惕救助船陷入火场或有毒烟气危害中，智能化、无人化救助装备技术的广泛使用可根据实时监控火场周围环境状态、遇险船舶状态、火焰颜色、燃烧速度等因素的变化及时调整救助方案，从而有效保障消防人员和救助船舶的安全。

3. 未来发展的方向目标

(1) 大型油轮或危化品船火灾扑救方面。在 2025 年前，形成大型油轮或危化品船火灾/爆炸快速高效救助工艺技术理念；至 2035 年，初步研发大型油轮或危化品船火灾/爆炸快速扑救新型工艺材料。

(2) 智能化、无人化灭火装备研制方面。在 2025 年前，研发易于操作的智能化、无人化船舶火灾救助装备模型；至 2035 年，研发成套的智能化、无人化船舶火灾救助装备技术。

4. 未来发展的核心任务

(1) 加大快速高效扑灭大规模火灾的工艺材料研发力度。从油品或危化品的组分、燃烧特性与燃烧机理出发，充分考虑水上运输过程中可能出现的油品或危化品意外燃烧或爆炸的情况，加强多领域的交叉，强化技术移植，重点研发油品或危化品燃烧或爆炸过程的阻断产品或工艺，通过添加试剂材料、防护材料、专用灭火材料等方式实现油品或危化品的本质安全运输。

(2) 强化智能化、无人化火灾/爆炸救助装备技术的研发。收集汇总船舶火灾/爆炸事故救助案例，总结分析船舶火灾/爆炸救助过程中的主要风险点和救助注意要点，构建船舶火灾/爆炸事故核心要点数据库，加快推进无人救助船/艇消防灭火试点工作，稳步掌握无人救助船/艇水上救助技术要点，提高无人救助船/艇功能配置，加装自动感应、搜索、识别、处置设备，改进搜寻感知手段，提升抗风能力、续航能力等技术性能。

(3) 加快智能化、无人化船舶火灾/爆炸救助队伍建设。依托水上消防队伍，大力推进信息化人才队伍建设，提升消防队员的综合能力，形成无人救助船/艇、救助船、救助直升机等多方位一体化消防灭火技术，提升水上火灾救助能力和救助效率。

5. 技术路线

船舶火灾/爆炸救助装备技术发展图谱如图 5.12 所示。

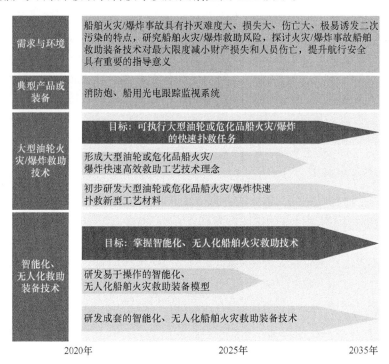

图 5.12　船舶火灾/爆炸救助装备技术发展图谱

5.2.11　北极航行冰困船舶救助装备技术

通常，从欧洲到太平洋有三条主要航线，分别经苏伊士运河、巴拿马运河或非洲好望角到达太平洋[65]。北极航线指位于北冰洋的西北航线和东北航线，是联系欧洲、亚洲和北美洲的潜在最短航线。据国际航界推算，船舶由北纬 30°以北的任何港口出发，直接穿越北冰洋都要比穿越苏伊士运河和巴拿马运河节省将近一半的航程，经济效益显著[66, 67]。近年来，随着全球气候变暖，北极冰层融化加剧，战略价值日益凸显，商业价值越来越高，世界各国对北极航线的关注度空前提升。自 1997 年芬兰首次试航北极东北航线以来，越来越多的商船穿越这条航道。2008 年 8 月，美国宇航局更是探测到北极西北航线和东北航线首次同时冰融开通[65]。2012 年，我国"海洋强国"发展战略的提出，推动了北极航线开发的战略步伐。2013 年 9 月，中远海运集团组织"永盛"号货轮从中国太仓港起航，经北极东北航线顺利停靠荷兰鹿特丹港，实现了我国北极航线的成功首航。2018 年 1 月发布的《中国的北极政策》白皮书，阐明了中国在北极事务上的基本立场，将积极推进北极航线常态化运营[68]。

然而，由于地理位置特殊、环境复杂、气候条件恶劣，北极航线目前仅季节性通航，航行经验相对匮乏，船舶在冰区航行时要高度重视相关的风险因素，尤其是海冰气象条件，稍有不慎将面临冰困、冰损的风险。

1. 装备技术发展现状

自实现季节性通航以来，北极航线强大的战略和经济优势受到世界各国的高度关注。然而，极地高纬低温特性直接导致海冰成为制约北极航线的关键因素之一。研究中远海运集团 2013～2019 年组织的 31 次北极航运数据发现，运输船申请破冰船护航的航次约占 50%，如表 5.4 所示。航行经验表明，船冰碰撞及冰困、冰情预报的不确定性等因素是当前北极航线航行存在的主要风险，决定了破冰船编队作业成为北极航线航运的主要模式[69]。

表 5.4　中远海运集团 2013～2019 年组织北极航线航次情况汇总

年份	序号	船名	载货/t	始发港—目的港	破冰船护航
2013	1	永盛	16740	太仓—荷兰鹿特丹	是
2015	2	永盛	12716	江阴—瑞典瓦尔贝里	是
	3	永盛	17070	德国汉堡—韩国釜山	否
2016	4	永盛	13000	天津—英国格拉斯哥	是
	5	夏之远 6	8266	天津—俄罗斯萨贝塔	是
	6	天禧	30000	芬兰科特卡—青岛	是
	7	祥和口	空载	俄罗斯萨贝塔—青岛	是

续表

年份	序号	船名	载货/t	始发港—目的港	破冰船护航
2016	8	祥云口	18674	青岛—俄罗斯萨贝塔	是
	9	永盛	17179	英国梅德韦—大连	否
2017	10	莲花松	2979	连云港—丹麦埃斯比约	是
	11	大安	3719	天津—德国库克斯	否
	12	天乐	12734	挪威北峡湾—日本占小牧	否
	13	天健	11947	连云港—丹麦埃斯比约	否
	14	天福	30608	丹麦格雷诺—上海	否
2018	15	天惠	29938	德国埃姆登—日本占小牧	是
	16	天佑	12824	大丰—瑞典海纳桑德	是
	17	天健	30000	芬兰赫尔辛基—青岛	是
	18	天恩	4756	连云港—法国鲁昂	是
	19	天祺	30000	芬兰赫尔辛基—青岛	否
	20	天禄	14885	越南富美—英国赫尔	否
	21	天惠	6571	连云港—瑞典奥斯卡	否
	22	天佑	30784	芬兰赫尔辛基—南沙	否
2019	23	天恩	4821	太仓—瑞典耶夫勒	是
	24	大泰	4522	太仓—瑞典耶夫勒	是
	25	天禧	28316	芬兰赫尔辛基—青岛	否
	26	天佑	7824	上海—德国汉堡	否
	27	天惠	9700	江阴—波兰格丁尼亚	否
	28	大祥	24000	德国汉堡—大连	否
	29	天祺	32400	圣彼得堡—越南蒲迈	否
	30	天恩	32185	芬兰赫尔辛基—日本占小牧	否
	31	大泰	24945	俄罗斯乌斯特鲁加—日照	否

据美国海岸警卫队航道与海洋政策办公室发布的数据，截至 2017 年 5 月，俄罗斯拥有各型破冰船 46 艘，约占全球破冰船总数的一半，是世界上唯一拥有核动力破冰船队的国家。此外，加拿大、芬兰、瑞典、美国、挪威等环北极国家也拥有比较强大的破冰船队。近年来，日本、韩国等国也在积极开展极地考察、极地破冰运输工作，并研制了先进的破冰船。随着"雪龙 2"号极地考察船的交付使用，我国逐步具备了在 1.5m 厚冰环境中连续破冰航行的能力。世界主要破冰船队汇总表如表 5.5 所示。

表 5.5　世界主要破冰船队汇总表

序号	国别	破冰船数量(现有/在建/规划)	政府拥有不同功率的破冰船数量			私人拥有不同功率破冰船数量		
			≥45000BHP	20000~44999BHP	10000~19999BHP	≥45000BHP	20000~44999BHP	10000~19999BHP
1	俄罗斯	46/11/4	6(全部核动力，4艘在役)	16(1艘核动力)	7	—	9	8
2	加拿大	7/2/5	—	2	5	—	—	—
3	芬兰	10/0/0	—	7	1	—	—	2
4	瑞典	7/0/3	—	4	—	—	—	3
5	美国	5/0/3	2(1艘在役)	1	—	—	1	1
6	中国	6/1/0	—	—	6	—	—	—
7	丹麦	4/0/0	—	—	—	—	—	4
8	挪威	1/1/0	—	—	1	—	—	—
9	爱沙尼亚	2/0/0	—	—	2	—	—	—
10	澳大利亚	1/0/1	—	—	1	—	—	—
11	德国	1/0/1	—	—	—	—	—	1
12	智利	1/0/1	—	—	1	—	—	—
13	日本	1/0/0	—	1	—	—	—	—
14	韩国	1/0/0	—	—	1	—	—	—
15	南非	1/0/0	—	—	1	—	—	—
16	拉脱维亚	1/0/0	—	—	1	—	—	—
17	阿根廷	1/0/0	—	—	1	—	—	—
18	英国	0/1/0	—	—	—	—	—	—

注：马力小于 10000BHP 的破冰船未作统计，1BHP＝0.746kW。

2. 面临的挑战

(1) 冰区编队航行研究不足。北极地区具有高纬低温的特性，船舶在北极航行，难免与海冰相互作用。海冰是船舶航行于北极航线的主要障碍，船舶与海冰直接碰撞可能影响船体的结构安全。出于对冰区船舶操纵和结构安全性的考虑，低冰级船舶需要在破冰船的援助下才能穿越冰区，破冰船编队作业已成为常见的冰区船舶作业模式。然而，目前关于冰区船舶护航编队作业的研究十分有限，难以保障编队运输的安全与效率。

(2) 冰情预报准确性有待提升。作为制约北极通航最主要的因素，海冰情况影响破冰、导航、航速、船体结构等[70]，无论是海冰的密集度、厚度、覆盖范围估计，还是海冰的运动预测，都有助于及时调整航行计划，弱化海冰对船舶航行安全的威胁。然而，受极地风、洋流等因素的影响，北极航线实际冰况与气象预报冰况存在较大的误差。

(3) 破冰型救助船舶数量有限，难以满足北极航线常态化运营需求。近年来，虽然俄罗斯大力推进俄罗斯北极计划，但是俄罗斯破冰船数目有限，难以有效覆盖北极航线给境外船只护航破冰[70]。我国具备极地破冰航行能力的"雪龙"号、"雪龙2"号主要承担极地科研考察任务；"海冰722""海冰723"号破冰船主要承担以黄渤海海域为主的冰情调查和破冰，对冰区被困船舶、人员进行搜救等任务；救捞系统所属的三艘专业破冰救助船"北海救117"轮、"北海救118"轮、"北海救119"轮主要承担北方海域的航道破冰、维护和失事船只的人命救生及船舶救助。

3. 未来发展的方向目标

(1) 极地航行风险预报系统建设方面。在2025年前，完成对近年来冰区编队航行主要风险数据库的构建，形成系统可靠的冰区编队航行理论；至2035年，搭建一套满足极地运输要求的冰情预报系统。

(2) 破冰船队建设方面。在2025年前，研制大型核动力极地破冰船等极地破冰装备技术，增建1~2艘常规型极地破冰救助船；至2035年，建成可有效执行极地护航任务的规模化极地护航船队。

4. 未来发展的核心任务

(1) 加快冰区编队航行理论的形成与发展。在对国外北极航行过程中所遇风险收集总结的基础上，重点依托中远海运特运公司的商业航行活动，深入研究北极航行经验，分析各个航次遇到的风险和危险场景，积极邀请相关高校、科研机构、海运公司及一线员工开展广泛合作，针对各个航次所遇风险展开针对性研究，充分借鉴国外先进航行经验理论，形成系统可靠的编队航行理论。

(2) 提升冰情预报的准确性。鉴于冰情预报数据是多源数据融合的结果，一方面，加大极地航运安全风险收集与分析，通过构建极地航行风险数据库，利用大数据挖掘技术研究北极航线潜在的风险点及其致因；另一方面，加大北极地区卫星遥感分析和海冰监测力度。此外，加强与环北极国家的冰情预报、海冰监测、海冰变化机理等方面的研究合作，深化对大气、海洋与海冰之间相互作用机理的研究。

(3) 大力推进极地破冰船及配套基地建设。极地船舶设计和制造经验不足是当前我国面临的关键问题，一要加大科研投入，不断提升极地冰级船队的建造技术水平；二要从国家层面出台政策文件，促进极地冰级船队和破冰船队的建设；三要积极吸收借鉴国外先进经验，大力拓展国际合作；四要加大基础设施建设投入，建立支持保障系统和以港口为核心的陆基基地。

5. 技术路线

北极航行冰困船舶救助装备技术发展图谱如图 5.13 所示。

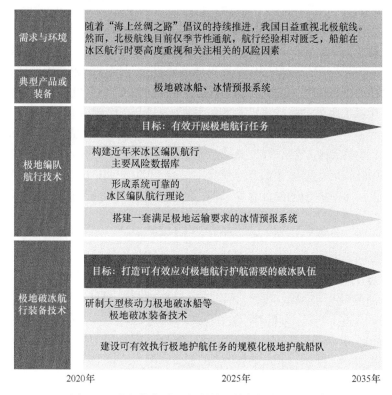

图 5.13　北极航行冰困船舶救助装备技术发展图谱

5.2.12　深远海沉船/沉物应急探测装备技术

全球海洋面积为 3.6 亿 km²，约占地球表面积的 71%，全球海洋平均深度为 3347m，在海洋资源与海洋工程开发领域，通常将水深超过 500m 的区域列为深海，深海面积占海洋总面积的 92.4%。广阔的深海为人类提供了巨大的活动空间，全球海上航运、深海科学考察、海上军事行动、航空洲际飞行等均离不开深海立体空间。近年来各类常态和非常态突发事件发生概率不断增大，包括法航 447 空难、马航 MH370 客机失联事件、亚航 QZ8501 客机失联事件、泰国普吉岛游船倾覆事件、韩国客船失事等一系列重大远洋深海安全事故的出现，凸显了全球远洋深海搜救的必要性和迫切性，建设一支现代装备技术武装的深远海专业救捞力量是应对海上突发事件的根本保障。

1. 装备技术发展现状

针对沉船/沉物探测通常以海洋地球物理调查为主，具体实施过程中往往根据实际条件、探测目的和探测设备性能的差异采取多种探测手段相结合的方式。目前，常用的沉船/沉物探测手段主要包括多波束测深系统、侧扫声呐系统、海洋磁力探测仪和 ROV 等。

多波速测深系统是一种条带式扫测系统，利用回声测深原理，对搜索海区的海底进行全覆盖扫测，通过生成海底等深线获得搜索区域的海底地形图，进而确定失事目标的准确位置，具有覆盖范围广、精度高、高效便捷的特点。近年来，世界各国开发了多种型号的多波束测深系统产品，如美国 L-3 ELAC Nautik 公司的 Seabeam 系列、德国 ATLAS 公司的 FANSWEEP 系列、挪威 Kongsberg 公司的 EM 系列、丹麦 Reson 公司的 Seabat 系列，以及美国 R2SONIC 公司的 SONIC 系列，都是国际知名的多波束测深系统产品。自 20 世纪 80 年代以来，我国也相继引进或开发了多款多波速测深系统，并在近海和沿岸多个领域进行了广泛的应用。虽然多波速测深系统可以获得较为精确的平面位置和深度，但是受分辨率的限制，当开角变大时，扫测得出的海底情况的详细度将变差，在远洋深海区域使用时存在一定的局限性[71]。

侧扫声呐系统的工作原理是通过向海底发射声波脉冲，接收经海底或海底目标发射回的反射波或散射波，并根据信号强度将散射波和反射波转换成不同灰度影像呈现待探测目标相对海底的状态，具有分辨率高、可连续成像的特点。早在 20 世纪 50 年代，英国就尝试采用声学侧扫原理探测海底地貌。随后，舷挂式和拖曳式侧扫声呐相继出现，随着计算机技术的广泛应用，一系列数字化侧扫声呐逐渐投入使用，并在海洋测绘、海洋地质调查、沉船/沉物探测等方面得到广泛的应用。然而，目前全球领先的美国 Benthos 公司的 SIS1615 最大工作深度为 2000m，德国 ATLAS 公司的 EdgeTech 4200 FS 的最大工作深度约为 1000m，因此单独采用侧扫声呐探测技术在远洋深海区域使用存在较大的局限性[72]。

海洋磁力探测仪的工作原理是通过磁力传感器采集的磁场信息对铁磁性物体进行定位与识别，能连续快速测量地磁场的微弱变化，具有识别能力好、独立工作能力强、执行时间短、定位精度高的特点，在探测沉船、海底管道、水雷、潜艇、未爆炸弹等方面得到广泛的应用。然而，在海洋磁力探测技术实施过程中，磁力仪需要拖曳式工作，且磁力仪与海底之间的距离不能过大，鉴于此，该技术主要应用于江河、湖泊和浅海等水域磁性目标的探测与识别，而在远洋深海难以有效发挥其作用[72]。

ROV 也称水下机器人，可以长时间在水下完成常规条件下人无法完成的特定任务。通过在 ROV 上加装多波束测深系统、侧扫声呐、海洋磁力探测仪、电缆热探测器(cable thermal detector，CTD)、照相机或摄像机等多种仪器设备到达深海展开近海底探测，具有分辨率高、抗干扰性强、环境适应好的特点，被广泛应用于海洋测绘、近海油气田开发、矿产资源调查取证、沉船/沉物打捞等领域。马航 MH370 客机失联事件发生之后，我国对深海 ROV 的关注度日益增强，研发或引进的 3000m 级 ROV、6000m 级 ROV 相继下水入役。然而，由于深海 ROV 入役时间较短、使用频次较少，救捞队伍的综合能力尚未形成，我国深海 ROV 在沉船/沉物扫测打捞方面发挥的作用仍十分有限。

2. 面临的挑战

(1) 深远海探测技术、装备能力不足。马航 MH370 客机深远海救助搜寻经验表明，我国在执行深海搜寻任务中，搜寻手段单一、装备落后，搜寻效果难以满足实际搜寻需求；搜寻装备在探测深度、连续工作时间、搜寻性能等方面与美、英等国的搜寻装备存在较大差距。近年来，我国不断加大在水下无人潜航器、水下自主航行器及配套搜救母船等方面的建设力度，并取得可喜的成绩，如首艘具备 6000m 深水扫测定位能力的深海救助母船"南海救 102"于 2017 年交付入列，首艘具备深远海拖曳救助功能的 14000kW 大型巡航救助船(升级版)于 2020 年开工建造，3 套 3000m 级、1 套 6000m 级深海无人遥控潜水器、自主式无缆潜航器等搜寻扫测定位装备相继投入使用，初步具备了大深度水下应急搜救和处置作业能力。然而，相较于我国庞大的深远海救援需求仍存在不小的差距。

(2) 重大应急救援自我保障能力不足。在执行远洋深海探测搜寻任务过程中，远离母港、搜寻时间长、补给困难是救捞队伍必须面对的三大关键难题，有效解决燃油、淡水、主副食等基础保障问题是确保搜寻任务能够连续及时执行的前提和基础。以搜寻马航 MH370 客机为例，由于我国没有大型远洋救捞补给船舶，救助船舶自我保障能力有限，在寻求外部保障力量支持时又遇到协调环节较多、沟通不畅等问题，现场补给十分困难，救助船舶只能舍近求远，从澳大利亚赶到新加坡进行补给，不但造成大量人力、财力和物力的浪费，还导致搜寻中断，严重影响救助船舶在重特大搜寻行动中任务执行的及时性和连续性。

(3) 救援队伍综合能力有待提升。长期以来，我国救捞队伍主要执行沿海地区的应急抢险任务，参与跨国搜救的机会十分有限。这也造成我国海上专业救捞队伍深远海搜寻经验的匮乏,在应对国际重特大突发事件时不免会暴露如下问题:一是救助人员英语交流能力不足,影响顺畅的国际交流协作;二是远洋航行经验不足,救助队伍的专业技术能力难以支撑重大搜寻行动任务的高效执行;三是救助队伍对设备维护检修能力有待加强,尤其是深远海搜寻设备;四是在涉及多国联合救援时,信息传递环节繁杂,救捞系统的指挥协调机构组织协调能力面临不小的挑战。

3. 未来发展的方向目标

(1) 深海搜寻探测装备建设方面。在 2025 年前,救捞系统可有效执行 6000m 水深水下扫测定位任务;至 2035 年,水上专业救捞力量能高效应对深远海域沉船/沉物的探测搜寻任务。

(2) 深海搜寻探测配套建设方面。在 2025 年前,救捞系统优化人才结构,根据现代化、国际化救援队伍建设需要,完成对相关人才配置;至 2035 年,水上专业救捞力量能有效实施深远海重要通道救援力量机动部署和应急保障任务。

4. 未来发展的核心任务

(1) 进一步加强深海和空中专业救捞装备建设。一是要大力打造综合性深远海专业救助母船,并在专业救捞船上配备一定数量的侧扫声呐和多波束测深系统、深拖设备、深水航行观察器和无人潜水器等深海扫测定位和搜寻打捞设备,以有效提高专业队伍的深海搜救作业能力;二是为大型救捞船舶配备舰载直升机或可回收的无人飞行器,在沿海增加固定翼搜寻飞机,针对中远距离救捞任务,可第一时间抵达事故现场,及时了解掌握最新情况,并利用舰载直升机扩大搜寻范围,提高搜救效率。

(2) 进一步提高救捞船舶的远海支持保障能力。一是要在后续船舶设计建造中充分考虑远洋补给能力,适当增加远洋救捞船舶油水装载容量和食品的储存能力,进一步提升远洋续航力;二是研究适合救捞船舶海上补给的协同保障机制;三是要收集并建立海外供应服务信息数据库,加强对外沟通联系,确保应急保障需求。

(3) 进一步加大专业救捞队伍的综合能力建设。若无相关技术支持,再精良的装备也无法发挥作用,人始终是决定性因素。要着力打造一支现代化、专业化的救捞队伍:一是在组织管理上,培养一批精于组织指挥跨国的重大救助,善于合理利用有限救助资源的管理人才;二是在应用技能上,培养一支精通设备维修保养、熟悉设备操作管理的一线救捞人才;三是在创新研发上,形成一个具有创新研发能力的团队,掌握国际前沿科研成果,提升改进深海搜救能力。此外,还要加强海上实战训练和演练，扩大国际交流合作，不断提高专业救捞队伍处置国际重特大事故的能力和水平。

5. 技术路线

深远海沉船/沉物应急探测装备技术发展图谱如图 5.14 所示。

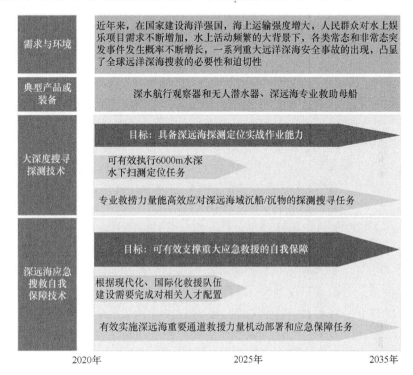

图 5.14　深远海沉船/沉物应急探测装备技术发展图谱

5.2.13　复杂水域事故现场快速探测装备技术

随着人类水下活动的不断发展，各类水下事故的发生给水下救援工作带来更大的挑战。在许多情况下，事故水域环境比较复杂，搜救工作具有能见度低、地形复杂、水流复杂等困难。传统的潜水员搜救方式作业效率低，施工周期长，受潜水员体能和经验的限制大，受温度、天气状况、水流速度、水下能见度等自然环境因素的制约多，而且极具危险性。无人潜航器(unmanned underwater vehicle，UUV)的出现突破了人工潜水的限制，为水下搜救工作提供了有力的工具，具有广阔的应用前景。目前，我国有关无人潜航器应用于水下搜救工作的研究较少，不能满足国内的需求。

1.装备技术发展现状

相较于传统的潜水员作业，无人潜航器具有机动性强、活动范围大、受环境制约小等优点，更适合复杂水域环境的搜救工作。根据操控方式的不同，无人潜航器可分为 ROV 和 AUV。ROV 的特点为无人有缆，控制信号和能量通过脐带传至潜航器。AUV 的特点为无人无缆，能自主完成作业。然而，无人潜航器在复杂水域环境中仍然存在不少问题尚未解决，限制了无人潜航器在复杂水域中搜救作业的应用。

2.面临的挑战

(1) AUV 通信带宽窄无法与水面控制端的数据进行实时交换。在复杂水域环境下，水面控制端无法根据水下实际环境对 AUV 进行实时监控，会影响 AUV 的作业能力和安全性。ROV 脐带缆要同时传输能量和数据信息，所以其直径较大，在复杂水下环境中受到的水动力较大，会严重影响 ROV 的抗流定位能力；脐带缆传输的电压较高，安全隐患大，发生漏电事故将威胁水下遇险目标的人身安全。

(2) 复杂环境下难以快速搜寻定位和高清观测遇险目标难度大。复杂水域环境条件下，水中悬浮粒子的浓度很高，使得声波在传输过程中不仅受水体本身声吸收的作用，还受悬浮粒子的黏滞吸收和声散射的影响。在几种因素的综合影响下，水体的声衰减系数迅速增大，声传播损失随之提高，导致声呐作用距离减小，从而影响声呐的探测性能和工作性能。同时，由于复杂水域环境声场的复杂性和声呐设备成像的非线性，所采集的水下声呐图像存在对比度低、成像质量差、目标与背景之间的对比度低等特点。

3. 未来发展的方向目标

(1) 复杂水域快速搜寻定位装备建设方面。在 2025 年前，研制 1～2 类实用高效的复杂水域快速搜寻定位装备；至 2035 年，打造水上专业救捞力量，能高效应对复杂水域快速搜寻定位任务。

(2) 复杂水域高清观测装备建设方面。在 2025 年前，研制 1～2 类实用高效的复杂水域高清观测装备；至 2035 年，打造水上专业救捞力量，能高效应对浑水环境中高清观测成像任务。

4.未来发展的核心任务

(1) 研究复杂事故现场快速探测与目标搜寻装备技术。针对复杂水域事故现场快速探测水下目标的需求，研制可快速部署进入事故现场的小型全海深无人潜水器(AUV 与 ROV 两用型)水下航行器，研究多全海深无人潜水器组网自主搜寻任务规划技术，自动规避障碍并重新规划路径技术，实现快速搜索、定位水下遇险目标。

(2) 研究浑水条件下目标高清声学成像装备技术。针对浑水环境下的高清探测需求，分析浑浊水域声学传播特性，揭示水体含沙量对声波能量的吸收和反射特性、浅水混响干扰、目标成像分辨率等影响规律，研究相控发射、波束形成，以及浅水混响抑制等相关技术，突破浑浊水域高精度成像以及精确探测时存在的成像精度不高、漏报错报严重等瓶颈，研制适用于复杂救捞现场浑水条件下的高清声呐。

5. 技术路线

复杂水域事故现场快速探测装备技术发展图谱如图 5.15 所示。

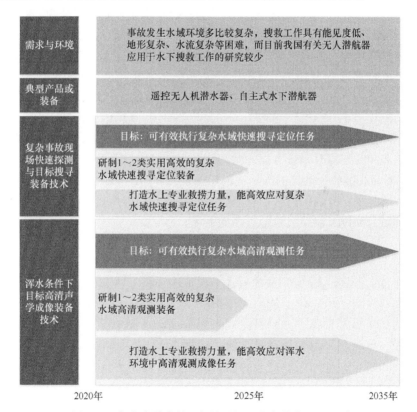

图 5.15　复杂水域事故现场快速探测装备技术发展图谱

5.2.14　大深度沉船/沉物救助打捞装备技术

深海面积占地球面积的 65.4%，是地球上最具现实意义和最具发展潜力的战略空间。随着科技的发展，人类在深海区域的运输、航天、航空，以及水下活动逐渐增多。当前，全球化发展趋势不断推进，我国远洋国际贸易航线、海上战略能源通道繁忙，跨国跨地区海上救捞、极地深海救援等突发事件逐步增多，如韩国"世越"号客轮打捞、马来西亚翻扣挖沙船紧急救援等远洋深海重大事件，以及重庆万州公交车坠江打捞、北京某航空队失事直升机救助、"川广元客 1008"轮遇险失踪人员搜寻打捞等内陆深水突发险情。为保障水上人命、环境、财产安全，保障国家重大战略实施，履行国际公约义务，亟须对标国际先进水平，大力发展大深度沉船/沉物救助打捞装备技术，满足国际救援行动需要，彰显负责任大国形象。

1. 装备技术发展现状

目前，我国专业打捞队伍共拥有各型船舶约 120 艘，包括 4000t 级"华天龙"、4500t 级"创力"、5000t 级"德和"等大型抢险打捞起重船，以及 30000t 级"华海龙"、50000t 级"华洋龙"等大型自航半潜船。中国救捞现已具备 60m 水域 50000t 沉船整体打捞能力，结合已掌握的饱和潜水技术，理论上已具备 300m 以浅大深度万吨级沉船/沉物打捞能力，基本达到世界先进水平。在救捞系统之外，中国海洋石油有限公司装配了 7500t 级"蓝鲸"号打捞起重船，上海振华重工(集团)股份有限公司配置了 12000t 级"振华 30"打捞起重船。在韩国"世越"号沉船(总排水量 17000t)打捞实践过程中，所用的三艘配套抬浮力打捞工程船均为租赁，花费在船舶改造和安装提升系统方面的时间长达 100 多天，严重制约了应急抢险打捞进程[8]。当前我国各大港口的国际运输船舶多为 30 万 t 以上的大型船舶，一旦出现突发险情沉没，现有的打捞工程船舶装备在作业能力、作业深度和作业效率上都很难满足大吨位沉船应急抢险打捞的需求。

2. 面临的挑战

大吨位大深度沉船/沉物快速整体打捞能力不强。大深度大吨位沉船整体打捞需要具有深海动力定位功能的大型半潜式起重船、大吨位半潜驳船，以及大吨位液压同步提升设备、金刚石绳锯、深海机器人、水下扫测定位设备等共同配合完成，单靠浮吊船和浮筒难以解决险情不同、破损严重，特别是大吨位的沉船打捞和装运，救捞系统现有的装备能力难以满足大吨位大深度沉船整体快速打捞要求。

3. 未来发展的方向目标

(1) 大吨位沉船整体打捞能力建设方面。在 2025 年前，救捞系统可在 100m 以浅水域有效执行 10 万 t 沉船整体打捞任务；至 2035 年，专业救捞力量能有效执行 30 万 t 沉船整体打捞任务。

(2) 大深度沉船整体打捞能力建设方面。在 2025 年前，救捞系统具备 1500m 以浅水域沉船/沉物的应急处置能力；至 2035 年，针对沉船/沉物的应急处置深度达到 3000m。

4. 未来发展的核心任务

(1) 进一步完善救捞基地建设布局。优化救助、打捞综合基地与前沿待命站点布局，在三亚设立综合救捞保障基地，提升南海救捞综合保障能力，确保管辖海区、责任海区救捞力量全覆盖。强化深潜水运行保障设施建设，提升深潜水救捞装备实战能力，建立健全实战化训练机制，科学有序组织开展潜水员技能训练，提升救捞人员的专业素养与实操能力。

(2) 进一步加快深远海大型救助打捞船舶配置。加快 10 万 t、15 万 t 及以上半潜式打捞工程船，起重能力 8000～10000t 半潜式抢险打捞起重船配置，提升大深度大吨位沉船整体打捞硬实力，保障海上大型船舶装备应急救援任务需要。

5. 技术路线

大深度沉船/沉物救助打捞装备技术发展图谱如图 5.16 所示。

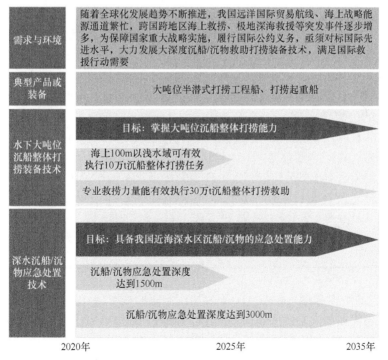

图 5.16 大深度沉船/沉物救助打捞装备技术发展图谱

5.2.15　大深度饱和潜水救助装备技术

作为地球上最具现实意义和最具发展潜力的战略空间,深海蕴藏着人类远未认知和开发的资源,正日益成为世界各海洋大国关注的焦点。远洋贸易、深水深海科考、海底石油开发等人类活动的不断增加,势必增大深水深海突发险情发生的概率,继而对水上应急救援,尤其是人工潜水深度提出了更高要求。当前,饱和潜水是国际最先进的人工潜水技术,是一个国家海洋作业能力的重要标志,承载着国家利益,是国家综合实力的重要体现。为保障水上人命、环境、财产安全,大力发展大深度饱和潜水救助装备技术具有重要的现实意义。

1. 装备技术发展现状

我国拥有四大海域,其中黄海、东海、南海海域最大水深分别为 140m、2717m、5567m。水深超过 300m 的海域集中在南海和东海,而南海和东海是当今世界关键的贸易和能源运输通道。全球一半以上的海上贸易途经南海[73]。目前,全球有 8 个国家先后突破 400m 大深度潜水技术,法国、美国等载人试验潜水深度更是突破了 500m[74]。一直以来,由于我国缺少饱和潜水作业装备技术,大深度潜水打捞作业一直被欧美国家垄断。近年来,我国饱和潜水事业取得长足的发展,继成功进行 300m 饱和潜水作业之后,我国救捞系统已于 2012 年装配 300m 饱和潜水作业系统及"深潜"号饱和潜水母船,水下巡回潜水深度达到了 313.5m,使我国成为世界上第九个掌握大深度饱和潜水技术的国家。2021 年,交通运输部上海打捞局 500m 的教学与陆基载人实验取得成功,使中国成为继法国 701m、美国 686m 之后第三个成功完成 500m 水深载人试验的国家[75]。

在内陆水域,我国最大水深超过 60m 的湖泊和水库有 30 多个。其中,吉林长白山天池、新疆喀纳斯湖、三峡库区、丹江口库区最大水深均超过 160m,而内陆现有潜水装备(部署在长江干线)均为常规潜水装备,根本无法满足深潜水作业的要求。2018 年的"重庆公交坠江事故"(水深约 71m)救援表明,从 10 月 28 日 10 时公交车坠江,至 10 月 30 日 6 时上海打捞局潜水员下水搜救,间隔约 44 个小时,严重影响了应急救捞进程[12]。

2. 面临的挑战

(1) 大深度饱和潜水作业能力同发达国家相比能有较大差距。目前,法国、美国等国家饱和潜水实战作业深度已超过 500m,陆地模拟深度超过 700m,我国救捞系统深潜水科研水平、技术装备、实战能力和保障机制与其相比还存在较大差距。

(2) 内陆深水应急救捞能力不强。目前我国内陆基本不具备深水救捞能力,同时受地域环境、后勤保障、资金保障等因素制约，救捞系统现有内陆应急救捞装备数量不足，亟待进一步加强内陆深水应急救捞能力的建设。

(3) 深潜水科技研发体系有待完善。深潜水救捞技术研发配套基础设施不完善，深潜水领域的科技领军人才、研发人才和高级实用技术人才不足，关键核心技术基础理论和应用研究与发达国家差距较大。

3. 未来发展的方向目标

(1) 饱和潜水装备建设方面。在 2025 年前，救捞系统具备 500m 以浅水域饱和潜水实战作业及保障能力；至 2035 年，具备 500m 以深水域饱和潜水实战作业及保障任务，并在现有氢氧饱和潜水技术的基础上实现更大深度的突破。

(2) 饱和潜水配套能力建设方面。在 2025 年前，救捞系统加强对科技领军人才的引进或培养，初步建成深潜水救捞装备运行维护人才队伍；至 2035 年，打造一支由潜水领军人才、科技研发人才和高级实用技术人才组成的高层次人才队伍，建成完备的深潜水救捞装备运行维护人才队伍。

(3) 内陆深水饱和潜水能力建设方面。在 2025 年前，救捞系统具备移动式200m 以浅水域饱和潜水装备技术；至 2035 年，根据内陆深水分布特征，建成 2～3 个移动式饱和潜水前沿待命基地。

4. 未来发展的核心任务

(1) 加快大深度饱和潜水装备研发。优化不同型深饱和潜水成套装备和饱和潜水支持母船建造配置，增强深潜水作业能力，适应深水应急复杂作业需要。在500m 饱和潜水技术研究和实战作业能力的基础上，有序开展 500m 以深饱和潜水系列技术和装备的研究与论证工作，适时开展 600m，甚至更深饱和潜水系统和工作母船的前期研究工作。

(2) 强化大深度饱和潜水配套能力建设。深入推进深潜水运行保障设施建设，提升深潜水救捞装备实战能力，建立健全实战化训练机制，科学有序组织开展潜水员技能训练，提升救捞人员专业素养与实操能力。

(3) 加强内陆深水应急救捞能力建设。借鉴移动方舱设计建造理念，充分发挥我国便利的交通运输条件，依托航运、铁路等方式，研制多套机动式 200m 饱和潜水系统，建设饱和潜水前沿待命基地，以满足全国内陆江河、湖泊、水库深水应急处置需求。

5. 技术路线

大深度饱和潜水救助装备技术发展图谱如图 5.17 所示。

图 5.17　大深度饱和潜水救助装备技术发展图谱

5.2.16　水上应急救援模拟训练装备技术

水上应急救援模拟训练是借助实物仿真或者虚拟现实技术，运用声、光、电、气等手段，模拟各类火灾、危险化学品泄漏、沉船打捞等现场，采用先进的仿真模拟技术和自动化控制技术为专业应急救援人员提供一个逼真的灾害场景和训练环境，从而提高水上应急救援人员实战能力。相对而言，传统的实际场地模型演练方式有着造价高、污染大、危险性极强、进程不易把握、演练内容单一等缺点。随着虚拟技术的发展，由计算机整合模型库、案例库、应急知识库、方法库、图形库、装备库等数据库研发出的应急救援模拟训练系统，能够综合模拟灾害发生场景、救援进展和事故态势等进程信息，不仅能克服传统演练造价高、内容单一的缺点，还能提高参与人员应急救援水平，便于组织者与参演方交互，开展演练评估等，取得比实际场地演练更好的效果。

1. 装备技术发展现状

虚拟现实技术自 20 世纪兴起至今，在推动一些行业发展方面，显示出巨大的价值和威力。这项技术涵盖计算机、电子信息、仿真技术等多项学科，基本形式是借助计算机等技术模拟出虚拟环境，带给人一种虚拟出来的真实感。随着虚拟现实技术在电子竞技、影音娱乐、教育教学等领域的运用，基于虚拟现实技术的模拟训练装备技术得到世界各国的高度重视。作为虚拟现实技术研究和应用水平较高的国家，美国对基于虚拟现实技术的模拟训练装备技术开展了广泛研究，日本、英国、加拿大等国家在虚拟模拟训练装备技术方面也取得了丰硕的成果。相比之下，我国模拟训练装备技术起步较晚，但是在一系列研究项目的支持下，我国基于虚拟现实技术的模拟训练装备技术也得到了快速发展。

2. 面临的挑战

(1) 水上应急救援模拟训练装备技术亟待加强。虽然虚拟现实技术在军事、交通运输、教育教学、医疗卫生等众多领域进行了广泛的运用，并取得很好的成效，但是由于水上应急场景的复杂性和水上应急救援的特殊性，虚拟现实技术水上应急救援领域应用十分有限，尤其是在水上应急救援模拟训练装备技术方面，根本无法满足我国庞大的水上应急救援需求。

(2) 模拟训练评估技术研究尚处于起步阶段。受限于基于虚拟现实技术的水上应急救援模拟训练装备技术的发展水平，对模拟训练评估技术的研究更是处于起步阶段，亟须客观、准确、可靠的水上应急救援模拟训练评估技术，设计、开发、配备水上应急救援模拟训练评估装备终端，科学评价模拟训练效果。

3. 未来发展的方向目标

(1) 水上应急救援模拟训练装备技术建设方面。在 2025 年前，研制 3~5 类典型水上事故救援场景的模拟训练系列设备；至 2035 年，建成水上应急救援模拟训练装备系统，全面覆盖我国水上常见事故场景。

(2) 模拟训练评估技术研究方面。在 2025 年前，构建针对我国典型水上应急救援场景的救援要点库，总结形成模拟训练要点评估理论方法。至 2035 年，研发 1~2 套简便灵活的水上应急救援模拟训练评估装备系统。

4. 未来发展的核心任务

(1) 加强应急救援作业系统建模与辅助训练装备研发。借助系统仿真、人机交互和场景构造等技术，研究典型应急救援作业场景中各类行为主体提升施救能力的方式，包括船舶翻扣、狭窄空间探摸、浑浊水域 ROV 辅助作业等常见水上应急救援作业科目。基于模拟对象的动力学特点，研究辅助训练系统操作中的非线性输入输出，增加训练的临场感和真实感，提高训练环境的逼真度。

(2) 加强模拟训练评估技术研发。系统分析不同水上事故类型应急救援过程中各个环节的操作要点，建立救援实践操作要点库，开发一套救援实践关键点评估系统，分析不同事故场景救援模拟训练过程的核心要点是否训练到位，实现模拟训练效果的实时分析。

5. 技术路线

水上应急救援模拟训练装备技术发展图谱如图 5.18 所示。

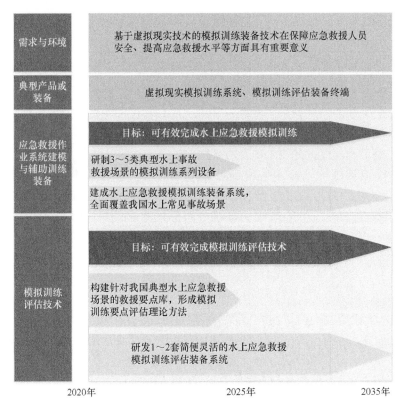

图 5.18　水上应急救援模拟训练装备技术发展图谱

5.2.17　水上应急救援辅助决策指挥装备技术

当水上出现突发险情时,专业救助队伍通常需要根据险情特征快速做出反应。然而,针对突发险情的应急响应需要考虑水域、海况、气象、险情类型等因素条件对所选择的救援装备、救援技术和参考标准的影响。当前针对特定水上险情的处理主要依靠个别经验丰富的救援专家,而大部分专家都是仅精通特定的领域,一旦出现相关领域专家缺席,将会严重影响救援行动的开展。鉴于此,开展水上应急救援辅助决策指挥装备技术研究具有非常重要的现实意义。

1. 装备技术发展现状

目前,应急救援辅助决策指挥装备技术已在消防、地震、矿山、长输管线、民航机场、化工园区、地铁工程、卫生防疫等领域取得广泛的应用。在水上应急救援领域,多所高校进行了相关技术研究。电子科技大学依托黑龙江海事局水上搜救指挥中心的实际业务,充分结合信息化先进技术,设计并开发了内河搜救决策指挥系统。大连海事大学将案例库推理技术引入水上应急救援,使其自动生成应急处置方案,构建了水上交通应急案例库推理系统,并在重庆市水上交通应急指挥系统中得到初步应用,相关研究与实践为水上应急救援辅助决策系统的开发奠定了良好基础。

2. 面临的挑战

(1) 水上应急救援辅助决策系统开发仍处于起步阶段。作为一种对时效性要求高、保障国计民生的作业类型,我国水上应急救援鲜有运用辅助决策装备技术,为数不多的对水上应急救援付诸决策装备技术研发多局限在救援环境较好的内河水域,这严重影响了我国对突发险情的应对能力和救援效率。

(2) 多目标、多约束、多场景条件下的任务协同不足。应急救援所处的复杂条件决定了执行任务受多种因素的制约,需要综合考虑整体救援任务的时间、空间要求和资源约束,才能实现应急救援作业的多目标、多约束优化决策,从而有效发挥救援任务协同作业的优势,提高水上应急救援效率。

3. 未来发展的方向目标

(1) 辅助决策方案智能生成装备方面。在 2025 年前,建立一套系统全面的水上事故应急救援场景库;至 2035 年,建立针对不同事故救援场景风险因素的合理解决方案库,开发实用高效的辅助决策方案智能生成装备。

(2) 多元救助力量协同调度装备系统方面。在 2025 年前,开发 1~2 个科学实用的多元应急救助力量的任务系统协同度模型;至 2035 年,研发成套的水上应急救援多元救助力量协同调度装备系统。

4. 未来发展的核心任务

(1) 加强水上应急救援辅助决策方案智能生成装备开发。建立不同事故应急救援场景库，包括各个应急救援场景所涉及的风、浪、涌、船舶、水深等参数；分析不同海况、不同事故场景条件下可能遇到的各种风险因素，建立针对各个场景中不同风险因素的解决方案库，开发科学精准的方案筛选配套系统，研发成体系的水上应急救援辅助决策装备系统。

(2) 加强多元救助力量协同调度系统开发。根据事故类型、事故水域、遇险目标状态，分析事故场景的救援约束条件，结合多元救助力量作业特点，研究基于场景的应急救援任务分解机制，将救援作业划分为不同救助力量的任务集合；研究多元应急救助力量的任务协同度模型，采用定量方式评估救助力量之间的协同效应，建立救援力量完成不同任务的实际效能表达。

5. 技术路线

水上应急救援辅助决策指挥装备技术发展图谱如图 5.19 所示。

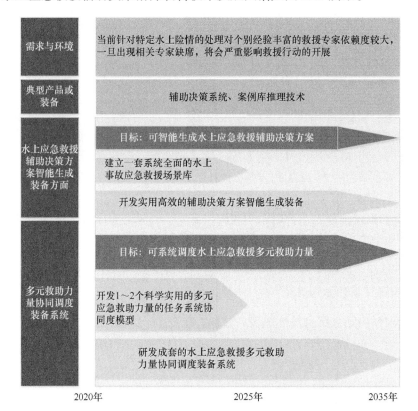

图 5.19 水上应急救援辅助决策指挥装备技术发展图谱

第6章　水上应急救援装备技术体系数字化开发应用

6.1　水上应急救援装备技术数据库系统

当前，我国救捞系统对水上应急救援装备或救援技术的管理仍采用比较传统的方法，固定资产登记是当前常用的救助装备管理方式，救助技术则缺乏系统的整理，主要依赖相关技术人员的操作经验，因此亟需一套科学、先进、系统的管理方法。

基于水上应急救援装备技术体系的构建，借助"互联网+"技术，将梳理得到的水上应急救援装备技术按照体系构建理念进行数字编译，开发了如图 6.1 所示的水上应急救援装备技术数据库系统。通过数据库调取相关装备、技术，查看救助装备的关键性能、适用场景等参数，了解相关救助技术的操作要点，提升水上应急救援装备技术的管理水平，可以为救捞系统及时准确地掌握救助打捞装备技术发展现状，制定行业发展规划提供重要支撑，为救助打捞智能决策奠定基础。

图 6.1　水上应急救援装备技术数据库系统

6.2　水上应急救援装备技术辅助选配研究

6.2.1　水上应急救援装备技术辅助选配系统构建思路

当水上出现突发险情时，专业救援队伍需要根据险情特征快速做出反应。为弱化特定救援专家的缺席对水上突发险情应急救援决策行动的影响，提升水上专业救助队伍的应急反应能力，聚焦交通运输部发布的水上十大事故类型，对水上专业救援队伍的救援使命任务展开系统梳理与细化，结合特定的逻辑关系，需要研发一套水上应急救援装备技术辅助选配系统，针对性地制定实现每一种使命任务所需救助装备、救助技术等数据的匹配明细表，为快速开展水上突发险情应急救援行动提供决策参考。水上应急救援装备技术辅助选配系统设计架构如图 6.2 所示[76]。

6.2.2　水上应急救援装备技术辅助选配系统构建流程

为便于从宏观上消除水上应急救援辅助选配系统构建过程中的逻辑错误，保障研究成果的可追溯性和可复用性，借鉴成熟的装备体系设计理论方法[38, 39]，紧密结合我国水上应急救援现状及特点，运用控制论与系统工程理论，我们提出基于"双重循环"机制的水上应急救援装备技术辅助选配系统构建方法。其技术路线图如图 6.3 所示。

构建过程包括输入 I、约束条件 R、运行条件 M、分析过程 A 和输出 O 等 5 个方面。I 是构建过程的原始输入数据，是构建辅助选配系统的来源和基础，主要包括突发险情概况。R 是限制系统最优化或核心目标实现的各类约束要素，包括救援距离、经济合理性、使用环境、技术水平、使用手段等。M 是系统运行需要考虑的主要因素，包括救援人员、技术人员、指挥人员、协调指挥机构、技术方法体系等。A 是分析过程，包括 7 个环节。险情分析($A1$)—任务需求分析($A2$)—能力需求分析($A3$)—救援装备需求分析($A4$)/救援技术需求分析($A5$)—辅助选配草案制定($A6$)—选配草案评估($A7$)的循环迭代流程构成系统构建的"外循环"机制，是提升系统针对性和系统性的关键程序。O 是实现系统构建目标的装备技术辅助选配方案。

需求分析(包括任务需求分析、能力需求分析、装备技术需求分析)是系统构建的核心环节，关乎所构建系统的合理性与实用性。鉴于此，如图 6.4 所示，结合应急救援实际，我们提出"以险情救助为牵引、以决策需求为导向"的需求融合分析理念，即系统建设的"内循环"机制，按照"任务需求↔能力需求↔装备

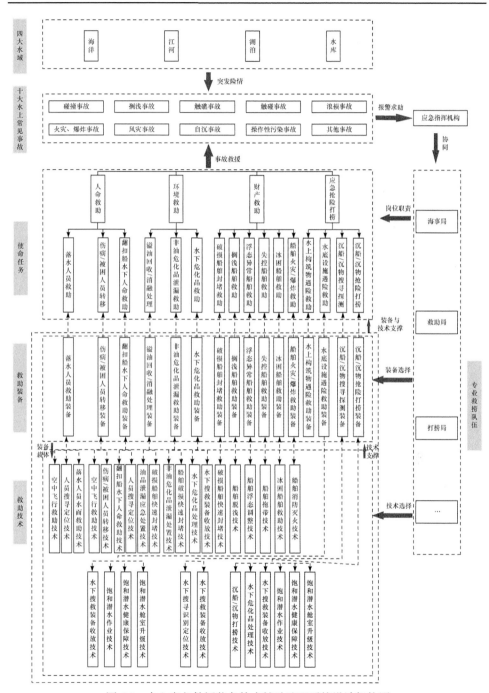

图 6.2 水上应急救援装备技术辅助选配系统设计架构图

技术需求"的逻辑线将需求从抽象到具体逐层递进,对不同类型需求逐层向上合并,或向下展开,循环迭代,形成同一层次上规范化的需求结构框架和指标体系。

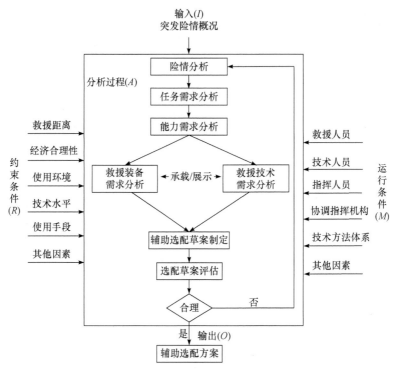

图 6.3　基于"双重循环"机制的水上应急救援装备技术辅助选配系统构建技术路线图

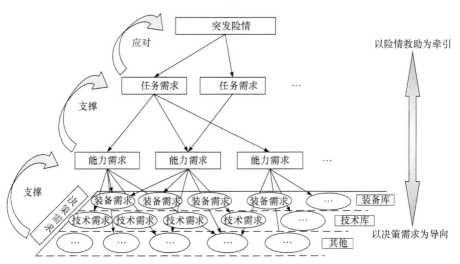

图 6.4　基于需求分析的水上应急救援装备技术辅助选配系统分解流程

6.2.3 水上应急救援装备技术辅助选配系统应用

1. 辅助选配系统基本架构

常见的水上突发险情应急救援场景的救助能力需求可具体概括为落水人员救助能力、伤病/被困人员转移能力、翻扣船水下人命救助能力等 16 项。如图 6.5 所示，以救助能力需求为纽带，向上应对每一类事故的应急救援，向下关联支撑每一项救助能力的救助装备、救助技术等，细化构建水上应急救援装备技术辅助选配系统架构图。从所属分类、装备名称、装备型谱、装备编号、关键性能参数、适用场景和所属单位等 7 个方面对每一种救助装备的具体数据进行系统梳理，构建救助装备体系表。整理归纳每一种救助技术的操作要点、注意事项、适用条件，形成救助技术体系表。

每一种水上应急救援装备平台、装备单元、技术方向及所属技术单元的具体详情见第 3 章。

2. 辅助决策系统的实现

基于对救援装备知识库、技术知识库等知识库的构建，采用系统关联性设计方法，在水上应急救援装备技术数据库系统中开发辅助决策功能模块。

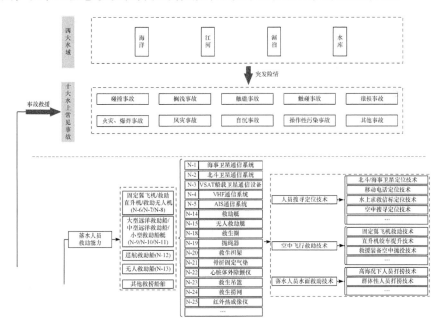

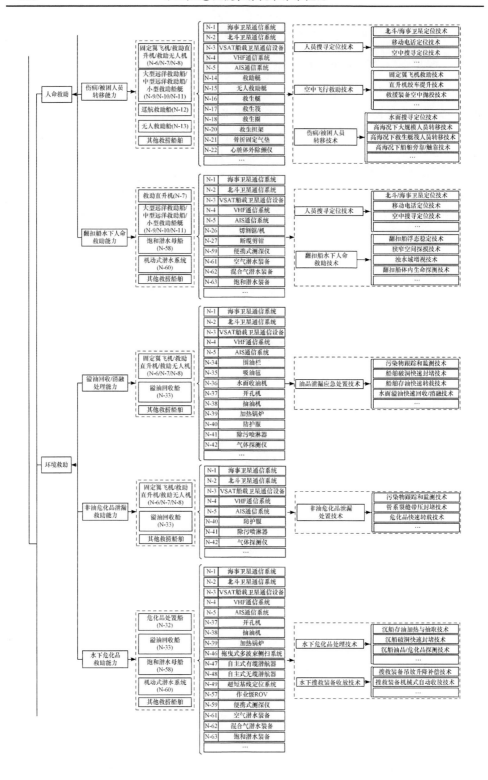

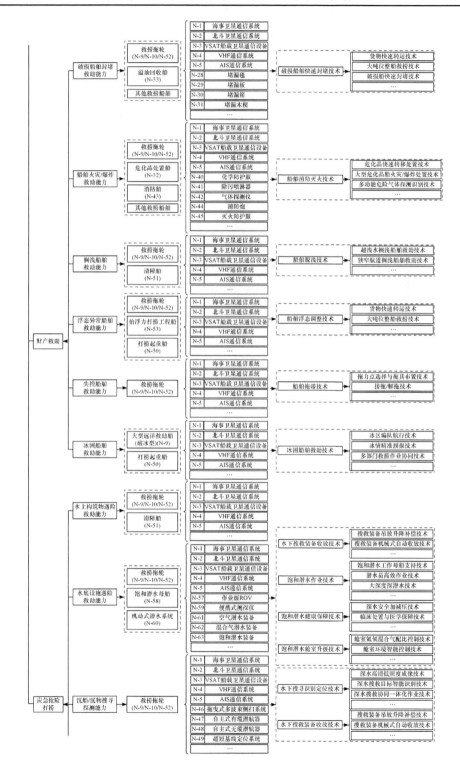

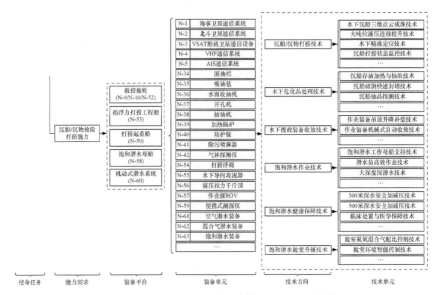

图 6.5　水上应急救援装备技术辅助选配系统架构图

如图 6.6 所示，在辅助决策功能模块，根据水上突发险情情况，分析所需的人命救助、环境救助等应急救援使命任务，并选择所属使命任务对应的救助能力需求，可单选或多选，当选定某一种或某几种救助能力时，可在右侧显示所需的救助装备、救助技术等需求项的详细参数。

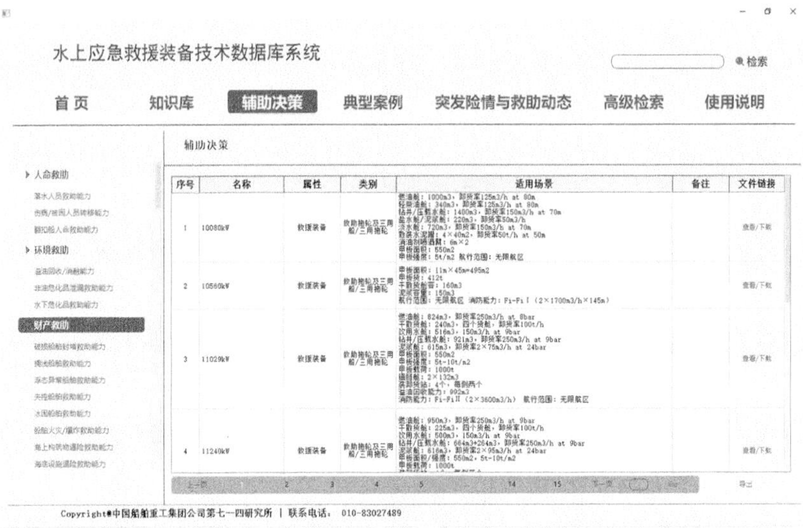

图 6.6　水上应急救援装备技术数据库系统辅助决策功能界面

为进一步明确所需的装备、技术等需求项，可进行二次决策，即输入事故发生的位置、水深、气温、天气状况、风浪情况、事故类型、遇险船舶吨位、遇险人员数量等参数，系统将根据输入的数据进行关联分析，映射相关的救助装备、技术、标准等需求项，从而给出更精准的辅助决策方案。

参 考 文 献

[1] 王诺, 林婉妮. 建设 "21 世纪海上丝绸之路" 视角下南海海上搜救体系构建研究[J]. 中国软科学, 2018, (8): 10-17.

[2] 林仲全. 我国海上搜救公共服务现状和对策研究[D]. 大连: 大连海事大学, 2016.

[3] 中国海上搜救中心. 数据统计[EB/OL]. https://zizhan.mot.gov.cn/sj2019/ soujiuzx/shujutj_sjzx/ [2021-11-21].

[4] 王祖温. 救助打捞装备现状与发展[J]. 机械工程学报, 2013, 49(20): 91-100.

[5] 曹玉墀, 王凤武, 刘强, 等. 中国与美国、日本海上救助力量比较分析[J]. 世界海运, 2019, 42(1): 27-31.

[6] 国务院新闻办公室. 交通运输部举行 "护佑生命 70 载 建功碧海新时代" 发布会[EB/OL]. http://www.scio.gov.cn/xwfbh/gbwxwfbh/xwfbh/jtysb/Document/1711617/1711617.htm[2021-11-15].

[7] 赵杰超, 陈健, 金浩, 等. 水上应急救援装备与技术体系构建[J]. 科学技术与工程, 2022, 22(08): 3002-3010.

[8] 张鹏, 刘秀华, 郑云亮. 从 "桑吉" 轮碰撞燃爆事故浅谈救捞系统应急处置能力建设[J]. 珠江水运, 2018, (7): 107-109.

[9] 张弛. "桑吉" 轮失事中国大救援[J]. 中国水运, 2018, (2): 12-15.

[10] 段雪薇. 从 "东方之星" 轮翻沉事件谈 "高效救捞" 建设[J]. 中国水运, 2015, (9): 28-30.

[11] 贾大山, 魏明. "马航 MH370" 航班失联事件启示[J]. 中国水运, 2014, (9): 22-25.

[12] 新华社. 重庆公交车坠江事故已发现 9 名遇难者 7 名已救捞上岸[EB/OL]. https:// baijiahao.baidu.com/s?id=1615743304670601305&wfr=spider&for=pc[2021-11-19].

[13] 沈雪石, 张爱军, 赵海洋. 颠覆性技术对武器装备发展的影响及思考[J]. 国防科技, 2015, 36(3): 18-22.

[14] 李艳华, 李冉. 我国航空应急救援标准体系构建研究[J]. 中国安全科学学报, 2019, 29(8): 178-184.

[15] 黄东方. 我国应急救援装备配备现状、依据与优化[J]. 中国应急救援, 2018, (4): 29-32.

[16] 丁璐, 颜军利, 朱笑然, 等. 突发灾害救援应急物流现状及发展趋势研究[J]. 防灾科技学院学报, 2018, 20(2): 45-51.

[17] 张小良, 李浩, 杨璐颖, 等. 应急状态下个体防护装备发展问题探讨[J]. 中国个体防护装备, 2018, (1): 23-25.

[18] 张磊. 武警部队卫生应急救援力量能力评价与发展对策研究[D]. 北京: 中国人民解放军军事医学科学院, 2015.

[19] 张哲, 张守月. 美国海上搜救体系解析[J]. 中国应急救援, 2011, (4): 45-48.

[20] 沈雪石. 装备技术体系设计理论与方法[M]. 北京: 国防工业出版社, 2014.

[21] 赵峰. 使命任务拓展后海军武器装备体系能力框架构建[J]. 国防科技, 2014, 35(4): 28-31.

[22] 郭齐胜, 姚志军, 闫耀东. 武器装备体系试验问题初探[J]. 装备学院学报, 2014, 25(1):

99-102.

[23] 郭齐胜, 董志明, 穆歌. 装备需求论证规范化基本理论研究[J]. 装甲兵工程学院学报, 2013, 27(1): 1-4.

[24] 郭齐胜, 董志明, 穆歌. 装备需求论证工程化基本理论研究[J]. 装甲兵工程学院学报, 2012, 26(1): 1-4.

[25] 徐吉辉, 楚维, 周镜, 等. 航空应急救援装备保障能力体系研究[J]. 价值工程, 2012, 31(8): 283-284.

[26] 王小东, 程玉龙, 张春明, 等. 化学事故应急处置能力建设有关问题探讨[J]. 科技资讯, 2018, 16(3): 124-126.

[27] 莫善军, 雷毅, 梁栋. 矿山事故应急救援装备体系和配置方法研究[J]. 中国应急救援, 2011, (6): 16-20.

[28] Maehira Y, Spencer R C. Harmonization of biosafety and biosecurity standards for high-containment facilities in low-and middle-income countries: An approach from the perspective of occupational safety and health[J]. Frontiers in Public Health, 2019, 7: 249.

[29] 陈一洲, 杨锐, 苏国锋, 等. 应急装备资源分类及管理技术研究[J]. 中国安全科学学报, 2014, 24(7): 166-171.

[30] 张旭凤. 应急物资分类体系及采购战略分析[J]. 中国市场, 2007, (32): 110-111.

[31] 李磊. 地震应急救援现场需求分析及物资保障[J]. 防灾科技学院学报, 2006, (3): 15-18.

[32] 李辉. 应急物资分类标准与编码规范研究[J]. 标准科学, 2017, (7): 18-24.

[33] 赵杰超, 张英香, 金浩, 等. 美国国防工业职业安全与健康法制体系研究及启示[J]. 环境与职业医学, 2020, 37(9): 915-921.

[34] 赵杰超, 金浩, 陈健, 等. 英国国防工业安全生产法制体系研究及对我国的启示[J]. 中国安全生产科学技术, 2020, 16(4): 162-168.

[35] 交通运输部北海救助局. 救助部署[EB/OL]. http://www.bh-rescue.cn/intro/1.html [2021-11-22].

[36] 交通运输部东海救助局. 力量部署[EB/OL]. http://www.donghai-rescue.cn/llbs/index.html [2021-11-22].

[37] 交通运输部南海救助局. 南海海区专业救助力量部署[EB/OL]. https://www.nh-rescue.cn/Rescue/index.html[2021-11-22].

[38] 魏兆磊, 陈春良, 王磊, 等. 保障装备体系构建的系统工程方法[J]. 火力与指挥控制, 2018, 43(4): 178-182.

[39] 王涛, 汪刘应, 刘顾, 等. 预警反击装备技术体系结构设计方法[J]. 战术导弹技术, 2019, (1): 50-55.

[40] Razi N, Karatas M, Gunal M M. A combined optimization and simulation based methodology for locating search and rescue helicopters//Society for Computer Simulation International, San Diego, 2016: 1-6.

[41] Papanicolopulu I. The duty to rescue at sea, in peacetime and in war: A general overview[J]. International Review of the Red Cross, 2016, 98(902): 491-514.

[42] Vettor R, Soares C G. Computational system for planning search and rescue operations at sea[J]. Procedia Computer Science, 2015, 51: 2848-2853.

[43] Jin H, Zhao J C, Chen J, et al. Study on the Construction and Application of the Water Emergency Rescue Equipment System[C]. 2020 2nd International Conference on Robotics Systems and Vehicle Technology, 2020: 32-38.

[44] Bezgodov A, Esin D. Complex network modeling for maritime search and rescue operations[J]. Procedia Computer Science, 2014, 29: 2325-2335.

[45] Chen P, Zhang J, Sun Y. Research on emergency rescue of urban flood disaster based on wargame simulation[J]. Journal of the Indian Society of Remote Sensing, 2018, 46(10): 1677-1687.

[46] Bellantuono N, Camarda P, Caneva P, et al. Emergency management at sea: A decision support system for search and rescue operations[J]. Journal of Software and Systems Development, 2016, 6: 1-11.

[47] Balakhontceva M, Karbovskii V, Sutulo S, et al. Multi-agent simulation of passenger evacuation from a damaged ship under storm conditions[J]. Procedia Computer Science, 2016, 80: 2455-2464.

[48] 王春华. 直升机海上救助的独特优势[J]. 生命与灾害, 2018, (9): 18-19.

[49] Cusumano E. Emptying the sea with a spoon? Non-governmental providers of migrants search and rescue in the Mediterranean[J]. Marine Policy, 2017, 75: 91-98.

[50] 中国军网. 被"封杀"之"机" [EB/OL]. http://www.81.cn/bqtd/2017-09/01/ content_7739909. htm[2020-04-30].

[51] 申翔, 吴培仁. 基于北斗卫星导航系统的海上应急搜救系统[J]. 指挥控制与仿真, 2018, 40(6): 43-49.

[52] 郑华. AIS-MOB(AIS 便携式应急示位标)技术与应用[J]. 广东造船, 2012, 31(6): 67-69.

[53] Xiong W, van Gelder P H A J, Yang K. A decision support method for design and operationalization of search and rescue in maritime emergency[J]. Ocean Engineering, 2020, 207: 107399.

[54] Serra M, Sathe P, Rypina I, et al. Search and rescue at sea aided by hidden flow structures[J]. Nature Communications, 2020, 11(1): 2525.

[55] 尚红波, 苏开熙. 海上落水遇险人员救助技术研究[J]. 中国水运, 2019, (12): 29-30.

[56] 张建, 陈伯华. 海军医学研究系列讲座(6) 海上落水人员救生和医疗救护难点分析[J]. 人民军医, 2009, 52(6): 352-353.

[57] 张宁. 浅谈大风浪中救助风险的评估与决策[J]. 中国水运, 2013, 13(4): 17-18.

[58] 陈尧. 中国近海石油污染现状及防治[J]. 工业安全与环保, 2003, (11): 20-24.

[59] 刘铭辉, 李苏航, 刘涛, 等. 海上溢油污染治理中的生物修复技术应用[J]. 船海工程, 2020, 49(2): 25-27.

[60] 张美娟, 张强, 王云峰, 等. 水上溢油回收船研究综述[J]. 青岛远洋船员职业学院学报, 2020, 41(1): 35-41.

[61] 王菲菲, 孟范平, 林雨霏, 等. 海上泄漏事故中有机化学品的理化行为、生态危害与污染控制综述[J]. 海洋环境科学, 2019, 38(3): 471-481.

[62] Akyuz E, Celik M. A methodological extension to human reliability analysis for cargo tank cleaning operation on board chemical tanker ships[J]. Safety Science, 2015, 75: 146-155.

[63] 刘亮. 浅析川江船舶搁浅后的施救措施[J]. 交通科技, 2003, (6): 96-98.

[64] 龙玉廷, 田勇. 救助遇险失火船舶的方法及风险防控[J]. 航海技术, 2018, (6): 72-74.

[65] 刘存荣. 漫谈北极航线[J]. 中学地理教学参考, 2009, (1): 43.

[66] Kruke B I, Auestad A C. Emergency preparedness and rescue in arctic waters[J]. Safety Science, 2021, 136: 105163.

[67] Vinnem J E. Evaluation of offshore emergency preparedness in view of rare accidents[J]. Safety Science, 2011, 49(2): 178-191.

[68] 张永霞, 秦同田. 打通"冰上丝绸之路"中远海运特运——山东省港口集团北极航线成功首航[J]. 人民交通, 2019, (10): 40-41.

[69] 蔡梅江, 曹伟. 北极东北航道航行实践与安全性研究[J]. 交通信息与安全, 2020, 38(3): 77-83.

[70] 王利, 杨林生, 黄季夏, 等. 基于 CiteSpace 的北极研究综述[J]. 极地研究, 2019, 31(3): 346-363.

[71] 赵建虎, 刘经南. 多波束测深及图像数据处理[M]. 武汉: 武汉大学出版社, 2008.

[72] 边刚, 孙雪洁, 崔杨, 等. 海洋测量技术在深远海搜救中的应用[J]. 海洋测绘, 2016, 36(3): 37-40.

[73] 赵杰超, 金浩, 陈健, 等. 水上应急救援关键装备技术现状与发展[J]. 中国机械工程, 2022, 33(4): 432-451.

[74] Luczynski D, Lautridou J, Hjelde A, et al. Hemoglobin during and following a 4-week commercial saturation dive to 200m[J]. Frontiers in Physiology, 2019, 10: 1494.

[75] 新华社. 我国首次 500 米饱和潜水陆基载人实验取得成功[EB/OL]. https://baijiahao.baidu.com/s?id=1709595078470333947&wfr=spider&for=pc[2021-11-19].

[76] 赵杰超, 金浩, 张英香, 等. 水上应急救援辅助决策系统构建研究[J]. 舰船科学技术, 2021, 43(21): 168-172.

附录 A 2014 年以来我国水上险情情况汇总表

序号	时间	事故起数	搜救遇险船舶数	获救船舶数	沉没船舶数	搜救遇险人员数	获救人数	死亡人数
1	2014 年 1 月	135	121	91	30	971	943	28
2	2014 年 2 月	111	98	79	19	993	967	26
3	2014 年 3 月	131	115	100	15	825	791	34
4	2014 年 4 月	159	172	166	6	1249	1216	33
5	2014 年 5 月	181	187	146	41	2064	2031	33
6	2014 年 6 月	157	134	106	28	1105	1077	28
7	2014 年 7 月	165	176	153	23	1912	1875	37
8	2014 年 8 月	151	139	109	30	1488	1434	54
9	2014 年 9 月	219	204	165	39	1546	1505	41
10	2014 年 10 月	161	129	95	34	1101	1065	36
11	2014 年 11 月	209	189	150	39	1363	1280	83
12	2014 年 12 月	186	197	157	40	1701	1633	68
13	2015 年 1 月	170	133	104	29	1136	1035	101
14	2015 年 2 月	119	92	74	18	800	771	29
15	2015 年 3 月	119	90	67	23	671	634	37
16	2015 年 4 月	172	145	114	31	1122	1088	34
17	2015 年 5 月	168	151	119	32	1844	1801	43
18	2015 年 6 月	144	142	105	37	1325	854	471
19	2015 年 7 月	142	127	101	26	1194	1165	29
20	2015 年 8 月	195	161	130	31	1260	1217	43
21	2015 年 9 月	160	120	102	18	1557	1521	36
22	2015 年 10 月	171	137	101	36	1339	1281	58
23	2015 年 11 月	166	158	124	34	1267	1226	41
24	2015 年 12 月	161	133	107	26	1186	1135	51

续表

序号	时间	事故起数	搜救遇险船舶数	获救船舶数	沉没船舶数	搜救遇险人员数	获救人数	死亡人数
25	2016 年 1 月	178	150	122	28	1089	1052	37
26	2016 年 2 月	109	83	62	21	656	620	36
27	2016 年 3 月	146	123	94	29	934	861	73
28	2016 年 4 月	174	168	117	51	1258	1218	40
29	2016 年 5 月	180	171	129	42	1569	1467	102
30	2016 年 6 月	136	124	105	19	1226	1193	33
31	2016 年 7 月	141	140	116	24	1742	1710	32
32	2016 年 8 月	163	134	108	26	1148	1121	27
33	2016 年 9 月	189	164	137	27	1396	1360	36
34	2016 年 10 月	219	190	145	45	1340	1274	66
35	2016 年 11 月	192	170	135	35	1633	1585	48
36	2016 年 12 月	169	149	122	27	1147	1084	63
37	2017 年 1 月	154	146	130	16	1058	1019	39
38	2017 年 2 月	129	116	94	22	736	689	47
39	2017 年 3 月	145	134	110	24	1193	1144	49
40	2017 年 4 月	161	138	110	28	1205	1171	34
41	2017 年 5 月	132	123	92	31	827	793	34
42	2017 年 6 月	131	113	89	24	870	854	16
43	2017 年 7 月	160	178	153	25	1146	1126	20
44	2017 年 8 月	239	229	187	42	2091	2025	66
45	2017 年 9 月	194	141	105	36	1132	1065	67
46	2017 年 10 月	232	181	144	37	2118	2066	52
47	2017 年 11 月	190	150	120	30	1289	1238	51
48	2017 年 12 月	186	152	124	28	1334	1256	78
49	2018 年 1 月	160	155	127	28	1030	965	65
50	2018 年 2 月	118	99	82	17	781	733	48
51	2018 年 3 月	132	106	84	22	860	834	26
52	2018 年 4 月	165	154	128	26	1019	957	62
53	2018 年 5 月	125	121	101	20	901	864	37

序号	时间	事故起数	搜救遇险船舶数	获救船舶数	沉没船舶数	搜救遇险人员数	获救人数	死亡人数
54	2018 年 6 月	130	111	88	23	941	898	43
55	2018 年 7 月	134	114	94	20	1027	984	43
56	2018 年 8 月	168	149	123	26	1669	1620	49
57	2018 年 9 月	220	149	119	30	1332	1238	94
58	2018 年 10 月	187	119	94	25	1091	1033	58
59	2018 年 11 月	170	125	105	20	1091	1060	31
60	2018 年 12 月	190	176	148	28	1381	1333	48
61	2019 年 1 月	184	175	131	44	1395	1325	70
62	2019 年 2 月	104	71	57	14	536	522	14
63	2019 年 3 月	139	122	101	21	1723	1682	41
64	2019 年 4 月	178	166	132	34	1260	1205	55
65	2019 年 5 月	108	89	75	14	1410	1378	32
66	2019 年 6 月	114	98	88	10	755	726	29
67	2019 年 7 月	126	113	94	19	1026	1001	25
68	2019 年 8 月	215	163	136	27	1736	1691	45
69	2019 年 9 月	181	124	90	34	1238	1187	51
70	2019 年 10 月	184	136	112	24	1070	1012	58
71	2019 年 11 月	197	169	128	41	1165	1114	51
72	2019 年 12 月	186	152	118	34	1073	1016	57
73	2020 年 1 月	128	111	84	27	874	844	30
74	2020 年 2 月	69	50	39	11	461	450	11
75	2020 年 3 月	120	98	80	18	819	781	38
76	2020 年 4 月	144	116	88	28	834	787	47
77	2020 年 5 月	144	113	92	21	830	801	29
78	2020 年 6 月	145	121	100	21	913	868	45
79	2020 年 7 月	126	92	74	18	783	755	28
80	2020 年 8 月	171	141	108	33	1212	1162	50
81	2020 年 9 月	165	128	108	20	992	950	42
82	2020 年 10 月	163	113	83	30	1144	1088	56

续表

序号	时间	事故起数	搜救遇险船舶数	获救船舶数	沉没船舶数	搜救遇险人员数	获救人数	死亡人数
83	2020 年 11 月	181	130	109	21	1197	1158	39
84	2020 年 12 月	189	162	139	23	1210	1150	60
85	2021 年 1 月	175	142	118	24	1283	1244	39
86	2021 年 2 月	109	70	61	9	496	482	14
87	2021 年 3 月	129	107	96	11	1370	1336	34
88	2021 年 4 月	170	139	111	28	1764	1673	91
89	2021 年 5 月	136	106	81	25	1072	996	76
90	2021 年 6 月	124	88	72	16	659	623	36
91	2021 年 7 月	158	125	117	8	944	914	30
92	2021 年 8 月	184	117	—	—	944	914	30
93	2021 年 9 月	217	147	—	—	1258	1180	78
94	2021 年 10 月	202	131	—	—	1124	1075	49

附录 B 我国水上应急救援装备技术保障能力评估指标专家打分推荐表

专家姓名：_____ 单位：_____

职务/职称：_____ 专业：_____

打分说明：专家可针对各项指标的重要度进行打分，打分标准是 0 到 5 分，分值越大，指标重要度越高，对水上应急救援能力的支撑作用越强。对于未提及的重要指标可在表后新增。

我国水上应急救援装备技术保障能力评估指标专家打分推荐表

评估目标	一级指标 P		二级指标 Q	
	指标名称	重要度赋值	指标名称	重要度赋值
水上应急救援装备技术保障能力	通信监控能力 p_1	0 分□ 1 分□ 2 分□ 3 分□ 4 分□ 5 分□	北斗及搜救卫星应用 q_{11}	0 分□、1 分□、2 分□、3 分□、4 分□、5 分□
			信息传输共享能力 q_{12}	0 分□、1 分□、2 分□、3 分□、4 分□、5 分□
			救捞岸基通信基础设施建设 q_{13}	0 分□、1 分□、2 分□、3 分□、4 分□、5 分□
			船载/手持通信终端设备建设 q_{14}	0 分□、1 分□、2 分□、3 分□、4 分□、5 分□
	飞行救助能力 p_2	0 分□ 1 分□ 2 分□ 3 分□ 4 分□ 5 分□	飞机机队建设 q_{21}	0 分□、1 分□、2 分□、3 分□、4 分□、5 分□
			飞机救助技术 q_{22}	0 分□、1 分□、2 分□、3 分□、4 分□、5 分□
			飞行救助技术研发能力 q_{23}	0 分□、1 分□、2 分□、3 分□、4 分□、5 分□
			飞行救助国际交流与合作 q_{24}	0 分□、1 分□、2 分□、3 分□、4 分□、5 分□
	水面救助能力 p_3	0 分□ 1 分□ 2 分□ 3 分□ 4 分□ 5 分□	救助船舶性能结构 q_{31}	0 分□、1 分□、2 分□、3 分□、4 分□、5 分□
			各型救助船舶配置数量 q_{32}	0 分□、1 分□、2 分□、3 分□、4 分□、5 分□
			多部门协同救助能力 q_{33}	0 分□、1 分□、2 分□、3 分□、4 分□、5 分□

续表

评估目标	一级指标 P		二级指标 Q	
	指标名称	重要度赋值	指标名称	重要度赋值
水上应急救援装备技术保障能力	水面救助能力 p_3	0 分□ 1 分□ 2 分□ 3 分□ 4 分□ 5 分□	水面救助人才队伍建设 q_{34}	0 分□、1 分□、2 分□、3 分□、4 分□、5 分□
			水面救助国际交流与合作 q_{35}	0 分□、1 分□、2 分□、3 分□、4 分□、5 分□
	水下救助能力 p_4	0 分□ 1 分□ 2 分□ 3 分□ 4 分□ 5 分□	水下搜寻探测能力 q_{41}	0 分□、1 分□、2 分□、3 分□、4 分□、5 分□
			沉船打捞船舶性能结构 q_{42}	0 分□、1 分□、2 分□、3 分□、4 分□、5 分□
			各型沉船打捞船舶配置 q_{43}	0 分□、1 分□、2 分□、3 分□、4 分□、5 分□
			潜水救助船舶及设备 q_{44}	0 分□、1 分□、2 分□、3 分□、4 分□、5 分□
	岸基支持能力 p_5	0 分□ 1 分□ 2 分□ 3 分□ 4 分□ 5 分□	机场及飞行配套设施建设 q_{51}	0 分□、1 分□、2 分□、3 分□、4 分□、5 分□
			沿海/内河综合基地建设 q_{52}	0 分□、1 分□、2 分□、3 分□、4 分□、5 分□
			沿海/内河基地建设 q_{53}	0 分□、1 分□、2 分□、3 分□、4 分□、5 分□
			沿海/内河溢油应急库建设 q_{54}	0 分□、1 分□、2 分□、3 分□、4 分□、5 分□

新增一级指标：_____

新增二级指标：_____

附录 C 我国水上应急救援装备技术保障
能力评估指标权重专家打分表

专家姓名：_____ 单位：_____

职务/职称：_____ 专业：_____

打分说明：我国水上应急救援装备技术保障能力评估指标体系包括 5 个一级指标，27 个二级指标，专家可对各项指标的重要度进行打分，打分标准是 1 到 9 分，分值越大，指标重要度越高，对水上应急救援能力的支撑作用越强。

我国水上应急救援装备技术保障能力评估指标权重专家打分表

评估目标	一级指标 P		二级指标 Q	
	指标名称	重要度赋值	指标名称	重要度赋值
水上应急救援装备技术保障能力	通信监控能力 p_1	1分□ 2分□ 3分□ 4分□ 5分□ 6分□ 7分□ 8分□ 9分□	北斗及搜救卫星应用 q_{11}	1分□、2分□、3分□、4分□、5分□、6分□、7分□、8分□、9分□
			信息传输共享能力 q_{12}	1分□、2分□、3分□、4分□、5分□、6分□、7分□、8分□、9分□
			救捞岸基通信基础设施建设 q_{13}	1分□、2分□、3分□、4分□、5分□、6分□、7分□、8分□、9分□
			船载/手持通信终端设备建设 q_{14}	1分□、2分□、3分□、4分□、5分□、6分□、7分□、8分□、9分□
			国际合作机制 q_{15}	1分□、2分□、3分□、4分□、5分□、6分□、7分□、8分□、9分□
			通信监控技术研发能力 q_{16}	1分□、2分□、3分□、4分□、5分□、6分□、7分□、8分□、9分□
	飞行救助能力 p_2	1分□ 2分□ 3分□ 4分□ 5分□ 6分□ 7分□ 8分□ 9分□	飞机机队建设 q_{21}	1分□、2分□、3分□、4分□、5分□、6分□、7分□、8分□、9分□
			飞行救助队伍建设 q_{22}	1分□、2分□、3分□、4分□、5分□、6分□、7分□、8分□、9分□
			飞机救助技术 q_{23}	1分□、2分□、3分□、4分□、5分□、6分□、7分□、8分□、9分□
			飞行救助技术研发能力 q_{24}	1分□、2分□、3分□、4分□、5分□、6分□、7分□、8分□、9分□
			飞行救助国际交流与合作 q_{25}	1分□、2分□、3分□、4分□、5分□、6分□、7分□、8分□、9分□

续表

评估目标	一级指标 P		二级指标 Q	
	指标名称	重要度赋值	指标名称	重要度赋值
水上应急救援装备技术保障能力	水面救助能力 p_3	1 分□ 2 分□ 3 分□ 4 分□ 5 分□ 6 分□ 7 分□ 8 分□ 9 分□	救助船舶性能结构 q_{31}	1 分□、2 分□、3 分□、4 分□、5 分□、6 分□、7 分□、8 分□、9 分□
			各型救助船舶配置数量 q_{32}	1 分□、2 分□、3 分□、4 分□、5 分□、6 分□、7 分□、8 分□、9 分□
			多部门协同救助能力 q_{33}	1 分□、2 分□、3 分□、4 分□、5 分□、6 分□、7 分□、8 分□、9 分□
			水面救助人才队伍建设 q_{34}	1 分□、2 分□、3 分□、4 分□、5 分□、6 分□、7 分□、8 分□、9 分□
			水面救助国际交流与合作 q_{35}	1 分□、2 分□、3 分□、4 分□、5 分□、6 分□、7 分□、8 分□、9 分□
	水下救助能力 p_4	1 分□ 2 分□ 3 分□ 4 分□ 5 分□ 6 分□ 7 分□ 8 分□ 9 分□	水下搜寻探测能力 q_{41}	1 分□、2 分□、3 分□、4 分□、5 分□、6 分□、7 分□、8 分□、9 分□
			沉船打捞船舶性能结构 q_{42}	1 分□、2 分□、3 分□、4 分□、5 分□、6 分□、7 分□、8 分□、9 分□
			各型沉船打捞船舶配置 q_{43}	1 分□、2 分□、3 分□、4 分□、5 分□、6 分□、7 分□、8 分□、9 分□
			水下作业装备配置 q_{44}	1 分□、2 分□、3 分□、4 分□、5 分□、6 分□、7 分□、8 分□、9 分□
			潜水救助船舶及设备 q_{45}	1 分□、2 分□、3 分□、4 分□、5 分□、6 分□、7 分□、8 分□、9 分□
			水下救助人才队伍建设 q_{46}	1 分□、2 分□、3 分□、4 分□、5 分□、6 分□、7 分□、8 分□、9 分□
			水下救助国际交流与合作 q_{47}	1 分□、2 分□、3 分□、4 分□、5 分□、6 分□、7 分□、8 分□、9 分□
	岸基支持能力 p_5	1 分□ 2 分□ 3 分□ 4 分□ 5 分□ 6 分□ 7 分□ 8 分□ 9 分□	机场及飞行配套设施建设 q_{51}	1 分□、2 分□、3 分□、4 分□、5 分□、6 分□、7 分□、8 分□、9 分□
			沿海/内河综合基地建设 q_{52}	1 分□、2 分□、3 分□、4 分□、5 分□、6 分□、7 分□、8 分□、9 分□
			沿海/内河基地建设 q_{53}	1 分□、2 分□、3 分□、4 分□、5 分□、6 分□、7 分□、8 分□、9 分□
			沿海/内河溢油应急库建设 q_{54}	1 分□、2 分□、3 分□、4 分□、5 分□、6 分□、7 分□、8 分□、9 分□

附录 D　我国水上应急救援装备技术保障能力专家打分表

专家姓名：＿＿＿＿＿＿＿＿＿＿＿＿＿＿　单位：＿＿＿＿＿＿＿＿＿＿＿＿＿＿

职务/职称：＿＿＿＿＿＿＿＿＿＿＿＿＿　专业：＿＿＿＿＿＿＿＿＿＿＿＿＿＿

打分说明：我国水上应急救援装备技术保障能力评估指标体系包括 5 个一级指标，27 个二级指标，专家可针对各项指标的建设现状进行打分，打分标准是 0 到 100 分，其中[0，20]为目前建设情况极差；(20，40]为目前建设情况较差；(40，60]为目前建设情况中等；(60，80]为目前建设情况较好；(80，100]为目前建设情况极好。

我国水上应急救援装备技术保障能力专家打分表(百分制)

评估目标	一级指标 P		二级指标 Q	
	指标名称	建设现状评分	指标名称	建设现状评分
水上应急救援装备技术保障能力	通信监控能力 p_1		北斗及搜救卫星应用 q_{11}	
			信息传输共享能力 q_{12}	
			救捞岸基通信基础设施建设 q_{13}	
			船载/手持通信终端设备建设 q_{14}	
			国际合作机制 q_{15}	
			通信监控技术研发能力 q_{16}	
	飞行救助能力 p_2		飞机机队建设 q_{21}	
			飞行救助队伍建设 q_{22}	
			飞机救助技术 q_{23}	
			飞行救助技术研发能力 q_{24}	
			飞行救助国际交流与合作 q_{25}	
	水面救助能力 p_3		救助船舶性能结构 q_{31}	
			各型救助船舶配置数量 q_{32}	
			多部门协同救助能力 q_{33}	
			水面救助人才队伍建设 q_{34}	
			水面救助国际交流与合作 q_{35}	

续表

评估目标	一级指标 P		二级指标 Q	
	指标名称	建设现状评分	指标名称	建设现状评分
水上应急救援装备技术保障能力	水下救助能力 p_4		水下搜寻探测能力 q_{41}	
			沉船打捞船舶性能结构 q_{42}	
			各型沉船打捞船舶配置 q_{43}	
			水下作业装备配置 q_{44}	
			潜水救助船舶及设备 q_{45}	
			水下救助人才队伍建设 q_{46}	
			水下救助国际交流与合作 q_{47}	
	岸基支持能力 p_5		机场及飞行配套设施建设 q_{51}	
			沿海/内河综合基地建设 q_{52}	
			沿海/内河基地建设 q_{53}	
			沿海/内河溢油应急库建设 q_{54}	